二〇二三年 总第十期

识教育联盟 主办

通识教育评论

GENERAL EDUCATION REVIEW

甘阳 孙向晨 主编

商务印书馆
The Commercial Press
创于1897

通识教育评论

目　录

通识新视野

专题：学生对通识教育的思考

他山之石

书 评

CONTENTS

3

TEACHING AND LEARNING

NEW HORIZONS

STUDENTS' VIEW ON GENERAL EDUCATION

COMPARATIVE STUDIES

REVIEWS

名家论通识

关于"人皆可以为作者"时代中的
写作教育的哲学思考[①]

童世骏[*]

今天我来介绍上海纽约大学写作课程的情况。我并不专门从事写作教育工作,但希望能借这个机会,对在"人皆可以为作者"的时代中开展的写作教育进行一些哲学思考。我的报告分为四点。

第一点,讨论大学写作教育具有的普遍意义,即在"人皆可以为作者"的时代,重建语言交往的反思性程度与公共性程度之间的正相关性。

"人皆可以为作者"这个说法,是 2019 年德国哲学家哈贝马斯在接受访谈时提出来的。那年是他的 90 周岁生日,柏林的几位学者对他进行了两次访谈,先是 3 月份的口头采访,10 月份又进行了另外的书面采访。采访内容最后以《政治倒退时期的道德普遍主义——与哈贝马斯就现时代和他毕生工作的谈话》为题发表。其中,哈贝马斯从传播方式及其对交往理性之影响的变革历史出发,谈论了他对于数字媒介时代的看法。在他看来,数字媒介是传播方式的第三次革命,前两次分别是书写的发明以及印刷出版物的出现。书籍印刷把所有书籍使用者都转变成了潜在的读

① 本文根据作者 2021 年 12 月 17 日在复旦大学举行的"大学写作能力培养与通识课程建设研讨会"会议上发表的主旨演讲全文整理而成,演讲稿相关内容曾以《上海纽约大学校长童世骏:在"人皆可以为作者"的时代,为什么要教大学生写作?》为题发表于《文汇报》,2021 年 12 月 25 日,以《对"人皆可以为作者"时代的写作教育做一点哲学思考》为题发表于《哲学分析》2022 年第 13 卷第 2 期,第 173—182 页。

* 童世骏,上海纽约大学校长。

者——虽然实际上，人人都能读上书还要等三四百年的时间；而现在所谓的"新媒体"则把所有用户都转变成为潜在的作者。就像印刷出版物的用户必须先学会阅读一样，我们也必须先学会怎么使用新媒体。在这个时代，学习过程将大大加快，但谁知道将有多久？这个时代的特点，用哈贝马斯的话来说，就是"人人皆可为作者"。也就是说，任何人写的东西都可以直接发表出来，直接找到读者（其实没有"读者"也就无所谓"作者"）。而这便意味着，写东西的人和读东西的人之间缺少了一个以前非常重要的中介：报刊或出版社的编者。之所以出现"人人皆可为作者"——就好像孟子讲"人人皆可为尧舜"，尽管这不大有人同意——这样一个事实上的转变，就是因为从写的人到读的人，中间没有编辑的过程，没有编者作为一个中介。从知识论角度来讲，这一转变最重要的意义在于，原来在书面语言和口头语言之区别的基础上产生的一个区别，也就是专门商谈和日常交谈之间的区别，变得模糊了，二者的界线变得淡漠了。

对于这一点，在哈贝马斯2004年10月到日本京都做的一次演讲里，有一段非常有意思的话。他讲起自己先天患有的腭裂、兔唇。他对于语言和交往的认识，受到了自己这个缺陷的很重要的影响。这一缺陷或许可以解释为什么他总是把书面语言置于口头语言之上。不过，哈贝马斯又从理论上做了些解释：语言的书面形式掩饰了口头语言的污痕；专门商谈相对于日常交谈所具有的更高程度的反思性和公共性，是从语言的书面形式当中得到的。思想一旦用书面语言表达，成为专门发表的文章和学术著作，就面向了所有相关的人，就创造了在直接说话者和直接听话者之外的第三个论坛。在这个论坛上，每个相关的发言都可以被听到，进而，那些更好的论据——better arguments 或者说 better reasons——就作为一种非强制的强制力（the unforced force），有可能占据上风。从这个角度，哈贝马斯还解释了为什么自己在演讲的时候都要照着稿子来读，虽然这样让听众特别不舒服，以及为什么他在评价学生的时候总是更看重学生的书面作业，而不是学生在讨论时候的表现，哪怕某些学生在讨论的时候表现得更加聪明。

我们做一些概括。"人皆可以为作者"所造成的最重要结果，就是语言交往的反思性程度和公共性程度的错位。这个错位以前也有。以前解决这种错位的方式是：一方面提高严肃媒体的质量；另一方面提高广大民众的阅读理解能力。也就是通过扩大严肃媒体的社会影响，建立起语言交往的反思性程度和公共性程度之间的正相关。这一目标可以说是启蒙运动或启蒙事业的根本目标。但是现在这个目标似乎是离开我们越来越远而不是越来越近了。因为现在既缺乏专业依据、又未经严肃思考的许多观点可以在网络上轻易发表，从而也就出现了文字愈不具有反思性、反而愈具有公共性的情况。文字越是在表达一些情绪，越是代表特殊利益，所谓的"吃瓜群众"就越起劲，转发也越频繁。这种情况在数字媒体之前也不是完全没有，但是如我刚才所说，启蒙运动在很大程度上就是通过一方面提高印刷媒体的质量，另一方面提高民众阅读能力和教育程度来应对这一情况。

其实，现在和当时是同一个任务，但我们可能要把重点从提高人们的阅读能力转变为提高人们的写作能力，从而普遍提高在电子媒体上发出的文字的理性水平。当然确切地说，阅读不仅仅是指能够读懂文字的字面意义，更是要能够对文本的内容进行由表及里、追根究底的理解。这种能力也是写作训练中一个非常重要的环节。在我们现在身处的社会，大学教育进入大众化、普及化的阶段，因此，大学写作教育就显得特别重要。这不仅是由于大学生群体在整个人群之中的示范性作用，也是由于这个群体已经占据了相当大的人口比例。

第二点，讨论中国大学写作教育具有的特殊意义，即在"人皆可以为作者"的时代，写作是强化理性思维所必需的概念工具。

中国大学教育最重要的起点是一百多年前的新文化运动。新文化运动最为基础的部分是白话文学运动，后者最重要的主张是"文言合一"，也就是以原来只用作口语的白话代替文言文作为书面语言。要完成这种转变需要做很多铺垫，克服很多困难。从知识论的角度来看，一个特别值得重视的问题是：汉语口语中的同音字词特别多，导致表达不同思维概念的困难性较大。文言文中常常用单字来表达概念，而如果在口语当中也用单字表达概念，那么单字的重复性要远远大于复音词的重复性。所以，汉语现代化过程的一个显著特点——这同时也是白话文倡导者的共同主张——就是大量创造或者引入复音词，从而提升汉语表达概念的能力。胡适在 1918 年 7 月 14 日写给朱经农的信里就对此做了解释。当时大家都关心这样的问题，如果口语也像文言文一样用单音字，那么白话文当中就会出现大量的单音的概念，而这些单音概念的区别是很难在口语当中表达出来的。胡适解释说，"丝""思""司"这几个字听起来都是 si，而一旦变成复音词，它们的区别就建立起来了。两年以后，他在一篇文章里又做了更加系统的阐述，并把单音字变成复音词看作中国语言的一大进化。胡适认为，这种进化从《左传》就开始了。这些就不展开讲了。我想说的是，如果不重视书面写作训练，没有书面语言使用方面的训练，而是仅仅依靠口语，哪怕用复音词代替单一字词来表达概念，也还是会出现不少复音词虽然写法不同，但读音完全相同的情况。这仍然没有从根本上解决口头表达中概念贫乏的问题。

关于汉语中的同音字词现象，赵元任有几篇著名的奇文，是完全用同音字写成的文章。别人以为赵元任是想用这个例子来表明罗马化的拼音文字的用处很有限，但是赵元任事后说明，其实不是这样。他只是想表明有些场合这么表达确实不行，但是在多数的文字使用场合，比如说在自然科学、工农商军、普及教育上是没问题的。但是他接着也承认，有些确实存在技术上的困难，比如说政治上、法律上的一些概念，我们还没有办法仅仅用单音字变成复音词的方式来解决。问题是，赵元任说这番话的时间是 1959 年。从那以后 60 多年了，我感觉他所说的新公式好像还没有创制出来。例如，在政治法律上特别重要的"权利"和"权力"、"法制"和"法治"这两对概念，可以说表达了事实性和规范性的区分，但是它们的发音完全一样。所以我们在电视屏幕、书面文字上经常可以看到，本该表达 power 的"权力"，写成了表达 right 的"权利"，或者本该是表达 the rule of law 的"法治"，写成了表达 legal system 或者 rule by law 的"法制"。对于这种差别，我以为如果只是在口头层面上区分，那很多概念的区别是建立不起来的。必须通过书面语言的操作来建立一些在现代社会非常重要的概念区分。

还有个例子是梁漱溟先生的一段蛮有意思的话。他觉得人类社会最重要的纽带或者动力是三个东西，而这三个东西的中文发音恰好几乎完全一样:一个是"利",另一个是"力",还有一个是"理"。这就是汉语口语的特点。所以他写的时候就表达为"获利之利""武力之力"和"义理之理",就是为了应对胡适所讲的问题,也即把单音字变成复音词,从而克服原来单音字词特别多,以至于没有办法表达应该区分开来的概念的问题。但是我想说的是,这个问题还没完全解决。我在电脑输入的时候,要把"获利之利""武力之力""义理之理"打出来的话,依然是要做好多选择的。把"获利"按拼音输入进电脑也会出现五六个选择。也就是说,如果还是只靠口语,直接把口语变成书面语的话,是没有办法表达一些非常复杂、非常重要的概念区分的。我用这个来强调,写作教育实际上就是让学生用书面语言进行操作,通过这种操作建立起一些对现代社会来说非常重要的概念区分。

第三点,讨论中国大学写作教育具有的更为重要的意义,即在"人皆可以为作者"的时代,培育"不论证则无知识"的知识观。

关于这种知识观,康德有一段非常好的话。通常认为,康德的《纯粹理性批判》很抽象难懂,不可思议。但是他有一段关于意见、信念和知识的区分的话,讲得特别清楚。意见在主观和客观上都没有根据;信念只有主观根据没有客观根据;知识既有主观根据也有客观根据。他这么讲完后说:对如此容易领会的概念我就不费时说明了。为什么这在他看来是非常容易领会的呢?很简单,从柏拉图的《美诺篇》《泰阿泰德篇》开始,"知识要经过论证"的观念就建立了起来,然后变成了西方知识观的主流。这样一种主流已经到了什么程度呢?只有到了人家来挑战的时候,我们才意识到,原来西方人对知识是这么理解的。这个挑战就是盖梯尔(Gettier)在1963年6月写的一篇只有两页半的文章中提出的无比重要的JTB理论。但是在盖梯尔之前,罗素在1948年的《人类的知识:其范围与限度》这本书里已经有过类似的表述。罗素说,关于知识,我们不要以为它只是一个真的信念,只是真的信念还是不够的,要经过论证才是知识。然而他也说,这种对于知识的理解也是有问题的。其实,他提出问题跟盖梯尔提出问题是差不多的时间,就是"knowledge as justified true belief"这样一个知识观。这是否说清楚了什么是知识的充分条件?对此可以举出很多的例子,现在的工业社会,大家都在想以各种各样的方式产出知识。但哪怕提供了 justification，这个真信念依然不一定是知识。

我想做的解释就是，盖梯尔问题对 JTB 知识观的质疑，并不能得出放弃 JTB 知识观的结论。尽管有一些哲学家会得出这样的结论，但我觉得不是这样。不然的话，知识与意见及信念之间不可忽视的区分就很难看出来。在我看来，JTB 知识观虽然未能完全确定什么是知识的充分条件——因为确实可以找出例子来表明有论证未必就是知识，但是它强调了知识的必要条件，也就是说，没有论证就不是知识。这对我们避免把知识和意见及信念混为一谈是非常重要的。现代教育尤其是现代大学教育的一个重要任务，就是在传授知识的同时，培育"不论证则无知识"的知识观。这样一种知识观要求我们在教育中告诉学生，在人类知识进步的过程中，最重要的区别既不是观点之有无，甚至也不是观点之真假，而是观点之是否得到尽可能满意的论证。如果我们问，有论证一定是知识吗？这不一定。但是无论证一定不是知识，这点应该是很确定的。

当然我们在实际的知识认识和教育过程中，不可能对每一个真信念都亲自进行论证，我们常常依赖于别人的论证。别人的论证我们是不是看得懂，这也常常是成问题的。这个时候我们会比较看重提供了论证的那个人，看他是不是具有认知德性，是不是具有理智德性。那么这个理智德性、认知德性在教育中就特别重要，而我们的教育就要培养这样的理智德性、认知德性。关于这种理智德性、认知德性，约翰·杜威在 1933 年 *How We Think* 的第二版中有论述。第二版对第一版做了非常大的修改。第一版在中国很有名，有一个中译本就叫作《思维术》。但是在 1933 年他又做了修改，强调反思性思维的重要性。而在我看来，反思性思维的重要性就在于强调，信念之真还不是知识，必须得为真信念进行辩护。这也就是强调证明、证据、证物、证件等的重要性。

一般来说，有关德性的教育要比有关知识的教育更有赖于学习者的亲身实践。而写作课之所以重要，就是因为它是一门实践性很强的课程。在写作教育的课程中，教师指导和督促学生亲身参与问题澄清、概念分析、证据收集、论证推敲、行文组织和思想表达的整个过程。这样一个过程是培育认知德性或者说理性德性的专门教育，是形成"不论证则无知识"的知识观的极重要途径。

第四点,讨论上海纽约大学的写作教育,涉及写作课程教育和课程写作教育。

首先是写作课程教育。上海纽约大学的学生是宽口径、不分专业地招进来,先进行两年的博雅教育或者说通识教育。第一年结束或者最晚第二年结束的时候,学生才开始选专业。在两年博雅教育中,有一个名为"核心课程"的教育内容。核心课程教育有六个部分:社会和文化基础、写作、数学、科学、算法思维、语言。写作课主要是两门课程,一门是Writing as Inquiry,还有一门是Perspectives on the Humanities,前者是专门的写作课程,后者介于专门的写作课程和嵌入各学科课程中的写作训练之间。两门课都是小班模式,每班不超过12人,低于学校大部分课程的配额。其次是课程写作教育,也就是嵌入各学科教育的写作训练课程。这些都旨在使学生在态度上从被动变成主动,在内容上从碎片化学习变成系统性学习,在方式上从独白式学习变成互动式学习,在效果上从复制性学习到创造性学习。

上海纽约大学进行的是全英文教学,除了为国际学生专门开设的中文语言课程以外,其他所有的课程都是用英文开设的,包括写作课程和我自己开设的课程。但无论是基于我自己的体会,还是我在旁的观察,都觉得纯粹的英语教学和纯粹的中文教学都有不及中英文双语教学的地方,尤其是对于写作课来说。举一个例子,在实际的教学过程中,要向中国学生讲解"权力"与"权利"、"法治"与"法制"区别的时候,比较简单的办法就是借助于相应的外语表达,告诉他们"权力"与"权利"是 相对于power和right,"法治"与"法制"相当于the rule of law 和 legal system。这就很清楚,一听就明白了。这就可以看出双语教育的优势。另外赵元任先生还提到过,汉语有这么一个特点:汉语中所有的修饰词,不论单词还是长的分句,都必须放在被修饰语的前面。这可能是对复杂的汉语思维,或者说对用汉语进行复杂思维提出的特别要求。应对这种特别要求大概也是大学写作教育的一个重要内容,对中国学生进行英语的写作教育也有助于这方面的训练。

还有另外一面,对于国际学生,用汉语进行教育其实也是有好处的。前面我们讲,汉语同音字词比较多的现象对形成概念区分有不利之处,但其实它也有积极的方面。也就是说,它在很大程度上有助于训练汉语使用者在特定语境中理解字词意义的本领,有助于培育汉语使用者对特定语境的敏感性。梁漱溟先生有一段话可以帮助我们理解这一面。他说,"殊不知话看谁说,不能离开说话的人而有一句衷合情理的话"。同样一句话在不同的语境中,由不同的人来说,含义是不一样的。当然他在这里讲的到底是话还是句子,一定要放在语境当中才能理解它的意义。字词是不是这样? 更是这样。字词同音的情况很多,但是我们在口语交流当中往往不觉得有什么问题。因为在口语中,我们迅速就把它放到语境之中,知道它是什么意思。比如我们说到"人之初,性本善",就知道这个"性"不是性别的"性",而是人性的"性"。这也就意味着,汉语的使用实际上是在培养对于语境的敏感性,而这种敏感性,说大了,和我们中华民族的国民性有关系。至少,对国际学生来讲,让他们进行汉语写作、汉语交流的训练,也有助于他们的思维能力训练。

我的报告就到这里,谢谢大家。

关于"通识教育"理念和实践的
一些经验和看法

张旭东 *

经过近二十年的发展,"通识教育"的理念和实践在今天的中国大学已成为一个绕不过去的话题。最负盛名的综合型研究大学和一些重视基础义科教育的传统理工科大学都有了"通识教育"实验项目,有的已成为常设项目,被纳入全校范围的本科生培养方案,开始反过来对大学基础文科发展和教师队伍建设提出了更高的要求。这些"星星之火"能否引发"通识教育"在中国的蓬勃发展,甚至带来中国大学本科教育的实质性改变,是一件值得学界乃至全社会关注的事情。

虽然"通识教育"的推动者一直不遗余力地宣传和推广这个理念,但实际上在许多大学的"中层"(如院系和主要职能部门)、学生和学生家长中间,仍存在一些望文生义的误解,客观上增加了"通识教育"实践落实的难度和阻力。比如大家都明白"通识教育"是针对现有的"专业教育"而言,是对后者的补充和突破。但"通识教育"究竟在什么意义上不是"专业教育"? 它自身本质和内涵又是什么? 它同现有的本科生训练体制、格局、观念和文化处在怎样的关系之中(包括理念层面和现实层面)? 这些问题似乎仍有进一步讨论和展开的必要。所以在谈"通识教育"时,或许应该不厌其烦、不厌其详地去尽量澄清这些误解,"从反面"厘清"通识教育"的基本观念和框架。

第一,"通识教育"不是"通才教育"。它除了最基本的阅读、思考、分析和表达技能外,并不能够也并不意在训练学生的任何专业技能,当然更不能跨越各种以"学科"为基本单位的现代专业知识领域和范围,去培养什么"通才"。"通识教育"的"通"与"识",其实恰恰是要从大学所代表

---

* 张旭东,纽约大学比较文学系、东亚研究系教授。

的专业知识传授和专业技能训练体系中"退"出来，"回"到"教育"和"教养"的本意，即回到对一个假定的"使人成为人"的更为基础、更具有原点和综合意义的内心世界的滋养和建构。当然，在学术思想和文化内部，关于"人"的定义永远处于哲学意义上的讨论和论争的核心，所以在这个意义上，任何有关"通识教育"的根本前提都带有假设意味，否则就是把"一家之言"的独断论教条强加于学生。

但就古今中外的各种经验、实践和传统来看，对于什么是"教育"和"教养"的基本定义和理想状态，事实上又有着高度的共识。这个共识在相当程度上由古代精英教育的基本框架客观地反映出来：在一个社会或文明的人文经典基础上，按照公认的习俗、观念、经验、技能和智慧的传承及其内在的标准甚至权威性，对下一代进行悉心、系统、长时间的栽培、教化和训练。无论是孔子以来的中国传统儒家的教育理念和实践，还是雅典学园以来的西方精英教育，事实上都强调基于传统经典和"立人"理念的"栽"与"培"、"教"与"养"、"修"与"习"、"学"与"思"。在近代工业社会兴起之前，这种教育或教养模式，无疑在隐喻意义上带有前资本主义生产方式的农耕色彩、手工色彩和地域性文化伦理色彩。因此也可以反过来说，我们今天谈论的"通识教育"，本身是一种"否定的否定"，即以近代科学为滥觞、以现代研究型大学为标志的现代知识分工、专业化、传播和扩大再生产系统，否定了传统社会统治精英和文化精英的自我复制或"再生产"模式；而"通识教育"的理念和实践，则是对这种按照客观或实用化知识技能的内部分工、专门化和学科内部"知识"的量化增长逻辑来组织大学教育的观念的"否定"或超越。

这个"否定"或超越不是对整个系统的摒弃，而是试图在这个现代理性化、实用化方案之上，在更高的层次上，再一次提出"我们要培养什么样的人"的问题。大学将自己的终极产品即"毕业生""专业人才"或"用人单位满意的员工"还原为"人"，并不是对基于现代生产方式及其社会组织的理性分工的挑战或否定，而只是在如今全社会物质和技能积累达到一定程度后，重新提出的一个"产品质量"问题，包括其基本素质、适应性（包括适应多重和多变的环境和条件的能力）、耐久性，以及保值甚至增值效用。换句话说，今天的"通识教育"是镶嵌在专业教育、实用教育（技能训练)和大众社会基本价值系统之内,但力求在一个较高的"人力资本"投入和"人力资源配置"的水准上,为全社会提供更好的"产品"。

在高等教育系统内部,这带来两方面的根本性变化:一是对"产品"的理解从单纯的工厂流水线式的知识传承和技能训练模式,向人的"栽培/培养/陶冶/滋养"的"定制"模式转变;二是基于这种教育生产方式(即全社会范围内"人"的自我再生产),把对其"产品"的局部的、短期的、片面的质量评估,转化为长远而全面的综合评估,并以此作为价值的根本依据。不言而喻,这个转变透露出的不是传统农业社会或权威社会对现代工业社会和大众社会的反抗或"复辟"企图(它们当然都注定是徒劳的),而是随着工业社会、大众社会向后工业社会、消费社会和全球化—信息化社会的转变,对"劳动者"提出的更高、更具有"弹性"的要求。相对于"通才"的"通识",指的正是在一般劳动而非特殊劳动意义上的劳动者的基本素质(这也是"通"的本意),特别是其内在的可再生及可塑的能量和创造性;而这种可再生及可塑的能量和创造性,又以保存、滋养、调节、调动和释放作为人的本质的自由、自我实现和自我超越的驱动力以及无限的理性思维能力为最高目标。相对于比较抽象的、指向人自身的"识","才"更带有专门化、工具化和固化的色彩,虽然任何"识"最终都只能以"才"的具体形态将自己外化或"实现"。

第二,"通识教育"并非一般意义上的"素质教育"。这个误解在实际操作层面造成的一个后果,就是大学里的"通识教育"课程和"通选课"或"(非专业)选修课"之间边界的模糊。具体而言,"通识教育"的基本理念和设计并不是为理工和社会科学学科的本科生提供一些可供"陶冶情操"或"愉悦精神"的文艺或思想方面的知识,或为人文学科的本科生提供一些必要的自然科学和逻辑思维训练。更本质地讲,"通识教育"并不以所谓"扩大知识面"或"丰富学生兴趣"为目的;事实上,最有效的"通识教育"课程设计,往往将阅读和讨论限制在一个非常"窄小"的范围里(最极端的可以一整个学期只读一本书,如《孟子》或亚里士多德的《尼各马可伦理学》),一般不超过某一特定文明传统内部的某一特定时段的某一特殊体裁或话题。相对于今天全球化信息化时代知识爆炸和大数据检索—浏览—下载的"学习"模式,这种教学法无疑是"丰富多彩"的反面。

就"素质"而言，"通识教育"强调的是学生/人的"内涵"和在内涵挖掘、内涵开拓和内涵提升意义上的"素质"。但这里的挖掘、开拓和提升，都不是也不能仅仅借助信息意义上的知识范围的扩大、延伸和多样化来实现，而是取决于学生/人的潜质和潜能，以及一种极为耐久、顽强的，能够跨越时空，同今天的人持续对话的思维方式、表达方式和价值系统的交流和砥砺。

在具体的组织层面，简单地讲，就是"通识教育"课程必须单独设计，根据课程的目标和标准配备师资和其他相应的教育资源（如小班讨论助教，适合于"讨论班"形式的教室等），而不能依托现有院系专业课—选修课—全校公选课结构。自然，这样的课程设计和资源配置，没有学校最高层的决心和支持，是难以有效进行的。即便在目前国内最好的综合性研究型大学，如果"通识教育"只想或只能以最小的投入，最大程度上依靠专业院系现有的课程体系，结果也一定是难以令人满意的。实际情况多半是连部分目的都无法达成，完全南辕北辙，让"通识教育"课程事实上变成院系内部相对不受重视的边缘化课程和学校范围内的"水课"和"混学分"课程。即便"通识教育"课程的教学力量总体上仍将主要来自文史哲等基础文科院系，即便课堂上的核心文本同文史哲专业的一些专业核心文本有相当程度的重合，"通识教育"课程仍然属于一个完全不同的观念体系和教学体系，其基本规定中最主要的一条，恰恰是跳出专业教育的框架和窠臼，在一个更"普遍"、更"高"、更"大"的语境里，理论上向全校所有本科生（而非仅仅是专业本科生）开放。这反过来对参与"通识教育"的教师提出了新的、更高的要求，他们必须在阅读、教学法和学术研究上都做出相应的有意识的投入。教师固然都应该各自探索和体味这种投入对自己学术研究的正面意义（更不用说它在教育意义上的启悟和满足感）；学校在筹划"通识教育"改革和实验时，也必须把这种投入计入大学总体资源投入中，具体内容包括工作量的计算、科研和资料方面的启动经费、相对充裕的备课和观摩学习时间……不一而足。

第三，也是目前最棘手的一点，是"通识教育"课程无法嫁接于现有专业教育结构之上。若非推动对目前这个结构的实质性调整，一味简单"做加法"即开设新课，到头来只可能是增加学生和老师的负担，对通识教育和本科教育质量并没有真正的助益。这里的原因就是很多人谈及、但一时找不到解决办法的"本科生课程数量太多"的问题。眼下中国大学的本科生每学期各类必修和选修课程少则 6 门,多则可达 10 门,其中硬性规定的全校必修课和院系范围的必修课占了相当大的比例,学生在选修自己有兴趣、有动力学习的课目("自选动作")之前或同时,必须完成这些"规定动作"。因为受苏联教育模式影响的教育格局没有真正改变,中国大学专业课程设置偏重本专业系统知识的传授,因此课程本来就偏多,其中必修课的分量又往往大于选修课。另外,中国大学的本科生很多都要修读第二学位。基于实用的考虑,这个第二学位往往是那些更有市场/职场价值或竞争力的专业。这就进一步加剧了选课数目居高不下的问题。

我曾在北京大学元培学院开设过一门试验性的通识教育核心课程,阅读量和讨论、写作要求比照美国研究型大学,即每周阅读一本人文经典名著,每周除教师讲授外还有博士生助教带领的小班讨论,此外每周还要写一篇短论文(读书报告)。即便元培学院的学生是北大内部的"优等生",但相当一部分同学还是认为这样的阅读量、讨论强度和写作要求让他们非常吃力,另有少部分同学理解不了这种密度的阅读、讨论和写作的必要性,因此动力不足。为更好地了解情况,我自己全程参与了一个小班讨论,发现北大本科生中认同"通识教育"理念、有学习动力和兴趣的同学,其表现完全可以同美国的优秀学生一样出色。有一位同学甚至私下告诉我,他那学期有将近一半的时间和精力花在了这门课上。这样的投入显然不具有可持续性,客观上讲对学生的专业学习也不利(他是一位理科生)。但反过来看,如果假定美国一流大学本科生每学期只上四门课,每门课大致保持"每周一书"的阅读量的话,那么这位同学的满负荷阅读量,也仍然只有作为参照系的想象中的美国同学的一半。这一方面告诉我们有关美国最好的大学里的本科生好像总有做不完的阅读、每晚都要拼到半夜三更的传闻基本属实,而中国大学本科生阅读的量和质都偏低;另一方面也表明,在如此之多的必修选修课压力下,中国大学生的学习兴趣、学习强度和"深度学习质量",事实上只能处于低位运行,看似忙忙碌碌、勤奋好学,实际上往往是在各门课程之间跑来跑去,大部分时间处在听讲座、记笔记、应付考试的被动学习和浅层学习状态。更不用说这样的课程结构事实上限制了学生在自己感兴趣的领域、一个或一组相对复杂艰深的话题上，直接面对经典文本和"伟大心灵"的拓展眼界、锻炼能力的机会。因为最终是学习的深度和强度决定了学习的质量，这种深度和强度不但本身带有"质"的意义，也需要相当程度的"量"（即阅读量）和阅读阻力与难度系数（即文本在观念和表述上的复杂和深刻，以及它们在各自所属的知识和思想脉络中的奠基性、转折性意义）。小班讨论和读书报告，不过是帮助学生自主"攻克"艰深文本和复杂观念的手段，即为学生在自己的学习过程、经验和体验中提供一些帮助。可以说，不将目前中国大学本科生上课庞杂而蜻蜓点水式的被动学习模式加以一定程度的"清场"，"通识教育"所期待的效果就无处落座，当然更无法被年轻的心灵吸收。

第四个问题是现有的教师团队是否真正为"通识教育"做好了必要的准备。正如"通识教育"课程不能简单"加"在现有专业课程体系之上，它同样也无法简单由按专业教育需要组织起来的教师"随叫随到"地上手。我在纽约大学开设大学本科生院核心课程已超过二十年（"早期中国人文经典""现代中国文学与社会思想"，每个教授每隔一两年或两三年会"轮值"一次），对"早期中国人文经典"这门课，直到近年来才渐觉积累了一些经验，相对有信心和把握，尽管每次讲授仍会感到有很大提高、改进、调整和打磨的空间。而对于自己专业研究范围里的"现代中国文学与社会思想"这门课，至今仍感觉没找到门径，因此有点缺乏信心，也提不起太大的劲头。这里的原因固然是多方面的，其中客观因素包括在英语世界里，有关现代中国文化社会思想的基本材料不够完备，文本选择范围无形中受到限制，讨论话题也较多受环境和意识形态影响；相比之下，中国古代经典的译本完备，选择范围不受限制，而且具有公认的、无可争议的经典地位。但另一方面，这也说明"通识教育"任课老师本人的专业研究，并不一定能直接转化为教学上的优势。如果我们对"通识教育"的对象即学生的期待是他们能够在专业教育之外和之上获得人文经验、观念、表达风格和思维方式的深层积淀，从而在基本素质、基本能力和基本眼界上形成某种良好的判断甚至"本能"，那么有理由期待教师同样能够越出自己的专业研究范围,仅仅作为一个更有经验的读者和一个更愿意不断学习和思考的人,在平等论学和开放性讨论的意义上,引领学生进入某种境界。

也就是说,在"通识教育"框架里,因为真正的对话应该发生在学生和经典文本(或寄寓在文本中的观念和"心灵")之间,所以教师并不应扮演权威和"挡镜头的人"的角色,而只是一个引路人,一个主持讨论的人,一个在旁辅助和稍做指点的人。教师当然应该对所教内容有尽可能完备的知识和融会贯通的理解,但"通识教育"课堂上真正的主角,始终应该是经典文本和它所意想的读者(即学生)。因此,通识课教师所做的最糟糕的事情,就是以自己在一时一地的专业共同体内获得的某种"权威"位置或"前沿"观点去遮挡和局限学生直面文本时的视野和选项,比如强行改变学生在审美趣味、意识形态、价值观方面的初始倾向或偏见。把经典文本引入本科课堂不言而喻地带有或隐或显的倾向性甚至权威暗示,但这种隐形权威的来源是经典文本中包含的长期的历史沉淀和价值检验,当代人只是这种价值的传承者和守护者,而不是其最终的裁判者,因为这种权威同它寄身其中的文本一样是开放的。我们只是在经验的意义上、在界定这个向未来开放的历史地平线的集体行动的意义上,才具有通过创造性解释而"重新发明经典"的能力,但这个能力同样属于学生,属于学生和教师分享的文化共同体和社会经验共同体。如何在"通识教育"课堂上有意识地悬置习俗、体制和流行观念赋予教师的未经检验的权威性,既是一个教育伦理问题,也关涉着知识和思想生产内部的平等、自由、活力和持久的创造力,而后者正是"通识教育"的目的和价值。

在"通识教育"的教师资质问题上,不可能也不应该坐等万事俱备,因为并没有任何学者在知识结构、思想眼界、精神气质、教学能力和与学生沟通的热情等方面天然就是理想的"通识教育"者。"干中学"和"实践出真知"是"通识教育"的现实路径;教师—学生之间的"主客观辩证法"则是教学情境和教学效果的驱动力。这里特别需要强调的是教师自己超越自己的意愿和能力,即教育者通过被教育对象提高自己。在自我学习的过程中,带领被教育对象一同提高。但这个提高并不是把教育对象(学生)提高到教育者(教师)那里,甚至不是把他们提高到经典文本的高度

(这个意义上的"读圣贤书"只能是愚蠢的),而是带领他们经由与经典文本的接触,自己提高自己,即让学生把自己提高到"通识教育"理念所假定的他们可以或应该达到的高度上去。在教育、成长和教化的历史意义上,在集体性社会行动的自我规训、自我发明和自我再生产的意义上,"通识教育"事实上也遵循着毛泽东《在延安文艺座谈会上的讲话》里面所提出的,群众("工农兵")通过文化人的中介而进行的"普遍的启蒙"。它实际上也可以被看作古代世界里掌握知识的读书人以天下为己任的教育理念和道德担当的现代版。

第五,也是最后一点,我想结合自己在纽约大学本科生院(NYU College of Arts & Sciences)和北大元培学院开过的几门通识核心课程,谈谈经典文本的选择和组织问题。由于纽约大学过去没有可以同哥伦比亚大学、芝加哥大学等通识教育先行者相媲美的通识教育传统,所以当纽大在上世纪末开始着手建立本科通识教育核心课程体系时,各院系只是把分派下来的教学任务当成一种不得不向学校交纳的苛捐杂税,普通教师更是偏爱和自己研究相关的专业课,特别是研究生课,对通识课能躲就躲,实在轮到自己了就尽量往专业课上靠拢,或邀请研究兴趣相近但又有一定互补性的同事一起教。院系同学校(本科生院)的关系,除了义务和责任,还有一层"利益交换",即通识课助教的位置,可以作为博士生奖学金的补充或延长条件。这对于人文学科有博士生的各系教师来说,是一个非常实际的考虑。

由于是在这样没有准备、没有经验和传承的条件下仓促且三心二意地上马,我最初几年教的"通识核心"课都是自己研究专长范围内的"现代中国文学与社会思想",文本选自近代以来基本的文学历史思想文献,如林则徐、康有为、梁启超、严复、孙中山、章太炎、胡适、鲁迅、毛泽东、老舍等人的著作。但几轮教下来,自认为效果不甚理想。最主要的原因,在于尽管近代以来中国社会变革和发展不可谓不具有伟大的史诗性,但对其在观念、风格、思想、审美等方面的沉积、提炼、深入系统的研究和批评意义上的阐发都还远远不够。因此除个别文本例外,多数来自"现代中国"的"伟大文本",都需要很多历史背景的交代、说明和解释,才能向对现代中国一无所知的本科生(这是这门课程的基本假设和前提要求)传达它们"内在"的普遍的(即跨越历史时空、跨越社会文化阻隔、超越意识形态和价值观偏见的)意义。但事实上,要对本科生呈现近现代中国文学和社会思想文本的经典意义,首先要求任课教师对现代中国文化思想材料及其出现的历史背景和历史条件拥有总体性的、融会贯通的解释、理解和把握。这种解释、理解和把握不能仅仅是学者个人的(因为这会使它们难以避免地陷入这样或那样的学术流派、潮流乃至背后的世界观分野和意识形态冲突),而必须是相对自然而平缓地产生于一个长期的稳定的意义解释和意义生产框架内的道德资源和价值参照系。换句话说,它们不能或不应该是当代学术前沿意义上的"介入"(intervention)或强行阐释(over-interpretation)。在这种相对稳定的阐释和讨论框架自然而然地出现之前,一切有关现代中国文学社会思想的观点、看法和学术假设,事实上都是正在进行中的争论和辨析。局部的深入而富有争议性的研究、分析、批评和阐释可以积少成多,形成一些相对牢固的共识,最终改变这个研究领域的不确定性质。但这样的工作客观上讲更适合学者个人的研究或学术专业共同体内部的探讨。因此目前仅从教学方面看,"现代中国文学与社会思想"似乎更适合于特定学科或区域的专门讨论(比如为东亚专业的本科生开设近代思想或新文学专题课),而不是"通识教育"的理想话题和材料。这里有一种例外情况,那就是类似已故耶鲁大学历史系史景迁(Jonathan Spence)教授开设的极受学生欢迎的"近代中国"(Modern China)大课。但这样的课程就本质而言,其实更像是中国大学里碰巧特别受学生欢迎的"全校公选课",而不是严格意义上的"通识教育"课。

经历了这个"失败"或"挫折"后,我在"通识核心课"选题上转向古代中国,随即感觉到一种"海阔天空"般的自由,至少经典文本的选择范围大大拓宽,几乎有一种奢侈的感觉。但最初两轮,都因为涵盖范围太大、经典文本太多而未达到理想效果。至少我自己觉得过于"赶"了,学生恐怕也有第一次吃中餐就遇上满汉全席的感觉,未免应接不暇、消受不了。大约从第三次讲这门课开始,我把文本范围限定在先秦两汉,先教了两次"全版",即诸子部分多收几家,下限延伸至魏晋,但随即发现还是失于"贪多嚼不烂"。大约从授课的第二个十年开始,我把这门课的名称固定为"早期中国人文经典",文本选择/课程进度为：

《论语》,3周,D. C. Lau译本通读/选讲

《诗经》,3周,Arthur Waley译本通读/选讲

《楚辞》,2周,David Hawkes译本通读/选讲

《庄子》,2周,Burton Watson译本通读/选讲

《史记》,4周,Burton Watson等译三卷本(秦一卷,汉两卷)

对照之下,最初的"全版"事实上更适合两学期(一学年)的安排,即在一学期内容之外补充:《周易》(2周);《大学》《中庸》(1周);《老子》(1周);《孟子》或《荀子》(1周);《墨子》(1周);《孙子兵法》(1周);《韩非子》(1周);《古诗十九首》(1周);"三曹诗选"(1周);阮籍和嵇康(1周);陶渊明(2周)。但就我的教学经验和感受而言,"简版"或"一学期"版更令人满意。文本和作者的极简化,事实上凸显了而非省略了古代中国思想和文艺源头经验的深邃、丰富和惊人的创造力。《论语》/《庄子》,《诗经》/《楚辞》的"赋格对位"安排,虽然在中国大学古代文史教育里是常识,但在美国大学本科通识教育中,却具有十分明显的定位和定向作用;而基础经典文本自身的力量和吸引力,也能够立刻让学生围绕"何以为人"(what it is to be human)这个基本问题,进到同经典文本的深入持续、简洁有力的对话中去,让他们在中国古人的思辨、歌咏、喟叹、交锋和辩论中遇到(有时是第一次遇到)自己终其一生都会不断去思考的问题,并意识到中国古人已在这种思考和艺术再现的道路上走了多远,为后人留下了怎样的证明、灵感和庇护。

也许因为我自己在北大中文系四年的学习中接受过相对系统的古代文学教育,虽毕业后未再受过任何中国古典文学专业训练,但一直算是中国古典文学思想的"业余读者",对这些从青少年时代就打开、从此再也合不上的文本心存敬意。每每轮到讲这门课,我都有一种喜悦和感激。因为第一,它给自己带来一次重读中国古代经典的机会。第二,我有了更多了解围绕经典解释的学术传承和当代学术进展的机会。第三是可以借机比较各种译本,甚至不同西方语言(如法语和德语)译本,从中体味这些文本在另一个语言星球、另一个文化轮回中的存在和命运,这是只用母

语(虽然也许已不能说古汉语在自然而然的意义上仍是我们的 mother tongue 了)阅读"原版"所不能提供的经验。第四,在单纯的教学意义上,可以说再也没有比这些早期中国文明经典更好的交流平台。对于普通美国本科生而言,它们的"异域"色彩不言而喻,但能够同西方经典(无论古代还是现代)一样帮助他们打开阅读、思考、分析、讨论和写作的空间,帮助他们认识自己,认识自己当下所处的环境及其历史性。这种在本科教学课堂里得到的快感,以往只能在专业讲授西方经典文本的课堂里才能体会到。值得一提的是,随着越来越多的中国学生进入美国排名靠前的研究型大学进行各种专业学习,他们也越来越多地出现在大学的"通识教育核心课"上,许多人抱着重新学习和打升经典的期待选择了"早期中国人文经典",但又在不同程度上担心,在英语世界与这些"老朋友"再度相遇时,会不会因为太熟悉而无话可说。然而与此同时,每学期也都有中国学生告诉我,他们没想到这门课会这么难,更没有想到会有这么多新的收获。

相对于在纽约大学"早期中国人文经典"课上文本选择的"决断",我在北大元培学院开设的实验探索性质的"近现代西方文学人文经典"则在选题上颇费周折,久拖不决。其中一个技术原因,简单说就是可选或当选的文本太多。这当然是因为近现代西方文学的空前发达,为人类历史上所未曾有,其历史意义、艺术和思想价值、普世影响和对现代中国人的深刻的心灵启蒙和塑造作用,都令具体文本的选择和组织成为一个令人挠头的问题。但既然任何"Top 15"或"Top 30"名单都不可能令所有人满意,而除了少数几部无可争议的经典文本外,大多数"选家"都会带有个人偏好或偏见,所以我最后只能决定,在公认的经典基础上,以我所理解的近现代西方文学人文经典对于近代以来中国人和中国社会文化思想发展的冲击和影响为参照来做取舍。这当然更是一个双重的(西方学界加上中国学界)主观标准。但无论如何,这个双重主观标准的确有助我做出最后的选择。我的理想版本是一个两学期(一学年)版,包括30部文本:

第一学期:但丁《神曲·地狱篇》(13 世纪中叶,2 周);蒙田《散文》选读(16 世纪晚期—17 世纪初期,2 周);塞万提斯《堂吉诃德》

(16 世纪晚期—17 世纪初期,2 周);莎士比亚(16 世纪晚期—17 世纪初期,3 周);伏尔泰/卢梭(17 世纪,1 周);笛福《鲁滨逊漂流记》/斯威夫特《格列佛游记》(18 世纪,1 周);歌德《浮士德》(18 世纪中期—19 世纪初期,2 周)。

第二学期:巴尔扎克《高老头》或《欧也妮·葛朗台》(1 周);雨果《巴黎圣母院》(1 周);麦尔维尔《白鲸》(1 周);波德莱尔《恶之花》或《巴黎的忧郁》(1 周);福楼拜《包法利夫人》(1 周);陀思妥耶夫斯基《罪与罚》(1 周);托尔斯泰《安娜·卡列尼娜》(1 周);狄更斯《雾都孤儿》或《大卫·科波菲尔》或《远大前程》(1 周);乔伊斯《都柏林人》或《尤利西斯》(1 周);普鲁斯特(1 周);卡夫卡《城堡》或短篇小说选/托马斯·曼《魔山》(1 周);艾略特《荒原》(1 周)。

当然,这个"全版"只能是一个理想。现实中很难想象中国任何一所大学的通识核心课程结构里能够容纳两个学期的"近现代西方文学人文经典"内容。事实上,这即便在美国大学也不现实,比如哥伦比亚大学最为人称道的"(西方)文学人文学"核心课程(即所谓 Lit. Humn),虽然长达两学期(一学年),但涵盖了上至荷马史诗下至当代美国黑人女作家的"通史"。所以最终在元培学院付诸实施的,是一学期"简版"或"压缩版",书单包括:

但丁(1 周);蒙田(1 周);塞万提斯(1 周);莎士比亚(2 周);歌德(1 周);巴尔扎克(1 周);麦尔维尔(1 周);波德莱尔(1 周);狄更斯(1 周);陀思妥耶夫斯基(1 周);托尔斯泰(1 周);普鲁斯特(1 周);乔伊斯(1 周);卡夫卡(1 周)。

我觉得这是一个相对兼顾了近代西方人文经典自身的脉络和它们在西方社会之外的世界性影响的书单,在文艺复兴、17 世纪(绝对王权、巴洛克)、18 世纪理性主义、19 世纪以来现实主义和 20 世纪初现代主义各个"高峰阶段"之间保持了代表性和权重的大体均衡。但由于最后决定趁此机会加入部分"近现代中国文学人文学经典"课内容,用作"通识核心"课程体系的教学实验测试,所以最后撤掉了其中的但丁、歌德、巴尔扎克,以及陀思妥耶夫斯基以后的篇目,包括所有俄国文学和现代派内容,而加入了《红楼梦》(2 周)、鲁迅与周作人(2 周)和老舍的《骆驼祥子》(1 周)。

回头看这次实验,最令人鼓舞的有两点:一是北大元培学院的二百多名二年级本科生,绝大多数能够按他们并不熟悉的要求,较为出色地完成阅读、讨论和写作,展现出优秀的学习能力、潜力和综合素质。其中表现优异、良好、一般和有待提高各组的比例,丝毫不亚于或可以说略优于纽约大学通识核心课的比例。当然,也许有人会说元培学院并不具有代表性,因为他们即便在北大本科生群体中也是优等生或"自我选择"的一类,他们多数人本来就具有较强的跨学科兴趣和求知欲,甚至在入学前就有相对宽广的知识视野。但过去二十年,中国高等教育和基础教育的提高是一种整体性提高,我们有理由相信,只要提供必要的氛围、条件和帮助,元培学院学生能做到的,其他中国大学的本科生也能做到。二是十一二位博士生助教的出色表现。他们都是北大中文系文学专业不同方向的博士生,都能够在短时间内、在远远超过自己专业训练范围的领域里,带领学生讨论经典文本,批改每周的读书报告,选择其中的精彩篇目在每周大课上交流。这充分表明,一旦确立"通识教育"的理念和目标,"小班讨论的助教"这个关键的不可或缺的环节,并不会成为"核心课程"的软肋。这当然也反过来说明,今天中国大学里的人文学科研究生训练,虽然表面上看似深陷学科专业化的窠臼,很多时候显得封闭、琐碎和狭窄,总体上好像既没有摆脱历史主义、经验主义的陈旧方法体系,也缺乏当代人文学者应该具备的世界眼光和国际化学术经验,但事实上青年学者的日常学术阅读和交流,早已远远超过或"溢出"了学科体制的格局,在不自知的情况下,具备了相当高的、符合当代国际学术共同体规范和要求的水准。所以,一旦目标和文本范围确立,一旦把他们作为"老师"放在自己的学弟学妹面前,他们都能够带着相当的自信,在经典文本和本科生之间,发挥合格的、往往是激发学生学习和表达热情的引路人、协调人功能,扮演一个平等的"先进"的角色。这固然说明北大中文系博士研究生较高的平均素质(尤其在人文基础知识、自主学习能力和交流能力方面),但我相信这并非北大一枝独秀,而是国内许多老牌综合性大学共同享有的教育资源。"通识教育"的改革与实验，或许有助于把这部分资源充分地开发和释放出来。相信这将对丰富和改进中国大学的本科人文教育起到十分积极的作用。

这次"元培实验"，虽说按美国通行的通识教育核心课程的要求和标准，在国内大学环境下实施了一次完整的操演，总体上获得了成功，积累了宝贵的经验，但回头看也有些冒进之处。最主要的是这次实验的"上马"仍略显仓促和生硬，未能够充分审慎全面地考虑本文前面提到的种种问题和现实困难。冒进的具体表现之一，就是在未经过与元培学院同学充分沟通的情况下，将这门课设为元培全体二年级学生的必修课，所以所谓"仓促"，是最终使学生们仓促上阵，去应对他们不熟悉也并不一定一下子理解或认同的教育理念和课堂要求。元培学院一个年级有二百多人，刚刚升入二年级的学生尚未分专业，但事实上大多数人已经有明确的专业倾向，很多从一年级开始就已经系统选修未来所在专业院系的课程。本来，即便在长期施行"通识教育核心课程"计划的美国大学里，让兴趣、精力、能力和对通识教育的理解和期待都大相径庭的100—200名学生坐在同一个大教室里，读同样的书，效果如何都会是一件很难预料的事情。元培学院学生前两年名义上虽说不分班，但事实上仍旧是在北大浓厚的专业教育氛围里，在根深蒂固的专业教育格局和观念里学习，因此不可能不深受这个"引力场"的影响。在第一年的学习过程中就开始向专业教育的方向发生偏离，更不用说理工科轨道的学生专业压力更大，被占用的时间和精力更多，面对突如其来的"海量"阅读和"高强度"的讨论和写作要求，就可能不适应，产生疑惑甚至逆反心理。当然后者只是极个别现象，但"通识教育核心课程"如何在改革和推进中国本科教育体系的同时，又充分考虑到这种改革推进工作自身所处的具体环境和条件限制，摸索一个"合理的"教育理念同一个"现实的"教育制度（其"现实性"当然带有其自身的"合理性"）之间的磨合，的确是一个可供我们长期深入思考的问题。其中，最具体、看似只不过是一个"技术性问题"的每周阅读量，事实上或许是关乎"通识教育核心课程"在中国大学里成败的关键。阅读量太大，就会过多占用学生的时间和精力，客观上造成通识核心课与专业课（以及其他必修课）的冲突，事实上也不利于学生的消化、反刍和对自己感受与思考的整理。如果高强度阅读不是刺激和打开了学生的心灵,而只给他们带来更加沉重的课业负担,那么这就同"通识教育"的核心初衷相违背。这个"量"和"度"的把握其实并没有放之四海而皆准的标准,只能在具体的现实环境中把握和调整。

但与此同时,适当地提高中国本科生阅读层次、阅读量和阅读强度,又是改革和推进中国大学本科教育的不二法门,"通识教育核心课程"不过是为此目的服务的手段之一。这种高层次("人类文明的伟大经典")、"海量"(每周一书,一学期15本公认的"必读书")和"高强度"(以每周小班讨论和写作作为激励手段的深度阅读,加上基于个人探索的自由表达、自由争论)学习,当然可以、也应该在人文学科和部分社会科学的专业教育体系里存在,但它一则无法覆盖全体本科生,二则往往会被专业训练内部的分工割裂,如读现代的不读古代,学文学的不管思想,念中文的不理会外文等。

综合地看,目前在中国大学里渐成蓬勃之势的"通识教育"理念和实践,既是一个"精英教育"的"下沉",又是一个大众教育的"上升"。

所谓精英教育的"下沉",是指这些似乎过去只有"好学深思"之士或"研究高深学问"的头脑才会反复研读的典籍,如今已成为大学教育的组成部分,在这个意义上进入"寻常百姓家"。拿中国古代文明经典来讲,这就像是以往士大夫阶层借以"修身""问道",沿着"学而优则仕"的阶梯成为统治阶级(所谓"劳心者")的文本,如今成为现代社会里的国民高等教育的基本材料和基本训练。传统社会政治精英和文化精英留下来的种种发奋读书的故事和传说,虽然如今事实上已成为大学本科教育的题中应有之义,但面对文本及其种种解释时的艰难和所需的努力,仍要在个人层面予以全力应对。换句话说,"头悬梁,锥刺股"不但是大学考试前夜的常态,在咖啡、红牛、手机音乐等各种保持清醒和兴奋度的手段的帮助下,已经融入大学生活的常态阅读模式之中。当今一名本科生只要能够绕开每学期上8—10门课的陷阱,那么每学期集中精力上一两门专业以外的高强度"深入学习""自主学习"课程,就完全是可及和可为的事情。

最后,在世界历史的长时段和现代社会的基本价值体系中看,"通识教育"也代表着作为大众教育的高等教育的"上升":大学不再是大批量生产简单和单一技术型专业性劳工的工厂和技校(包括近代化国家官僚科层体制中无个性的科员),而首先是培养"整全的人"的园地;而古往今来的人文经典,整体上不过是关于人的行动和反思的描述、记录和再现,并在这个意义上成为一代又一代人的"课本"。在本科四年阶段,每一个本科生在探索自己未来要做什么的同时,更要探索自己未来准备成为一个什么样的人。这种转变并不是小康社会或后工业社会的赏赐,更不是带有颓废色彩的奢侈。事实上,这种对"何以为人"问题的独立深入的追问和思考,在一个相当直接的意义上,正对应于一个相对发达的大众社会的生产和自我再生产要求。这就是我们在今天的经济、科技、创业和创意领域耳熟能详的关于"竞争力"和"可持续发展"的口号对劳动者提出的基本要求。识读、分析和解释复杂文本和符号信息系统的能力,对不可量化、不可实证的社会、历史、情感、心理和意识活动的理解力和判断力,不断更新升级自我的工具箱和装备系统的能力,转换生产和活动轨道以应对和管理不同领域里的人与事的能力,都是眼下对所谓创造型、领导型人才需求的内在期待。它们都对人的基本素质及其内在的持久活力、可塑性和自我更新、自我超越能力提出了新的要求。

"通识教育"当然不可能直接而具体地满足所有这些实际需要,但它的确在一个更为根本、基础性、非功利(即实用性工具性)层面,为回答和满足这些更高的要求提供了一个基础。这个基础就是人对自己的滋养和训练。使人成其为人的价值、情感和道德资源可以被消耗,也可以再生,但这种再生却只能以它特有的方式,通过人的缓慢的教育和成长,最终以积淀和编码在人类语言中的伟大作品的自我解释和自我生长的方式进行。在"通识教育核心课程"框架里的阅读和讨论,归根到底是聆听乃至参与古往今来伟大人物之间的交流。他们有的是伟大的成功者,有的是伟大的失意者甚至失败者,有的是伟大历史变化的践行者和推动者,有的只是这种变化的旁观者、评论者、解释者和批判者,但他们都为我们留下了关于人的社会活动和内心活动的栩栩如生、经久不衰的形象和故事,留下了对所有这一切最为深入而专注的观察和思考。在传统社会或等级社会里,这种形诸文字的经验和智慧往往被视为少数人的特权而被精英阶级垄断,"通识教育"则是在现代大学体制里将这种经验和智慧传递给所有人的激进的尝试。

(2022 年 8 月 1 日于纽约)

国际高等教育院校认证视角中的
通识教育：组成、功能和价值

孙建荣　王晶晶*

孙建荣　王晶晶*

摘　要：高等教育的学历教育受益于课程设置中的通识教育与专业教育部分。在院校认证的理念引导下，作为教育质量重要佐证的学生学习成效评价引导教育工作者设计通识教育课程设置与学习结果评价，有效地丰富了人才培养的内涵。

关键词：通识教育；院校认证；学习成果评价

高等教育的学历认可主要通过学习者是否完成规定的课程学习计划（实施以学分制的教育体系）来判断，而课程学习计划中的课程设置（curriculum）通常包括两类：通识教育课程部分与专业课程部分。在高等教育中，这两类课程之组成对学生的学历教育起到不同但相互支撑的作用。学者对大学中通识教育之意义、课程设置理念、设置方式、科目类型、教学实施、教学效果测评等已有很多研究。在面对来自社会与政府日益繁多的问责制压力下，探讨大学内部如何保障通识教育的质量，成为自90年代开始高等教育面临的巨大挑战。本文将从"院校认证"（institutional accreditation）的角度来论述大学通识教育（general education）如何依据认证的期待而思考并完善其通识教育质量保障。本文讨论的聚焦点：认证标准对学习结果评价的期待如何影响大学通识教育的设置。

本文中提及的"院校认证"期待，主要以美国高等教育区域认证委员会进行的两类认证中的"院校认证"为主要例子进行叙述，"通识教育"

---

* 孙建荣，西安欧亚学院副校长，美国高等教育中北部区域认证委员会咨询员/评估员检查组组长、中国国家教育部高等教育教学评估中心评估专家、香港学术及职业资历评审局评审专家、亚太质量网络评审专家；王晶晶，深圳北理莫斯科大学教师。

也以美国高校本科教育中的学历课程（undergraduate degree program）为主要案例。

学术界与教育界对通识教育研究的聚焦点既有从学术角度的思考：从通识教育的目的到通识教育与专业教育的关系；从通识教育课程设置理念到通识教育课程设置内涵；从通识教育教学方式到通识教育效果评价。学术界与教育界对通识教育研究的聚焦点伴随着时代与社会发展而变化：教育规模的变化（高等教育发展的三大阶段：精英教育、大众化教育、普及化教育）、高科技介入教育的规模化（特别是自2020年起，为应对新冠疫情对全球教育的影响而在非常短暂的时间内进行的基于教育技术的混合教学）、高等教育的国际化（例如，跨境学分或学习经历的获得、借鉴其他教育理念与教育体系课程设置进行的各自课程修改或提升等），以及社会需求对教育目标与结果的影响（例如，以就业导向的应用型人才培养为目标的课程设置，服务于社会快速发展而在课程设置中添加创新/创业类型的非传统学术科目，配合就业需求而强调教育目标、内涵的新阐述）。

第一，高等教育的规模随着社会的发展发生了很大的变化——精英教育、大众化教育、普及化教育。通识教育在高等教育这几个阶段中所起的作用也发生了相应的变化。通识教育理念：对社会的问责、对学生的期待、对学术的认可。通识教育课程设置：教学内容、科目类型、教学目标、教学方式、结果评价。作为学校内部质量保障常态化的一个规定动作，美国高校定期对其学历课程进行检视（program review）。与专业课程不同之处在于，通识教育课程属于大学范围（所有的学生都必须选修完成通识教育课程的学分），而专业课程则属于各学院。因此，对通识教育课程的检视通常是全校关注的聚焦点，大学的理念、学术的一致性、价值观的表述，均会反映在检视之后的通识教育课程，在同行中产生一定的影响（哈佛通识教育课程检视后的体现哈佛教育理念的红皮书、加利福尼亚大学不同分校完成的通识教育课程检视新版本、芝加哥大学通识教育课程的更新、宾夕法尼亚大学通识教育课程检视的聚焦点等）。在某种意义上来说，通识教育课程检视的过程是一次难得的汇集不同专业学科教授在一起进行的教育理念的探索、讨论、反思、批评与提升。由于美国学术界对于学术自由的推崇,很少有进行这种跨学科教育理念讨论的平台。

第二,高科技介入教育的规模从 90 年代之后出现了令人难忘的形势:基于高科技的各种课堂教学设备成为常态。学生认为,教学中教育技术的使用是基本的,而具备借助高科技获得与处理信息的能力(technology literacy)则成为通识教育共识目标之一。同时,借助高科技平台进行通识教育科目的传授、学生学习过程的跟踪与管理、教学反馈信息的提供,形成了对高等教育提供"二 A 型"(任何时间[anytime],任何地点[anywhere])学习方式的追求。混合教学设计(hybrid course design)成为许多大学通识教育课程的组成部分。这在一定程度上缓解了通识教育课程在实施中对地点(教室)、时间(排课与选课)与师资(任课教师)的巨大要求,成为当时美国高校教师发展(faculty development)的重要内容之一。如何善用高科技来设计与进行混合课程教授,也引发了当时学术界对一个重要话题的关注:教育中的高科技鸿沟问题。该话题的讨论对如何在通识教育中促进学生在大学四年里提升各自的科技能力,也起到了积极的作用。与 90 年代出现在高等教育中对教育技术使用的主动选择不同,自 2020 年起,新冠疫情的出现在扰乱全球正常教育教学环境的同时,也给人类带来了一次为数极少的机遇。为应对疫情对全球教育的影响而在非常短暂的时间内推行的大规模基于教育技术的混合教学方式,在一定的时间内暂时支撑了教学的进行。但此次实际上是全球范围内大规模被动地借助教育技术完成教学计划。对如何评价"疫情教育"的效果仍然是一个巨大的挑战:对于政府教育管理部门来说,如何确保混合教学过程的"合理性";对于学术界而言,如何平衡学术自律与社会问责;对于第三方质量保障机构而言,则是从 90 年代初开始的质量保障理念(关注教育中的学习结果)转型与操作过程(证据为本)实施,直接受到混合教学方式的影响。在这个挑战中,占据相当大比重的是如何确定、收集与评价通识教育目标的实现度。

第三,高等教育国际化提供了不同教育体系相互了解与学习的机遇与平台。从高等教育课程设置的两大组成部分来说,专业课程部分的学科共识性比较强,而通识教育课程设置方式、组成、内容,以及对大学学历内涵的贡献分布更具有各自的特性。纵观高等教育国际化过程中,通识教育成为高校学生受益国际化的主要平台。通识教育科目中对多元文化的理解（对多元价值观的认识与理解）、对共同关注话题的探讨（和而不同的探讨途径）、对人类共性的深究（人类命运共同性），所有这些更加激活了通识教育科目对学生的吸引力、丰富了通识教育的价值，同时也促进了对通识教育学术性的持续追求。

第四，社会与教育的相互依赖、相互结合、共同发展之特征，体现在两者互动的每一处环境中。例如，社会需求对教育目标与结果的影响：在高科技飞速发展的今天，国与国在实力（经济、军事、科技实力）提升中的竞争、社会对具有（高科技与应用型）能力人才的需求、教育力图满足社会对教育结果（就业率与用人满意度）的期待，这些都对如何在课程调整、目标类型与内涵确定、结果评价与认可中重新定义通识教育产生一定的影响。而影响度之大小，仍是一个未知数。

学术界与教育界对通识教育之理念与设置上有共识，也有不断争论的话题。而属于第三方质量保障机构的教育认证在其认证标准（criteria for accreditation）中尊重并依据高等教育对通识教育的共识，将通识教育对学历教育实施的质量提升作为重要的观察部分。同时，对高等教育仍在探索如何对通识教育结果进行评价的部分，通过在认证标准中提供框架性要求，引导院校更有效地提供与收集通识教育质量佐证。本文从院校认证标准内涵（core components）之表述、评估指标框架内容之分解与分析、质量佐证之多元型三个方面，来描述通识教育在高等教育中被日益认可的重要性，以及通识教育在其实施结果方面仍面临的挑战，希望对中国高等教育继续探索通识教育在人才培养与效果评价方面有可借鉴之处。

一是院校认证标准内涵之表述特征——和而不同。美国高等教育区域认证委员会在制定院校认证标准时，以提供框架性的内涵表述来确定院校质量认证的范畴。院校认证标准通常牵扯到院校作为社会特殊组织的几个方面：办学定位、管理架构、服务范畴、资源支撑、质量保障。[①] 在每个范畴框架下，院校认证需要关注的几个主要领域都会给参加院校认

---

① 参看美国六大高等教育区域认证委员会网站提供的最新院校认证标准与导读，CHEA 网站。

证的学校提供各领域的观察方向，每个切入点均有建议考虑的方法选择。表述内涵之语言的特征与方式以"引导"为主，将理解拓展权赋予参加院校认证的学校，秉行"自圆其说"的准则（evidence-based），鼓励其讲好各自的故事，并提供支撑故事的依据。这种以粗线条为特征的认证标准方式对接了高等教育中通识教育目标内涵的非准确性，照顾到了基于院校定位与学术认可的各学校通识教育的特征。以目前高等教育中对批判性思维（也表述为"审辨式思维"）的关注度为例，众多院校均将此作为各自通识教育目标之一，然而各院校对其内涵的认识各有不同，实施平台也各有特色。比如，从工具角度为切入点的能力提升：逻辑方法训练、研究方法学习等；还有的强调相关理念认知的获得：哲学、历史学等。

二是院校认证标准评估指标框架内容之分解与分析——粗框引导。院校认证标准的内涵框架性表述，反映出高等教育院校认证的基本特点：基本教育质量保障（threshold QA criteria）。评估框架内容通常以问题的方式引导参加认证的学校对收集佐证材料的内容与方式进行思考，如此更能反映出自己学校的校况（mission-oriented）。这些问题通常引导学校从两个方面进行思考——现状（what）与行为（how），然后引导学校提供佐证材料来支撑前面两个方面的叙述。以院校认证对通识教育的关注为例，认证标准中涉及大学课程教育方面的工作，区域认证委员会会提出框架性要求（例如，大学层次学生培养目标是否有清楚的表述？），通过引导性问题帮助参与认证的高校进行反思（例如，基于学校定位的大学层次学生培养目标是什么？这些目标通过何种途径制定出来？）。学校在回答这两大问题时，就需要准备相应的佐证材料。例如，提供大学已有的大学层次学生培养目标之描述，提供大学在讨论制定这些目标时的过程信息，以及通识教育在确定这些目标中所起到的主要作用，比如目标内涵的确定、实施平台的设计、师资的配备、课程以及相关活动的实施、结果的评价等。

院校认证标准中，通常不会提出对于任何具体专业课程的认证期待或要求，唯一的例外是针对通识教育认证期待专门的描述。下面案例选自美国六大高等教育区域认证委员会中负责认证院校区域最大的中北部高等教育区域认证委员会的认证标准。在该认证委员会院校认证五大类标准的第三类标准中，其与大学学历课程相关的标准内涵，有如下两条直

接与通识教育有关的叙述:

3. B. The institution offers programs that engage students in collecting, analyzing and communicating information; in mastering modes of intellectual inquiry or creative work; and in developing skills adaptable to changing environments.

a The general education program is appropriate to the mission, educational offerings and degree levels of the institution. The institution articulates the purposes, content and intended learning outcomes of its undergraduate general education requirements.

b The program of general education is grounded in a philosophy or framework developed by the institution or adopted from an established framework. It imparts broad knowledge and intellectual concepts to students and develops skills and attitudes that the institution believes every college-educated person should possess.

第一条是关于通识教育课程与大学定位之间的关系:前者基于后者,而通识教育课程的教学目标、教学内容以及对于本科学生期待的学习预期结果,均由大学明确地表述清楚。这条内涵的表述确定了通识教育课程的教学目标作为一所大学的人才培养规格的奠基石,即通识教育课程目标在大学人才培养中起到核心作用,一所大学培养学生的层次高低直接受到其通识教育课程目标与内容的影响。而第二条叙述则指出了通识教育课程设置所依据的理念、通识教育课程平台的组成以及通过通识教育课程最后期待达到的该大学毕业生属性。从某个角度讲,通识教育是一所大学本科生培养的模具与框架,而通识教育课程与专业学习课程则构成这些本科生最后毕业时会具备的内涵。从院校认证质量保障角度出发,院校认证通过对学生学习成效评价的相关信息,来判断一所大学教育质量的保障程度。院校认证有别于专业认证(program accreditation),院校认证通常不直接涉及大学里与课程直接相关的方面,唯一与课程有直接相关的认证活动就是通识教育及其课程,而这一点说明了通识教育在高等教育中举足轻重的角色。

三是院校认证标准质量之多元型佐证——百花齐放。美国高等教育院校认证的准则之一是基于院校定位的认证评估,共识理念下通识教育的设置、实施以及结果均反映出各院校的特征。院校认证鼓励并期待参与院校采用多元评估方式来对教学结果进行评估。通常来说,院校认证对评估的期待有以下几个方面。

■获得佐证材料的两大渠道——学生在校期间的学习信息(学习过程与学习行为)与学生离校后(五年)的相关信息(学生就业后的信息与学生满意度的信息)。前者为认证所需要的主要信息,后者作为补充辅助信息。对于参与认证的院校来说,认证标准的这些期待说明学校在其课程设置中,已经考虑到了如何收集这两类信息(显示课程设置质量保障与实施过程质量保障),并对这些收集的信息进行了针对性的分析。分析的结果作为学校制定相关政策或进行经费预算与使用的依据之一。对于通识教育课程而言,进行信息收集与分析是一项涉及面比较广的活动(因为通识教育课程的设计与传授是由大学里不同学院承担的,信息收集与分析需要跨学院或跨学科协调才能完成),而对分析结果进行解读与使用是从质量保障的角度与行政教学管理的渠道出发的。通识教育课程的信息收集与分析所面临的最大挑战主要有两个方面:一是通识教育服务于全体学生,学生组成的多样性给信息的收集、分析与解释带来难度;二是通识教育目标更倾向于比较抽象的认知范畴,多元化理念、评判性能力、课程内容评价信息分别从学术内涵与教学管理对大学教育质量保障提供了全方位的佐证。

■两大类型佐证材料:这些材料记录了学生在校期间的学习过程(学习参与度与满意度)与学习结果信息(学习行为与学习效果);认证佐证需要查看经过分析的在校期间学习结果信息,通常包括(课程学习期间)学生学习行为与结果。例如,学习期间的不同活动的参与度(student engagement)、学习经历的类型(college experience design)、对学习经历的认可度(student satisfaction)、学习行为的产生(student outcomes and achievements)等。

▪佐证材料的代表性：在准备用于认证所需的佐证材料时，认证机构会提醒参与认证的院校，佐证材料的选择、收集、分析均可参考科研时所遵循的研究方法和途径。但佐证材料的使用目的不同于科研，因此在准备佐证材料时，基本遵循的准则为：具有科学研究的框架指导，采用最经济、效果最大化、受益面准确、横向与纵向信息相结合的评价方式，来进行佐证材料的选择，鼓励学校讲好自己的故事。佐证材料既可以有基于抽样的评估信息，也可以有基于整体学生群的评估信息。在准备佐证材料时，以与直接评估相关的材料为主（所有学生在校学习期间所产生的学校经历与行为，均为直接信息）；而毕业离开学校之后所获得的信息均为间接信息，比如，通过问卷或访谈而了解到的用人单位的反馈、毕业生提供的自我认可、毕业生其他相关信息（工作行为评价、工资待遇分析等）。这些信息可以作为直接信息的补充。

院校认证标准中的另一特点是对大学自身如何进行质量保障提出较为直接的期待。尽管表述的方式接近框架式的特征，但其内涵是比较全面概况的。下面的案例同样选自美国中北部高等教育区域认证委员会的认证标准，来对其认证评价方面的期待进行分析。在该认证委员会院校认证五大类标准的第四类标准中，对大学教育质量保障的期待提出相当明确的描述：

4. B. The institution engages in ongoing assessment of student learning as part of its commitment to the educational outcomes of its students.

a The institution has effective processes for assessment of student learning and for achievement of learning goals in academic and cocurricular offerings.

b The institution uses the information gained from assessment to improve student learning.

c The institution's processes and methodologies to assess student learning reflect good practice, including the substantial participation of faculty, instructional and other relevant staff members.

第一条强调评价实施程序的有效度（当然，前提是学校已经有评价实施程序，同时，该评价实施程序已经运行了相当一段时间，并对评价实施程序运行的有效度进行了评估）。所有高等教育院校基本上都已经制定了相关的条例与政策，学校的各项活动也是按照这些条例与政策设计与实施的。然而，认证所关注的，是已经有的与已经在做的到底做得如何，这与成效有关。成效的高低则与实施程序有效度关联紧密。比如说，通识教育承担的教学平台服务于大学提出的毕业生属性之一——审辨思维能力的获得。大学期待通识教育课程的完成能对学生审辨思维能力的提升有作用（贡献度）。在学生完成了这些通识教育课程之后，有关部门对学生们进行了一次问卷调查，以了解学生审辨思维能力的提升程度。问卷调查结果显示，学生们认为他们知道审辨思维能力的内涵（定义），也知道具备审辨思维能力的重要性。然而，实施的这个评价与需要评价的目标有误差：审辨思维能力的提升与行为有关，而问卷调查结果的内容与行为关联不大（问卷调查了解的是学生对审辨思维能力的认知信息）。所以有必要改进评价设计，以提高评价实施的实效。第二条则强调对评价结果信息的使用——如何依据这些信息来提升学生的学习。认证的这种评价闭环理念大大促进了评价信息的形成性功能，也促使评价方法的设计与使用更聚焦在学生受益这种评价上。这在第三条的内容表述中反映出来了：强调学校多部门的参与（教学人员、教育辅助人员等），同时学习其他高校在评价方面有效的做法。

以上对美国高等教育中院校认证标准的简洁描述，对于了解现代高等教育中的通识教育有一定的启发性。美国高等教育不受联邦政府的管理，高等教育的变化基本上呈现在各个大学中，比如哥伦比亚大学、耶鲁大学、哈佛大学、宾夕法尼亚大学；也会出现在州大学体系（state university system）中，比如加利福尼亚州大学体系、田纳西州大学体系、纽约州大学体系、威斯康星州大学体系等。不少高校过去几十年所完成的通识教育课程改革，一是学校发展策略对大环境变化的反应，二是院校认证更促使学校对院校问责制度的意识。相比之下，中国高等教育中对通识教育的关注也有其相关的外部与内部因素：国家的顶层设计、社会的需求、国际化对高等教育的影响等。在探索通识教育如何更有效地在中国高等教育中不断形成自己的 DNA 特征，平衡通识教育对社会与对学生带来的价值，前面对院校认证相关特点的描述引出以下的思考。

第一，在国家与社会对培养应用型人才的需求之下，通识教育从其目标设定、课程设置、结果评价等方面如何更有效地进行对接？为了适应当今国家与社会的快速发展，教育课程设置的（相对）稳定性会受到一定的影响。比如，为了满足新的需求而建立的新平台（新课程或新增加的内容），对通识教育课程如何保持其学术一致性提出了挑战；不同层次通识教育目标具有各自的特点（理念类与能力类），而这些特点会直接反映在通识教育的实施中与通识教育成效评价的设计上。可以考虑的建议是，以高等教育对受教育者基本期待范畴为主设定通识教育目标类型：人类所认可的共性在受过高等教育者身上呈现；将对国家与社会需求之问责制嵌入通识教育目标实施的毕业生属性之中，以便于通识教育课程设计与通识教育成效评价设计。

第二，现有本科学历教育课程实施的整体时间对实施通识教育目标的可行度如何？中国高等教育本科课程设置目前仍以学年（四年）＋课程完成量为毕业的主要依据，众多学校的课程设置基本在前三年完成。这种课程实施式直接影响到学生的学习行为，对高等教育强调学习成效及其评价带来挑战。可以考虑的建议是：在进行通识教育课程设计中，协调通识教育课程教学目标的分布；在保证学历证书对通识教育课程学分数量要求的同时，提升通识教育目标的聚焦度；在设计教学活动中体现以学为本（learning-centrality）、以习促学（empowering & engaging learners）；在设计通识教育成效评价时，以学生学习成效评价为导向，以能力使用促进知识习得。

教育为社会培养有能力（服务社会的功能）的人才，也挖掘并开发学习者的潜能（认知与智力提升后有学问之人）；从高等教育在其精英教育阶段中对（少数能够进入大学学习的）学习者进行"人"的教育，到现在大众化教育将"才"的培养与"人"的教育并行作为高等教育的基本教育目标。高科技的飞速发展、社会需求的多样变化，对高等教育在其人才培养定位上产生了明显的影响：对应用型人才的需求，直接反映在高校的课程设置中，也体现在对高等教育效果的评价上。

从学术的角度出发，教育对"人"的责任始终没有忽视，四百多年前英国哲学家对学习的思考，也许是今天通识教育仍在高等教育占有重要地位的依据之一：教育对人的本质上的改变——

> 读书使人充实，讨论使人机智，笔记使人准确。因此不常作笔记者须记忆特强，不常讨论者须天生聪颖，不常读书者须欺世有术，始能无知而显有知。读史使人明智，读诗使人灵秀，数学使人周密，科学使人深刻，伦理学使人庄重，逻辑修辞之学使人善辩：凡有所学，皆成性格。

Roles & Values of General Education for Institutional Accreditation

Sun Jianrong   Wang Jingjing

Abstract：As part of the curriculum for college degree programs, general education's roles and values have been a topic from both academic and social perspectives. This article makes two postulates in terms of institutional accreditation that changes to the composition as well as the functions of general education within higher education as a response to rapid societal needs will challenge the academic integrity and that college degree completion within a shortened time span of less than four years will shortcut college students' competence with a lack of performance opportunities.

Keywords： general education; institutional accreditation; assessment of learning outcomes

中国政法大学的通识教育改革
与中西"文明通论"课程建设

文 兵[*]

问:中国政法大学(以下简称"法大")是一所以政治学和法学为特色和优势的大学,法大于 2005 年正式启动了通识教育改革,学校提出"打造有灵魂的通识教育"、建设"有法大特色的通识教育课程体系"的改革目标。法大为什么会提出这样的目标? 实施过程有什么具体方案?

文兵:中国政法大学自 2005 年开始思考通识教育相关问题,2006 年配套出台了《中国政法大学大学生文化素质教育基地建设方案》,其中涉及关于通识教育的规划,提到"打造通识教育精品课程,建立具有我校特色的文化素质教育课程体系,完善以自然科学类、人文素质类、哲学社会科学类和法学类为基础构架的四大类通识选修课程,构建具有我校特色的'共同核心课程',发挥其在通识教育中的引导作用"——这里讲的"共同核心课程",就是后来重点开设的"中华文明通论"和"西方文明通论"这两门课程。

此前法大也有不少通识课程,但是总体比较杂乱无章,而且课程质量不高。当时法大主管教学的副校长张桂琳教授就与社会学院副院长应星教授着手开展通识教育改革,并组建了中国政法大学通识教育改革小组,进行改革方案的设计。方案前后共有六稿,直到 2006 年 6 月 1 日,在张

---

* 文兵,中国政法大学人文学院原院长、法治与文化研究中心主任。

桂琳副校长推动成立的中国政法大学通识教育委员会第一次会议上,讨论并通过了应星教授提交的方案。由此,法大启动了第一轮通识教育改革。会上主要提出了三点。第一是强调"法大特色"。当时很多大学都仿效北大的元培学院,纷纷成立通识教育学院,但这显然不适合学科发展规模较小、素质教育基础较薄的法大。因此法大必须创出自己的特色。法大原来归属司法部管理,是一所行业院校,尚未完全进入高等教育的主流。直到2001年法大才开始改变单科性、行业性特征。总体来说,法大在政治学与法学以外的其他学科都起步较晚,基础比较薄弱。因此法大就考虑邀请校外的知名教师来法大授课,通过这种方式打造高端、精品的通识课程。

第二是强调"以纲统目"。选修课再多也只是"目",而必修课才是"纲"。没有"纲",就没有灵魂,也就没有真正的通识教育可言。两门通识必修课正是这样的"纲"。当时应星老师提出要打造"有灵魂的通识教育","灵魂"指的就是这个"纲"。要让两门"文明通论"课程贯穿法大通识教育的全部环节,同时也能够体现西方和中华文明中的瑰宝。

第三是强调"经史传统"。法大主要参照了哈佛、芝加哥、斯坦福等学校所推行的大学本科通识教育方案,因此最初的方案将原典的研读作为两门通识必修课程的配套课程。

问:2006年法大开设"中华文明通论""西方文明通论"两门课程,并将其列为全校本科生必修的通识教育核心课程,这两门课程各自有什么特点?

文兵:两门通识核心课程各有特点。"西方文明通论"主要采用横向的角度来阐述,将西方文明分为不同的领域,包括经济、政治、法律、科技、艺术等,每个领域对应相应的学科。同时,每个专题都要有历史的维度,交代其重要内容的起源和历史发展。这些专题构成一个有弹性的课程体系。"中华文明通论"采用纵向的角度来阐述,以历史发展为轴线,通过展示与剖析中华文明最优秀、影响最深远的精华之处,展示最新考古文化研究成果,带领学生直接走向历史,走近中华文明,明古而知今。最初这两门课程并不由人文学院管理,"西方文明通论"交由政治与公共管理学院的丛日云教授主持,"中华文明通论"交由法律古籍整理研究所的徐世虹教授主持。徐世虹教授当时提出了"向学识真,闻道求实,博雅文明,心仪君子"的说法。她在设计"中华文明通论"课程时注重历史与原典相结合,比如讲到明清时期,从制度、文化、思想等方面讲授,同时也要求学生配套阅读一些重点文献,比如《明夷待访录》《日知录》等。后来人文学院俞学明教授接手了这门课程,对课程的结构进行了调整,不再按照史的角度,而是分为"经邦治世""文化信仰""社会生活""革故鼎新"(后一板块最后又改成了"元典识读"板块)四大板块,介绍中华文明的各个方面。根据这两门课程,法大交由北京大学出版社出版了《西方文明讲演录》与《中华文明讲演录》两本配套教材,此后也都有再版。两门课程邀请的教师都是各个领域的名家、教授,在学生之中收获了非常好的反响。

除了大班授课之外,两大"文明通论"课程也有一些配套活动。由于这两门课程是学生的必修课,而法大的本科每年招生约 2000 人,所以两门课程的学生人数都非常多,每个课堂通常都会有 400 多名学生听讲。也因此,原来最初考虑要将史论与原典相结合的设想,目前仍然无法做到,只能就学生分成小班进行探讨,或者将学生分成不同的小组,以小组为单位汇报某本书的读书情况,并且将小组汇报算入学生的成绩,作为过程性考核的一部分。另一项配套活动是"中华文明通论"课程每学期组织的"中华文明季"。其中一项活动就是,学生要自己寻找能够体现中国文化的物件,然后自己动手制作相关的作品并进行展出。这项活动不属于考试内容,主要是为了强化学生对中国传统文化的体认。对此学生都比较有兴趣,参与度也较高。

问:人文学院在建设和管理这两门课程过程中,曾面临过哪些问题和困难? 为解决这些问题,采取了哪些保障措施?

文兵:两门"文明通论"课程具有相应的基本保障。第一,课时费稍高与课时加系数。校内教师主讲"文明通论"课程的课时费比其主讲校内其他课程的课时费稍高,这两门课时费由学校专门的课程建设经费支付。课时加系数的政策曾在 2016 年之前实施过,而所谓加"系数",就是以 60 人的修读人数为一个基准,每一课时按 1 学时计;61—120 人,按 1.1 学时计;121—250 人,按 1.2 学时计;251 人以上,按 1.4 学时计。两门"文明通论"的课,每个课堂都在 400 人以上,校内老师在这个课堂上讲

1 个小时就相当于完成了 1.4 学时的工作量。学校极为重视本科教学,无论是教授还是讲师都要定额完成教学工作量,这一政策也就吸引了一些优秀的青年教师加入"文明通论"的课程团队。对于校外的名师,相较于其他社会场合邀请他们开设讲座时所给予的酬金,"文明通论"课程给予的课时费确实不多,但是很多老师师德高尚,把教学看得很神圣,所以也愿意参与两门课程的建设,这也让我们很感动。

第二,两门课程的主持老师可折抵每学期 16 课时。因为主持这两门课程需要花费大量的精力,需要做出很多安排,与很多授课老师进行沟通。但这些课时不计课时费。

第三,两门课程皆安排研究生担任课程的助教,负责维护设备、教师简介 PPT 制作、信息登记等工作。

第四,人文学院安排一位行政教辅人员,负责两门课程的教务工作与相关活动协调。

第五,组织青年教师参与指导和阅卷。由于这两门课程的修读人数非常多,每个学期每门课程约有 1000 份试卷,因此需要调动青年教师一起参与。教师的阅卷工作也算入教师的课堂外工作量。同时,院内和院外的青年教师也会参与指导论文竞赛,组织读书报告,以及对依托课程组织的学生"中国问题论衡"活动进行指导与点评等。

当然,目前两门课程的开展也存在一些问题与困难。第一是学校对于通识教育是否重视。2001 年,学校领导班子换届,应该说当时的一些领导有自己的教育理念和长期规划,不仅布局和奠定了法大的学科架构,而且还规划和推进了法大的通识教育。只有当学校在办学理念上充分意识到了开展通识教育的紧迫性和重要性,"文明通论"课程对于本科生培养的核心作用才能充分发挥出来。

第二是课程体系应该如何打造。以往尝试按照学科、历史或者板块进行安排,但都不尽如人意。并且由于很多老师聘请自外校,他们习惯于讲授自己更为熟悉的内容,法大也不可能规定他们完全贴合法大自身的设计与要求进行讲授。

第三是教学安排。由于法大的学科底子比较薄弱,缺乏一批教学效果好、学界名望大、关注程度高的相关领域学者进行授课,所以仍然需要倚重校外的名师。法大自己的老师绝对不能自行调课,如果遇到校外的老师由于临时的紧急事务无法前来上课,就会带来不少的困扰。

第四是如何优化教学团队。我们希望法大自己培养的教师能够逐渐进到两门课程的团队之中,但目前能够撑起四五百人的大班授课的不同学科的老师还比较缺少。

第五是师生互动。一方面是由于每学期每门课各要面对上千名学生,教师在课堂上与学生的交流与互动受到一定限制。另一方面也是由于学生往往会冲着某些教师的名声,带着"追星"的心态前来听课;相应地,对自己不太感兴趣的课程实践活动,如果未纳入平时成绩考核,便缺乏积极参与的兴致。

第六是对于学生的过程性评价的问题。由于修读人数较多,学生被分入不同班级或小组之后的汇报以整个班级或小组为单位进行评分,那么成员中也有参与度高或低的差别。有些班级或小组就会出现"搭便车"的现象,这也就使得目前的过程性评价缺乏公平性。

问:除了中西"文明通论",您能介绍下近年来法大通识教育体系中的其他课程以及法大通识教育建设新的举措和方向吗?

文兵:2006 年开始建设的通识课程架构是 1.0 版本。2010 年,学校决定在核心与一般通识课程之间,建设一批具有衔接性质且有助于进一步提升学生人文素养、科学精神、思维能力和社会认知能力的课程。这类课程即通识主干课(由最初的 13 门扩展到后来的 20 多门),涉及"三大类横向课程模块",包括人文素质、社会科学、自然科学三大类,要求每位学生在三大门类里选修相应的分数。通识主干课主要是学科史论性质的课程,比如"社会学概论""哲学概论""自然科学史"等。学校也为每门通识主干课程拨付了专门的建设经费。为了避免盲目地开设一般通识课程的问题,学校也进行了适当优化。黄进教授担任法人校长期间,亲自组织各个专业的教师参与论证了"校长指定阅读书目"。根据这个书目的名单,邀请名师开设一系列配套课程,比如《论语》、王国维的《人间词话》、亚里士多德的《政治学》、罗尔斯的《正义论》等。这也是为了实现两门通论课程的最初方案提出的"经史结合"这一要求。

2.0 版本的通识课程架构目前还在征求意见,尚未在教学中实施。

2.0版本提出了"博雅文明，德行天下"的理念，设定了培养学生"理解文明和传承文化的能力""关怀社会和价值判断的能力""积极创新和探索未来的能力""恰当表达和自我成长的能力"四项目标，并将之前开设的课程放入新设立的八大模块之中，即"家国情怀与国民责任""哲学智慧与生命关怀""经典研读与文明传承""国际视野与全球对话""科学探索与社会研究""艺术修养与审美鉴赏""法律文化与法治精神""创新能力与职业规划"。而具体构架上的变化主要在于明确了对于通识选修课数量的限制，提出要打造12门必修课程、25门主干课程、80门通识A类课程和200门通识B类课程。必修课程包括了两门"文明通论"课程，以及思想政治、军事理论等课程。主干课程包括"中外民主导读""批判性思维""逻辑导论"等广受欢迎并且经过精心设计的课程。通识A类课程就是指连续开设八年后经过遴选进入该类别的主干课程，其他的一律算B类课程。总体来说，1.0版本相较之前的无规划状态有一个质的飞跃，2.0版本的改动相对不大。

问：法大2021年新成立了端升书院作为哲学基础学科拔尖学生培养基地，端升书院将在法大的通识教育体系中发挥什么作用？

文兵：端升书院是中国政法大学哲学基础学科拔尖学生培养基地，是学校为扶持和发展哲学学科而建立的机构。不过由于办学条件的制约，端升书院基本上没有独立的空间，目前只有一个活动室划归书院使用。端升书院开展了一系列配合哲学专业教学的相关活动，比如前往中央美术学院参观展览，与故宫博物院协作并进行现场教学等。

与此同时，学校对于端升书院建设的大力支持不仅仅是为了面向哲学的通识教育，也是为了面向全校的通识教育。为此端升书院目前主要开展了两项活动。第一是围绕中国传统的节日活动开展文化熏习，让学生参与到中国的传统文化体验中来。比如端升书院在农历二月二"龙抬头"开展了名为"龙灯记"的定向越野活动。活动以有关龙的文化为主题，将校园寻宝、民俗体验、传统知识问答等融为一体。同学们手持龙灯穿梭于校园各个角落，寻找各处隐藏的谜题，将手中的地图一一解锁，在游戏中感受到生动活泼的传统节日习俗。本活动共吸引了逾200组同学参加。作为"传统节日进校园"系列活动之一，本次"龙灯记"活动不仅受到师生的一致欢迎,也得到《中国艺术报》报道,产生了良好的社会反响。第二是开展灵活多样的校内学术联谊。端升书院举办了"'新命'学术活动月哲学论文竞赛",面向全校学生,最终的获奖者不仅有人文学院的学生,还有来自法学院、民商经济法学院的学生。学生的参与度很高,青年老师也在学生的论文答辩等环节参与了指导。

问:人文学院具体承担了法大通识教育的哪些重要工作? 您觉得人文学科与法大其他应用性较强的学科之间有哪些可以交叉融合的方面?

文兵:法大的通识教育发展与人文学院的建设有着密切的关系。2005 年李德顺教授担任人文学院院长时,提出了"法大人文,人文法大"的办院理念,以此来概括人文学院的功能和定位。所谓"法大人文"就是指,在中国政法大学中建设人文学院,需要与具有优势地位的法学学科进行深度的交叉和融合,从而形成自己的特色。比如通过开展法律语言、法治文学、法律逻辑、法哲学、法律与宗教等方面的研究,与其他学科进行互动与交流,并为其他学科提供相应的支撑。而所谓"人文法大",就是要让人文精神来涵养法大的校园文化,发挥人文学院相关学科的辐射作用,其中尤其重要的部分是通过人文学院为学校提供优质的通识教育。由此,我曾提出,人文学院应以学科建设为龙头,以通识教育为舞台,不仅为人文学院的各个学科搭建一个广阔的发展空间,同时,又通过人文学院的学科建设来促进法大的通识教育。现今,不少修读法科的学生在选择第二专业时,选择修读哲学或中文专业;也有一些法科学生提出转专业到人文学院,而人文学院本科毕业的学生也有许多考取了法学的研究生,受到法学老师的欢迎。

至于人文学科与法学等学科之间的交叉与整合,我可以举一个具有代表性的事例。人文学院中文专业语言学团体积极开展法律语言研究,与北京市人民检察院进行了深度合作,对三类公诉法律文书(起诉书、不起诉书和抗诉书)进行了首次大规模研究,最后形成了一个报告。2015年,北京市人民检察院采纳该调查报告,形成"红头文件"《北京市人民检察院关于公诉案件起诉书制作的规范意见(试行)》(京检发〔2015〕144号)。该意见也曾受到时任最高人民检察院检察长曹建明同志的高度肯定,他在批准转发时指出,这是"把学术成果直接运用到了司法实践中"。

可以说,通识教育在法大人才培养中具有基础性地位,尤其是对于应用性强、职业性强的法学学科。只有在理论与知识结构上具备广阔视野与深厚积淀,才能在之后成长中获得更大的后劲。这也是通识教育对于学生未来工作与发展的意义。因为知识总是在不断发生变化,大学期间学到的内容,并不足以帮助学生在走出校园之后应对纷繁复杂的社会。如果学生的知识面过于狭窄,缺乏多学科的视野,就会在工作中造成偏差。此外,学生离开校园进入社会以后,"情商"就变得非常重要,"情商"涉及如何与人相处、如何为人处世的问题。在任何工作中,都需要与他人协作,需要获得他人的支持,这个时候,是否具有亲和力和感召力就显得非常重要了。这些方面的素养就需要通过通识教育奠定基础。通识教育让学生广泛地阅读不同专业的书籍,无论是艺术、文学、哲学、逻辑、政治,还是其他方面,都是为了让学生与一些伟大的心灵进行对话,帮助他们扩展自身的生命体验,使得自己的"情""智""识"获得全方位的提升。在这个意义上,人文学科的建设对于通识教育的发展至关重要。

问:通识教育要求任课教师大量的投入,通识教育课程的教授方式与专业教育又有所不同,您认为教师本身应该如何协调自身的教学任务与科研任务?教师如何才能胜任通识教育的授课?

文兵:进行通识教育授课的教师常常会面临如何协调自身的科研要求与课程教学任务的问题。法大强调"课比天大",因为对于高校而言,科研是为教学服务的,而不是相反。曾经有老师在申请开设新课时,提出的理由是可以通过备课将讲授内容当作书稿来写,这样开完这门课之后就可以出一本专著。这实际上就没有正确处理教学与科研之间的关系。我们都知道,在学生的专业培养中,通过课程设置所达成的目标,应是使学生形成一个完整的有机的知识体系,不能仅凭教师的个人兴趣随意开设课程;而且,一门课要上好也往往需要不断打磨,不断补充新的材料和新的观点,甚至调整课程的构架和内容。科研在为教学服务的同时,教学也可以反哺科研。教学不能是照本宣科,在教学过程中,往往有些学生的提问会启发教师更深入地思考。一些在课堂上没能够说清楚的地方,可能恰恰就是研究不够的地方。在这个过程中,教学也就推进了科研。总之,不必将教学与科研对立起来,许多优秀的老师在教学和科研两方面都同样突出,教学与科研实现互相促进。

学校区分了教学型教师、科研型教师、教学科研型教师三种类型。如果选择教学型,则教师的教学工作量相对较多,科研要求相对较少,科研型则反之,而教学科研型的工作量安排相对比较均衡。这样就可以发挥教师的长处,避免教师在教学和科研上遇到精力分配上的冲突。但遗憾的是,目前也只有刚入职的教师在前三年可以选择,因为教师类型还主要与聘用岗位相关。

在现在的大学中,教师最重要的不是讲授知识,因为学生在网上可以随意调取相关资料。教师最重要的是自身的言传身教。师者,当是"行为世范,学为人师",为人与为学,不能仅仅通过口头的宣教,而是要以身示范,对学生产生潜移默化的影响。我想,无论专业教育还是通识教育,要求都是一样的。其次,教师要培养学生研究与创新的能力,这对教师提出了较高的要求。科研能力的培养,实际上就是教会学生如何发现问题、分析问题和解决问题。如果教师自身都达不到,那也无法教会学生。通识教育对教师科研能力的要求并不亚于专业教学。创新能力的培养,往往需要突破学生狭窄的专业限制,因此,教师也应有意识地引导学生通过跨学科的学习,扩大自身的视野。通识教育恰恰可以在这个方面大显身手。所以,我们有些通识课程也会吸收不同学科领域的老师参与课程建设,比如"人文故宫与法治文明"课程,就请了一位研究国际法的老师讲授海外文物追讨的主题,通过对文物追讨过程的分析,不仅凸显了法律保护的作用,而且彰显了文物自身的价值。

法学通识教育组织变革的实践探索与反思

寿新宝[*]

问:华东政法大学(以下简称"华政")历来以政法类专业教育为特色,而华政也是国内第一所推行书院制通识教育改革的政法类院校,是什么原因促使华政改变原有的法学本科培养模式并建立文伯书院与通识教育体系?

寿新宝:首先是出于探索学生成长、成才和满足法学本科人才发展需求的考虑。华政原有专业学科完全是效仿苏联高等教育模式的结果,专业分设极其细密。如在法学一级学科之下分列民法、刑法等十多个二级学科,各学科之间各自独立进行界限清晰的学科、专业、教学、研究和人才培养,有时甚至出现画地为牢、争夺资源、人才培养狭窄分裂等学科分立、壁垒分明的情况。因为每个细分学科都由各独立二级学院制定自己的本科人才培养方案,每个细分学科又都特别强调专业化的细分知识,所以,要求每个刚从高中毕业进入大学的学生都要迅速地进入这种专业化的细分知识学习。又由于这些细分的专业知识多以具体的法律文本和法条、特定的法律案例作为学习研修的对象,而每个将来从事法律职业的法律人又都必须通过以这些法律文本、法律条文或法律案例为命题依据的法律职业资格考试,以细分专业为基础的二级学院和其招录的法科生在这点上是有很大契合度的。因此,建立于此种基础之上的本科教学育人模式很快、也很容易将学生的专业学习和成长限定在有限的、狭隘的专业学科内。

因此,众多华政法学本科毕业生在初入职各类法律职业岗位时会很熟悉法条及其相关案例,上手处理法律问题、给出法律分析或法律依据也

---

* 寿新宝,华东政法大学文伯书院党总支书记。

总是显得比同类高校毕业生更胜一筹。但随着时间推移,其发展后劲或职业成长就很成问题。这就不能不提醒我们注意,法科生的培养不仅在于法律条文与技巧的熟练运用和适当操作,也不能仅局限于单一学科专业的学习训练,而应该加强通识教育和关注人的全方位素质基础,以此来打破学科间壁垒,弥补法科生专业教育的不足。

其次也是为了回应新时代社会对于法科人才的新诉求。由于法律专业的职业性特征非常明显,本科毕业生入职流向通常是公检法公务系统、律所、公证、仲裁、公司法务等,而这些公务员系统或类公务员系统基本是毕业生选择进入之后即成为其终生的职业,这就非常容易形成特定用人市场的需求饱和,一定程度上造成了法律专业学生的就业难、就业慢难题。在教育部每年发布的各专业就业统计数据里,法学专业就业率常常在低位徘徊,甚至处在倒数后三位即是明证。面对此等窘境,如何根据人才市场的需求变化不断更新人才培养观念,扩大人才供给的范围和渠道,就成为一个十分严峻的挑战。

在这一点上,政法类院校相比于财经类院校的人才培养,更具迫切性。因为财经类本科虽然和法学一样都是培养"规则"型技术人才,但财经类的技术人才面对的是收入、支出、成本、利润、销项税额、增值税等更具客观的财务会计规则,具有世界及行业上的共通性、普适性和人才市场的强大吸纳力,而法律条文运用的技术则和国家政策理解执行、历史文化、地域风俗、民间惯例等诸多因素相关联,从而更具国别性、地域性、文化性和政策性。在这个背景下,政法类院校特别需要有针对性地加强通识型人才的教育培养,而华政固有的法学本科人才培养模式与教育组织形式就显示出越来越多的弊端。

这些客观情况不断倒逼法学本科生教育进行一系列的变革或更新改进。因此,在2017年5月,学校决心组建华政文伯书院,全面进行本科人才培养的组织变革和模式创新。这就是面对当前形势而开展变革的直接结果。

问:在中国各大高校中,关于通识教育的开展存在着许多种不同的方式,为什么华政选择了书院制的架构来组织与管理通识教育?

寿新宝:就传统的政法院校培育学生的历史而言,建立书院制的法科生教育组织模式无疑更具现实性和实操性。因为,从传统承继苏联特别注重本科生专业培养模式的各二级专业法学院系,在学校希望或大力提倡加强通识教育或"全人教育"时,要么一时难以转变"实用第一、专业至上"的传统观念习惯和做法,要么一直缺少相应师资和资源条件而响应者寥寥。和综合性大学如复旦大学相比,后者可以直接以国家一流学科的载体如哲学学院为基础力量,专门组织全校通识教育,而对于我们政法类大学,这种学院组织、师资力量和通识类知识的学科地位等条件,一般都极其匮乏。在这种情况下,试图通过小修小补或呼吁倡导等方式来达到通识教育或"全人教育"目标,可能性微乎其微。

因此,学校经过多方考察调研和反复论证,决心改变以往对通识或"全人"教育修修补补的做法,代之以书院制方式对法科生教育组织模式进行根本变革,即从组织架构上设计建立全新的实体化书院组织,在办学目标、管理主体、师资队伍、课程资源以及制度支撑等众多方面进行科学整合和集中。通过大类招生招录的新生,先进入书院进行通识教育,一年半后再按一定标准进行专业或学院分流。打破原先育人的狭窄地理空间、打造全员全过程全方位的通识育人形式和环境,借此不断更新人才培养观念,创新人才培养模式和机制,进而形成与专业学院相匹配、适应和衔接的全新本科教育组织模式。

问:文伯书院具有哪些制度与管理上的特点?

寿新宝:首先,华政对文伯书院进行了实体化的设置。学校对书院的定位是:和学院平行并列的实体化教学、科研和行政管理单位,按照二级单位规模和建制给书院配备相应的党政班子,行政管理高度独立,在相应范围之内有财权、人事、干部和师资队伍调整安排的决定权,享有充分的自主决策权和自治权。书院不仅有自己的人才培养目标、定位和方向,而且由学生处协同招生,制定自己的人才培养方案,学校还单独划转学生公寓给书院,建立专门的学生社区,由书院专门的学工系统全权负责学生的日常管理和教育,书院的师资则由学校在全校范围内进行选拔和调配。

作为通识教育改革的重要实体化载体,文伯书院结合工作需求设置了四个中心:通识教育中心、艺术教育中心、学生发展中心、运行管理中心。同时,也相应地组织设立了中国文化建设研究中心、书院学术委员会专门研究机构和分工会(妇委)、团委、新媒体中心、教工党支部等细分辅助组织。所以,随着上述具有充分自主管理功能的实体化教学科研组织变革的顺利完成,为书院科学有序、自主全面地展开法学通识教育奠定了坚实基础和更进一步的组织保障。

问:文伯书院具体开展了哪些通识教育方面的组织工作?

寿新宝:文伯书院的基本教育理念是"一切为了培养人、有效培养人、培养卓越人"。因此书院积极关注学生知识、能力、价值和智慧的全面培养,特别是以全面推进通识课程开辟与完善、导师制探索与创新、书院社区延伸和拓展这三项典型性的教育教学组织改革措施为重点,从而形成了通识课程、导师制、书院社区"三位一体"的鲜明通识教育实践体系和路径。

首先是通识课程的开辟与完善。建院伊始,在学校原有实行的"适度通识教育+扎实专业教育"的培养模式基础上,书院会同教务处开展通识课程立项工作,共有两类八大模块共115门书院通识课程获得立项。为了进一步满足通识课程建设的数量需求,丰富既有通识课程体系,书院又着手校外课程的引进工作。其中,从"智慧树"网购买引进了14门优质网络共享课程,从松江大学城的其他高校引进了8门课程。目前总共开设运作近137门通识课程,初步形成了一定的通识课程规模效应。

随后,为了使学生充分地享受到我校优质的法学课程资源,也为了融合专业教育和通识教育目标,平衡专业积累和通识教育发展之间的张力,推进法学专业课程与通识课程的融通,大力深化法治素养教育,造就更多现代法治社会需要的各类社会治理和法治治理的复合型人才,结合学校实际情况,书院不断在通识类限制性选修课中新增各细分法学专业的专业限选课作为法学类通识限选课,并以分期遴选立项建设的形式,初步形成了跨法学专业的"1+10+X"的法治精神和专业养成通识课程模式,即1个"习近平法治思想概论"加上10门法律基础课程("法理学""中国法制史""宪法学""行政法与行政诉讼法""民商法学""刑法学""诉讼法学""经济法学""国际法学""知识产权法"),"X"就是除继续加强法学通识核心课程建设外,再开设法学+文学、法学+哲学、法学+历史学等"法学+"复合型课程。书院借此建成"系统法律语言学""法治中国"

"实践视界中的法律人思维与表达""法庭科学CSI:犯罪现场调查""黑客入侵与电子数据""法律考古学""国际法治与中国法律外交"等100多门"法学+"系列通识课程。

同时,针对法科新生的特点,书院重点围绕创新思维与创业能力培育、当代与世界视野、艺术修养与审美体验、运动健康与生命教育等通识类别,在课程模块设置、交叉学科课程建设等方面,不断加强法学教育与通识教育的融合,加强法科学生综合素养培育。这些通识课程主要是让学生学会认知、学会思考、学会学习、学会做人、学会做事、学会生活,使其具备与21世纪相适应的必备知识、视野、思维、责任、情怀、能力、人格、审美等综合能力素养。经过近五年的立项、开发、建设和推进,目前文伯书院已经建成九类484门通识课程,初步形成内容丰富、结构合理、层次明晰、基础人文通识扎实、特色核心通识明显的多元通识课程体系,相对有效地满足了法科生的通识教育需求。

此外,为了进一步完善书院通识课程建设,增加通识教育厚度,书院通过打造"文伯大讲堂"精品通识讲座,积极把通识教育向第二课堂延伸。为此,书院邀请校内外知名专家学者或院士做客"文伯大讲堂",进行人文、政治、科学、语言等专题的精品通识讲座一百余场。这些讲座旨在从多角度拓展学生视野,增进学生对不同学科领域知识的多元化和系统性解读,激发其探索知识和关心社会的内在兴趣,激活其成长动力,濡润通识素养,助力建构合理的"大通识"教育体系和建设精品第二课堂活动,也为学生选择法学钻研方向和谋划长远发展提供更精准的自我判断与选择机会。

问:关于第二项重点工作,也即书院导师制的探索与创新,文伯书院进行了怎样的安排?

寿新宝:课堂是通识教育组织变革的先导和基础,从明确课程教学目标、合理设计课程计划、采用合适的教学方法手段、选择恰当的考核方式等组织设计方面都可以有效提高通识教育质量,但仅有通识课程和通识讲座还是远远不够的。因此,在综合借鉴中外导师制经验做法的基础上,书院建立了全新的导师制,对法科生成长成才进行通识教育实践的全面人生导航。书院先后聘请了200余名校内外导师,不仅建立起导师库并形成了一支凝聚专业教师、管理教辅、社会精英、优秀本硕博学生力量的庞大导师导生队伍,而且创造性地设立"3＋1＋1＋2"导师制工作模式,即 3 名专业导师、1 名管理导师、1 名校外导师、2 名导生(一人为辅导员助理,一人负责协调导师)。这 7 人构成一个管理团队,共同对应并负责一个班级。同时,每名导师对接班级内 8—10 名学生。这些富有特色的导师队伍会结合师生见面会、读书会、艺术欣赏、实践基地观摩、社会调研、核心能力培养、论文写作等活动,不断地为学生提供通识实践、学业发展和成长成才的全方位指导。

书院把导师制的重点放在为法科新生融入适应和成长发展进行全方位的导航实践。如在每年暑假期间新生报到前,向书院新生发布《书院生活,从继续探索开始》倡议书,详细布置"文伯书院学习导航计划",内容涵盖"阅读经典""方法指导""读书笔记""自主调研"等多项通识导航训练任务。通过"新生导航计划"为新生开设众多入门级必读书单、设计选择性社会调研等通识实践方式,将准"法科生"的大学教育时间向前延伸,使其尽量缩短入校后的"迷茫期""休整期",实现新生身份的顺利转变。开学后,书院还会专门组织导师群体对这些法科新生完成的各项任务进行专项指导和评比评选,让每一位参与撰写读书报告的学生获得认同感、成就感,进一步激发其阅读热情与写作积极性。入学后,则通过《导师手册》指导各位导师抓住各不相同的"开学第一课",从入学的各个环节、各种场景、各类活动、各色需求出发,对学生开展全方位、全景式的书院人文与养成教育,进一步增进法科新生对大学生活和通识教育的感性认知,如"校史第一课"在重点介绍学校发展史之后,会详细介绍书院的通识教育改革初心和卓越成就,以及未来的使命;"法学第一课"则在坚定学生在专业学习兴趣的同时,有意识地引导学生将专业知识、素养、能力和智慧培养融为一体。

此外,书院也根据形势发展和学生需求情况,适时转变、调整和丰富导师指导要求,如拓展"名师助学"线上学习指南、"导师导生云指导"活动等指导方式,评选、宣传、推广云指导优秀案例,系统总结导师指导新模式,开展导师间跨小组、跨班级联组指导活动,不断扩大导师指导受众面。同时,书院还明确导师指导职责、理顺导师工作机制、设计导师考核办法,以制度化考评、第三方评估为保障完善评优激励机制,充分调动书院导师导生育人积极性,合力塑造通识实践育人新格局,为通识教育实践提供坚实组织保障。

问:那么在第三项重点工作,即书院社区的延伸和拓展上,文伯书院又有哪些实践举措?

寿新宝:书院社区实现了第二、第三、第四课堂通识教育的组织与实践。首先,书院对 4 幢学生公寓进行健身房、书吧、咖啡吧、茶室、活动室、咨询室等功能性房间的改造装修,在学生生活区域建立起集住宿、学习、交流研讨、社团建设、课外活动与自治管理教育等多种功能为一身的书院社区。书院还制定《华政书院社区通识教育方案》,选聘对通识实践有浓厚热情的青年教师专门负责学生社区建设、发挥学生主体作用、引导学生自治力量、成立社区学生自治委员会、推进书院社区自治文化,积极创造与第一课堂通识教育互补呼应的社区化生活学习和通识实践环境与氛围,使书院社区成为学生课外学习生活的场所、学生自主管理的阵地和书院通识实践文化的重要组织载体。

其次,建立健全校内外协同育人组织机制。依托校外教学实践基地和校友资源,通过聘任荣誉教授、兼职教授等方式,积极与法院、检察院、律所等法律实务部门开展合作,集聚社会和公检法司等业界育人力量,推动他们以学生社区作为载体,积极参与社区活动建设。如在"校外名师进社区""校友进社区""大咖进社区"的活动中,聘请校内外法学名师和法律实务专家开展讲座、座谈或对话,将法律人格、法律伦理以及法治追求和榜样的培养做深做实,开展职业启蒙教育、厚植法治信仰种子。通过实务漫谈、实践课程共同开发等多种形式在社区面对面向学生传递知识和经验。许多校外兼职教授还经常带领书院学生队伍到政法机关或律所等进行现场参观考察、体验实习,指导学生参与法律援助或普法宣讲等法治育人实践,从而有效形成了较为稳固的书院、业界协同育人的通识实践组织载体和机制。

再次,丰富社团组织活动和书院社区文化建设,进一步深化学生社区通识实践。文伯书院不仅在学生社区成立了以学生能力发展为核心的党建中心、学习中心、艺术中心和劳动教育中心等组织载体,而且还组建成立了经天剧社、百外书社、篮球队、足球队、射艺队、传统文化运动队等众多丰富的艺术、体育、人文类学生社团活动组织,通过各社团建设的常态化、科学化、普及化、大众化,既给学生在"第三课堂"锻炼自身能力的通识实践提供了富足的选择空间,也很好营造、构建起"五育并举"全面发展的人才培养氛围。

在加强书院文化组织建设、引领学生社区通识实践方面,书院特别重视艺术审美实践成果展览和汇演,先后举办了30多场以"以美育人、美美与共""我的祖国我的根、我的家乡我的魂""我的大学我的城、我的书院我的梦"为主题的社区艺术活动成果巡回展,通过绘画、书法、摄影、制陶、音乐等方式的通识实践,将传统艺术文化和育人相融合。这些不仅展示了书院社区美育活动的特色成果,整体提升了学校文化艺术创新实践的氛围,而且拓宽了社区通识实践组织载体,培养了以美育人、以展促学带学和共建美好书院家园的自觉精神。

问: 文伯书院的通识教育尝试已有五年,它取得了哪些成效?

寿新宝: 文伯书院的教育方式有效地培育了一种优良的学风。在书院制通识教育改革与实践中,广大学生的学习动力、学习态度、学习时间、学习目标、刻苦努力程度、学习效果等以"学"为中心的良好风气得到有效激发与提升。社会第三方所做的学情调研分析显示,书院平均每个学生每天的课余学习时间达3小时以上,每月阅读书籍3.4本以上,每学期听讲座的数量为4.67场,表现出良好的学习习惯和热情,学习力提升显著。与过去同期相比,书院学生学习绩点比书院建立之初提高近10个百分点,书院学生参加法律职业资格考试通过率提高了约30个百分点。在近两年的英语、辩论、书法、建模等综合素养大赛中,书院学生获得省市级以上奖项98项。通识教育成效初步显现。

文伯书院也建设成了一套入党启蒙体系。书院通过遵循"三个结合"原则和关口前移、空间延伸、主体担当、主题嵌入等措施,构建起一套特色入党启蒙教育体系,使递交入党申请书的青年学生达到80%左右,学生成为入党积极分子的比例接近60%,在书院学生中形成了热爱党、追求党、渴望加入党的浓烈氛围。因此形成的经验与特色做法,在建党100周年的七一前夕,受到了上海基层党建网头条专题报道。通过组织排演青春版原创话剧《雷经天》,打造沉浸式法治化课程,构建法治理念和法治信仰培育的综合教育体系,形成"三全育人"长效机制,受益人数达6000多,被央视新闻、《人民日报》与《光明日报》等主流媒体报道。

问:未来文伯书院还有哪些进一步的发展规划?

寿新宝:目前,法学院通识教育的组织变革还须着重解决以下问题:

第一,要加强书院发展的顶层设计。在新的历史时期和方位,要把书院发展放在国家和上海发展战略大势中去谋划和布局,加强对新文科新法科建设的战略性前瞻和顶层设计。在"五育融合"、卓越班学生卓越能力培养和提升法治综合素养创新协同等方面尚须进一步加强和突破。

第二,要实施通识教育2.0版提升计划。实现全校各专业、各年级通识教育的全覆盖。建立学生核心素养和实践能力形成的有效培养机制,有针对性地加强核心通用能力培养。开设通识课程群,着力打造通识精品课程、精品教材、名师团队,纠正以科研为主的教师考核导向。赋予书院对全校通识资源的管理和调配职能,进一步加强对全校通识教育实施的统筹管理和质量评估。

第三,要完善与各专业法学院培养衔接机制。进一步理顺和划定学院和书院的权力边界,定期召开书院制教育改革领导小组会议、与各法学院定期召开联席会议或专题会,协同相关职能部门和学院,以问题为导向协同推进改革创新,定期形成"问题清单""协同清单""时间表"和"路线图",为书院制通识教育改革的持续深入发展提供坚实的制度和机制保障。

艺术院校的通识教育改革
与通识课程建设

杨茂森[*]

问:四川美术学院(以下简称"川美")最初开展通识教育改革是出于什么样的考虑?

杨茂森:我之前参加了一些全国综合性院校组织的通识教育改革研讨,发现艺术院校很少参与;我们八大美术院校之间也进行过几次交流,各院校基本还维持着原来统称为"公共课部"或"基础部"的概念。与此同时,艺术院校的人才培养曾经出现一些"疲软"现象。例如四川美术学院在60、70年代培养了一批优秀人才,取得了很辉煌的成绩,但是发展到80、90年代,这种"疲软"现象越来越明显,川美所培养出来的大家、名家或者说大师级别的艺术家明显变少。究竟是什么原因导致了这种状况?2016年我主持工作以后,非常关注这一问题。我发现,最重要的是整个川美的人文底蕴出了问题。艺术院校过分重视学生的技能性与专业性训练,忽略了一个能称得上大师的艺术家应该是有思想的,艺术家必然同时拥有思想家的身份。

川美应该是艺术院校里最早提出要进行通识教育改革的院校。最开始并不知道改革怎么开展,于是川美就积极考察国内代表性的综合性院校的做法,参加了复旦大学、武汉大学、西南财经大学等学校举办的研讨会议。在此基础上,川美逐渐厘清:作为一所专业的艺术学校,川美应该如何建设具有自身特色的通识教育。通过五六年的努力,在实践过程中反复探索与调整,直到2021年,川美逐步摸索出了一些可以固定下来的模式与路径。经过了一年的筹备,川美在2022年办了通识教育课程展,并召开了全国艺术院校的通识教育会议。课程展梳理了通识课程的理念,

---

* 杨茂森,四川美术学院通识学院原院长,艺术与人文学院党总支书记、副院长。

清楚提炼了通识课程本身的定位与要求,有助于让川美的每一位教师都能更加清晰地了解川美的探索成果,同时也是为了推广川美的通识教育。通识教育改革最重要的是反复提炼、反复打磨,从而让每一位教师更加清楚课程的目标、方法与实施过程,解决教学中的实际问题。

问:川美的通识教育希望达到什么样的目标?

杨茂森:川美在通识教育顶层设计中思考的第一个问题,就是要让通识教育的目标与学校人才培养的定位相匹配,让通识教育配合并完成学校的人才培养目标。接下来就是要对学校实际情况进行学情分析。艺术院校的文化底蕴与综合性院校相比有很大的差距,但是在专业性的艺术层面又非常强。因此通过学情分析,就可以顾及艺术学生本身的学习能力乃至性格特点,找出合适的科目,进行通识教育的设计和思考。学校与人才培养的关系以及学情分析这两点,对于任何学校的通识教育改革都很重要,对于艺术院校来说就显得更加突出。

因此,川美的通识教育一定要植根于艺术院校本土化的要求,在本土化的前提下进行思考。我们认为一定要凸显三点:特色性、针对性和适合性。特色性:川美的通识课程不能够像综合性院校那样建立一个庞大的体系,而是一定要有自身的不可替代的特色;针对性:川美课程设计的方向一定是明确的,是有针对性地解决问题;适合性:川美的通识课程一定要适合四川美术学院自身的定位与条件。

在这个背景下,川美提出了"'微'至'全'"的概念:艺术院校的通识教育一定是"微"的,这既是"微小",也是"精微";但同时又要通过"微"来达成通识教育的"全"的效果,尽可能地在艺术院校的特殊背景下,根据实际情况"'微'至'全'"。如何在"微"的实际情况下,尽可能地达到"全"的效果,是艺术院校普遍面临的挑战。而之前提到的特色性、针对性和适合性,就是为了解决这个问题。也可以说,"'微'至'全'"就是川美通识教育希望达到的目标。

问:川美通识课程体系的设计原则是什么? 包括哪些课程?

杨茂森:经过几年的探索,川美构建的课程体系分为文化课、英语课和体育课三块。文化课涉及人文素养,英语课主要关注综合性与跨国际视野,体育课则是希望传授一种保障性的技能。艺术院校通识课程的学分当量比重其实并不大,如果不算思想政治、心理健康、职业规划等国家统一要求的课程,川美的通识课程占比只有 16.5%。其中最为重要的是在五大学理的背景下开设的核心课程,这些核心课程是学生在四年当中必须完成的。

五大学理是指"大而全""微而精""针对性""特色性""适合性"。通过五大学理的指向,在顶层设计中构建艺术通识课程体系。第一是人文素养的培育,这对艺术院校的学生来说是必要的学习内容;第二是艺术学理的基础,作为艺术学院的学生不能仅仅有技能化的实践性训练,还需要建构艺术概论、美学、设计思潮等属于艺术学范畴的学理基础;第三是博雅知识的汲取,追求广泛的知识性,要给广大学生普及与专业相挂钩的知识,包含世界美术史、世界设计史等内容;第四是艺术与文化结合,任何艺术都与文化相关联,但目前学生的文化缺失现象非常严重,包括对于传统文化、国际文化、现代文化以及艺术与文化关系的研究缺失等,这方面亟待补充与完善;第五是能力思维训练,艺术院校与综合性院校有一个很大的差异,就是重视应用能力的训练,因为艺术是一个非常强调实践性的学科,所以技能训练占了很重要的部分。同时,川美也提出了知识层面、能力层面和价值观层面三大能力。在三大能力、五大学理的框架下,我们就进一步分析与推演,用什么通识课程来支撑与建构川美自身的通识课程体系。

人文素养方面,我们开设了"中国文化概论"和"文学经典选读"等核心课程。这些课程在综合性院校里比较容易开设,但是在艺术院校中很不容易。不论是中央美院、中国美院还是其他艺术院校,它们所开设的这类课程难免局限于"大学语文"的概念。而川美在 2016 年的改革中取消了"大学语文"科目,增设了"文学经典选读"课程。因为艺术院校不是培养学生成为文学家,而是要让学生学习古今中外的经典作品,这就足够了。"中国文化概论"是根据教育部要求开设的课程,并进行了相应的改革。考虑到师资有限,川美将"中国文化概论"以讲坛的形式呈现,把讲坛转化为一种课程,要求学生在三年的学习过程当中,必须参与讲坛三次以上。讲坛会根据板块,聘请全国相应的知名专家,并在课后由 4 位老师参与教学辅导,对学生进行考核,学生通过考核后会获得 1 个学分。这就很好地解决了教师资源问题。

艺术学理方面,开设了三门核心课程:"艺术概论""美学"与"现当代设计思潮"。对于艺术院校的学生来说,"艺术概论"和"美学"是必修的内容。一个艺术家,必须从艺术学理上对这两块领域有着清晰的、系统化的理解。"现当代设计思潮"也是经过不断的探讨与论证后开设的具有改革性的课程。

知识博雅方面,开设的核心课程是"世界美术史"。这门课的前身是"美术史",一般包括外国美术史和中国美术史。艺术院校中有绝大多数的学校都这样开设。但是这种课程具有严重的缺陷:外国美术史往往局限于欧洲,并且缺乏对宏观的世界美术史的认识。一个艺术学生需要了解整个世界的艺术史,而不单单只是中国和欧洲的美术史。因此,川美在2016—2017 年进行了改革,让学生不仅能够了解欧洲的美术史,还能学习亚洲、非洲、大洋洲乃至整个世界的美术史。

艺术与文化结合方面,开设了"艺术与文化"核心课程。该课程自2015 年开设,经过四五年的艰苦建设,目前得到了很高的认可,成为教育部评定的国家级线上线下混合式一流本科课程。可以说,这是一门具有改革性、颠覆性的课程,彻底改变了原来艺术院校的相关课程设计。该课程的开创性体现在采取对分课堂模式,一半课程在课堂上,一半课程在课下。目前这门课的具体内容包括建筑、服装、陶瓷、漆器等方面,往往也与学生的专业相关,有助于学生进行自我拓展,实现艺术与文化的结合。目前全国很多高校都在线上观看这门课程,课程浏览量高达三四百万。

技能与思维运用能力方面,开设了"艺术沟通与写作"核心课程。该课程于 2016 年开设。由于自身的学科背景,艺术院校学生的技能很强,但是文本能力相对较差,语言沟通与写作能力也较弱。在学情分析的基础上,我们开设了"沟通与写作"课程,培养学生简单、明确的表达能力。但"沟通与写作"不适合艺术学院,因为其特性并不明确,因此川美在课程名称前加上"艺术"二字,专注于与艺术相关的沟通与写作。这一名称包含两层含义:第一是沟通与写作本来就具有艺术性;第二是将这门课界定于针对艺术学生的沟通与写作,具有特定性。这个界定又引申出了另一个非常重要的"三化"概念:一是"本土化",这门课程必须植根于它的背景,专注于艺术院校的沟通与写作;二是"视觉化",由于艺术院校学生对图像、色彩、线条、块面等敏感性较强,而文本方面较为弱化,所以这门课程不一定是通过文本或概念呈现的,而应该有视觉化的呈现方式;三是"艺术化",该课程中的沟通是艺术化的,写作也是艺术化的。

"三化"理念始于"艺术沟通与写作"课程,但在发展过程当中,"三化"原则逐渐转变为通识学院全部课程教学的要求。川美的通识课程鼓励学生通过动画、设计、油画、国画、雕塑等形式,实现文本的呈现。以"文学经典选读"为例。对于《诗经》里面一首经典诗歌,老师会要求学生用自己的专业视角把这首诗转换为视觉化的图像,再把已经完成的视觉化的图像转回成文本。这就让学生非常感兴趣,因为学生可以进行再创造,通过创造新的作品来呈现文本与图像的关联性。创新正是艺术最基本的出发点,所以这就使得通识课程与学生自身的专业关联了起来。这也是川美提出的"本土化""视觉化"和"艺术化"的体现。因此,"三化"的要求能够让学生利用自身的专业知识,对通识课程的内容进行整合,从而更有成效地达到"通专结合"的目标。

问:您提到了川美通识课程体系中的英语课程与体育课程,川美开设的这两类课程具有怎样的特点?

杨茂森:英语课程最早就是"大学英语",分成初、中、高三个级别,讲解一些基础的字词句要求。后来川美对英语课程进行了相当重大的改革。英语是艺术家进行国际交流和沟通的工具,英语课程的目标不是培养学生成为英语专家,而是要让学生能够看懂英文材料,运用英语交流。所以最终川美对英语课也进行了改革,开设了"情景英语"和"艺术英语"两门课程。"情景英语"课程主要讲解学生在未来可能面对的特定场景中所需要使用的英语。第一类包括出国、定酒店、定飞机、办签证、到机场、进出关等场景。第二类为艺术场景,包括在美术馆、艺术馆、画廊等情景下进行英语交流。第三类是沟通情景,比如国际性的交流、面试、推介自己的作品等。让学生能够应对不同情境下的交流是本课程的重点。"艺术英语"比"情景英语"的针对性更强,专注于艺术范畴的英语,比如国画、油画、雕塑、设计等涉及艺术专业词汇的使用。这两门课程作为模板课程是大二以后学生的选修课程。相比大一的基础英语课程,这两门模板课程的指向性更明确。所以川美对于英语课程改革的重点,也是强调针对性和适合性。

体育课方面,由于艺术院校的学生体量较小,并且学校本身的场地也不大,因此需要根据实际情况来解决问题。我们发现,艺术生的体育能力普遍不太好,很多课程也不受欢迎,学生不愿意参加。因此川美就考虑开设竞技性较低的体育课,在 2016 与 2017 年陆续推出两门课程:"健步走"与"越野行走"。后者是前者的升级版。"健步走"就是把整个校园变成体育课的课堂,教师带领学生绕着学校的各种小路走路,同时会提出较多科学性的要求,包括如何摆臂、如何挺胸、如何呼吸、走路节奏应该多快等。一般要求步行一个多小时,大概会走五六公里。该课程开设后取得了非常好的效果,学生对于这种在室外甚至校外的授课方式很感兴趣。因此川美在"健步走"课程之后又开设了"越野行走"课程,这门课程需要学生拿着手杖行走,这也就增加了难度,教师会提出比如怎么摆臂、怎么增加力量等一系列要求。这两门体育课程的推出也是为了适应艺术学生的特色和学校的实际情况。通过对学情和学校进行分析,在力所能及的范围内努力构建出具有针对性、适合性的特色课程。这是川美这几年一直探索的方向。

问:相比于其他一般的非艺术院校中开设的艺术类通识课程,您认为在艺术院校中开设关于艺术的通识课程有什么区别与特点?

杨茂森:关于艺术院校的通识教育和非艺术院校的通识教育的关系,我们首先要厘清艺术教育这个领域到底包含了什么内容,这些内容里有哪一些适合放在专业性的艺术院校,哪一些是普适性的,适合放在一般院校里。对此川美提出了三个维度。

首先是"史"的角度。如果不了解艺术的发展史,那么讲授任何艺术都是无根基的。比如我们去博物馆参观,首先要对艺术发展史或者艺术史知识有一些基本的了解,否则面对博物馆里展出的各种艺术品,看的时候就是隔靴搔痒,只是看一下热闹。这种差异性就取决于艺术史的素养,所以不管是对于专业性院校还是普通院校,艺术史都很重要。

其次是艺术的系统性。如果没有将系统性呈现在整个艺术教育的层面,那么艺术就会变成一种碎片化的东西,学生不会得到非常完整的把握。如果只有对于艺术的一种兴趣,而没有系统的建构,那学生就很难深入、全面地接受艺术教育。所以不管是专业性院校或者是非专业性院校的通识教育,最终是要培养学生的审美力,而这种审美力的培养就需要系统性的学习。系统性既包括艺术史的学习,也包括实践性的创作。综合性院校在艺术审美的通识教学中,可以适当地安排艺术的实践与创作,因为只要有一次艺术的实践课程,学生就会对艺术真正的本体产生另外一种认知。如果只是学习一些知识,比如进行理论批评或艺术史研究,而缺乏实践的环节,那么也很难达到系统性的要求。

最后是要教给学生用批评的、审美的眼光去看待一件艺术作品。我们现在可能觉得艺术作品是多样化的,学生没有必要也不可能去裁判某个作品的好坏对错。但学生仍然需要能够从自己审美的角度、从自己的主观性出发,提出批评性的看法,或者是审美性的表达。也就是说,通识课程应该要求学生能够有一种判断的眼光,并为其提供艺术判断能力的训练。总之,不论艺术院校的通识教育与其他综合性院校的通识教育在艺术专业的深浅程度上有哪些差异,艺术类的通识课程都应该基于这三点进行构建。

此外,有些学校会开很多的艺术实践课程,学生会比较盲目,什么实践课程都去学,其实是没有这个必要的。因为艺术有一个很独特的地方,就在于各个艺术门类的通融性和内联性。学生只要进入了一种艺术类别,那么相关的东西都会掌握。比如说国画和油画,虽然这是两个绘画画种,但实际上内部是相通的。如果真正搞清楚了国画,那么对油画也就贯通了。所以现在很多的艺术家,原来画油画的转到画国画,反之亦然。再比如,在一些工科院校里,对于艺术审美、艺术创造以及艺术批评的学习,可以和他们的专业学习相挂钩。对于艺术史的学习,还可以关联到对理工科产品的创造性进行评判。因此不一定要开设很多门课程,最重要的是让学生有机会进行一次艺术实践。如果再加上一些艺术史的知识学习,再有一门课程来培养学生的艺术判断能力,那就非常充分了。这些课程在艺术院校的通识教育和普通院校的通识教育当中都是可以存在的。川美开设的是"世界美术史",但是其他非艺术院校不一定要开设这种课程,完全可以开专题的美术史,比如"文艺复兴美术史",这样就能够在有限的时间里,为学生提供思考与学习的可能性,将学生引入艺术的整体当中。

问:在艺术院校中,应该如何区分专业性质的艺术课程与通识性质的艺术课程?

杨茂森:每一所艺术院校都会有相关的专业院系,专门培养艺术学、艺术理论、艺术管理等人才,川美就有艺术人文学院。专业院系的人才培养与通识学院是两条线,专业院系的人才培养更具理论性。比如"中国美术史"课程,通识课程可能只上一个学期,但是专业院系的美术史课程要上两年,其中"中国美术史"要上两个学期,"世界美术史"也要上两个学期。还有比如"艺术概论"和"美学"的课程,专业院系课程的深度和广度都要比通识课程大得多,所以他们的学生并不参加通识课程的学习。他们的课程构建又会再细分专业,自己也有相应的实践课程与创作课程,有自身的完整人才培养体系。他们希望培养的是未来的史论家,而通识学院培养的学生是实践者,比如在国画、油画、雕塑这些领域,要成为未来的艺术家。所以两条线的课程体系完全不一样,通识学院希望为从事艺术实践的学生提供通识教育的保障与个人素养的培育。

现在全国艺术院校的通识课程管理有两种模式。一种是中央美院采取的模式,把全校的通识教育和相关的专业培养放在同一个人文艺术学院。中国美院也是如此。不过虽然是同一个学院,两边的师资还是分开的,因为通识课程与专业课程的教学还是有很大的差异。川美采取了另一种模式,将面向实践类艺术专业的通识课程与艺术人文学院的专业课程进行了分割,另行设立通识学院。因为我们认为,如果通识教育能够在学校里作为一个独立的单位,就可以更多地从全局考虑,在管理体系上也更能够沉下心来思考针对实践艺术家的、与学校相适合的通识教育。所以川美在2019年把原来的公共课部改建为通识学院,避免了公共课部的含混性,从而在通识教育的定位、包含度等方面拓展到了一个更加全面和广阔的层次。在这一点上,川美的改革是走在前列的。

问:川美不仅对本科生进行通识教育,也给研究生开设了通识课程,这是出于怎样的考虑?

杨茂森:艺术生在感性方面特别厉害,但是逻辑思维能力普遍弱点。

我们在调研中发现,研究生虽然具有研究能力,但是在思考能力,特别是逻辑性思维的能力上还有欠缺。于是通识学院在 2020 年就计划为研究生开设通选课程,给予学生更多的可能性。学校领导很支持,允许通识学院灵活操作。于是我们就提出了"以问题为导向、探究式、三讲三议"的研究生通识课程改革实践。

首先是要分析研究生不同于本科生的目标与诉求,然后设计整个教学体系的区别。本科生教学更多侧重于传授知识点,给予思考的方法和问题引导,以及思维能力的培养。但是对研究生能力的培养更重要的是三个方面:对话,让研究生能够与教师对话;审辨,也就是逻辑、论证、阐释、评估的能力;研究。研究生的对话、审辨、研究,与本科生的知识思考能力之间是有差异的。将这些理清楚以后就可以发现,研究生的通识课程不需要概念化,也不需要系统化,更不需要全面性。研究生的通识课程要解决的是学生提问题的能力、审视思辨的能力、方法论和探究的能力。因此,川美应该在提升这些能力的层面来思考通识课程的开设。研究生的通识教育一定是要改革的,绝对不能是本科生的延长版,不允许在开了本科生的课程以后变换一下就来开研究生课程。

就此,川美设计了"通专共生""教研相长""三讲三议"的对分课堂教学,这一设计被列为重庆市研究生课程改革的重点项目。研究生课程已然存在"通专结合"的问题,只是这个"通"和"专"变成了研究生的通识和专业,要让二者能够共同生长,也就是"通专共生"。并且研究生课程应该是教学和研究相互促进,"教研相长"。"三讲三议"指的是,整个研究生通识课程是 36 学时,分为 6 次课程,每一次课程 6 个小时。这六次课程对分为"三讲"和"三议",三次讲座三次议题,并且讲一次议一次。三次专题讲座可以是独立的,彼此没有关联,换言之就是取消系统化的教学方式,要求老师必须专题性地讲授。这是研究生通识课程的第一个要求。第二个要求就是要进行问题设计,老师必须明确地提出问题,这个问题可以是老师自己没解决,和学生共同探讨的问题,只有这样才能教研相长,而不允许老师什么都搞得很清楚了以后再来讲授。第三个要求是老师要跟学生对话,教会其怎么思辨,怎么探究,这就要求教研转化和多元评价。这些方面的改革可以灵活一点,不要太固定化。包括研究生的考核,既可以是微作业,也可以是大作业。总之,要尊重老师的意见,同时也尊重学生的意见,让学生也提出一些要求,给他们自己觉得合适的作业,让学生完成。

其中最重要的是三次专题讲座如何设计,以及老师如何与学生一起研讨问题。学生一定是带着问题来听老师的讲座,所以关键在于教师课前问题的准备。问题的设计是整个研究生教学当中很重要的概念。在这个过程中,教师与学生的关系需要发生一种"隐"和"显"的主体对换。也就是说,教师要变成一个隐性的角色,而学生要变成显性的角色。第一次老师专题讲完以后,第二次的课堂全部是学生在讲,学生站在台上讲上一节课老师讲的是什么,老师设计了哪几个问题,然后学生们就针对这些问题展开讨论,老师在后面聆听,与学生对话。这种教学方式并不复杂,但是实际上对老师提出了特别高的要求,因为老师要给学生提出高质量的问题,要掌握倾听、交流的技巧,提供讨论的空间,把握话题的敏感性,给出准确的回应等。这两年按这种方式开展下来,确实取得了意想不到的结果,学生们表现得很活跃,因为学生很愿意彰显自己的能力。

此外,川美还开创性地把体育课程也拿到了研究生通选课程之中,只要学生愿意就可以修读,并不勉强。因为我们也发现很多研究生的身体素质太差了。这也取得了很好的效果,选修研究生体育课的人数很多,学生都很乐意上体育课。

问:川美如何帮助通识课程教师实现个人发展以及学术研究方面的成长?

杨茂森:老师的研究归属于学科,比如美术学的老师可以根据自己的研究和方向,申请归属到相关学科中,使用相关学科的项目和资金。因为通识学院的核心是教学,这一点是很明确的。因此在课程建设方面,通识学院也取得了一些国家级的、省级的和校级的荣誉成果。总之教学与研究应该是两条路,而教学是第一位的。所以通识学院在教学改革、课程建设上给予了老师很大的支持,不仅有资金上的资助,也帮助做好老师与学校方面的沟通,还要帮助申请各种荣誉,从而给予老师适当的鼓励,这样才能将老师个人的发展与学校的发展紧紧结合在一起。

问:经过这几年的建设,您觉得目前川美以及其他艺术院校的通识教育发展还面临哪些问题？

杨茂森：目前艺术院校依然面临不少难题，首先是"通专结合"的融合度始终不高。因为对于艺术家、设计人员来说，最重要的是产出作品。一名艺术家如果没有作品出来，他的文化水平再高、其他再好都没用。所以说学生的学习成果最终会呈现到毕业展，学生的专业作品如果画得不好、设计得不好，其他一切都是没用的，老师也就真的一无是处了。"重专轻文"是没有办法回避的问题，但是怎么来促进这种专业的关联性，这个问题依然还很严峻。

其次就是教学的师资非常匮乏。我们对艺术院校都做过调研，由于艺术学校的单科性质，师资只是局限于几个板块内，也就是体育、英语、人文素养和艺术理论板块。此外又加上学校的体量的限制，肯定不能关照通识教育的全面性。所以目前艺术院校的通识教育改革非常不全面，比如缺少自然科学的板块，也没有更深层的人文板块，比如对于宗教、哲学等内容的介绍。当然，大学四年也不可能给学生提供非常全面的通识课程，但是仍然有必要尽可能地为学生提供通识能力的构建，以使他们未来升学或走向社会后知道如何完成进一步的深造。艺术院校在现在整个社会发展过程中面临的一个越来越大的问题，就是与科学的关系。科学所涵盖的内容非常广泛，其中包括医学、宇宙、机械、人工智能等内容，与人们生活的关联越来越大。很多艺术家已经在探索艺术与科学的关系，在实践里，很多艺术作品已经呈现出与科学的紧密关系，但是对于艺术与科学的通识教育，现在艺术院校里面几乎都是空白。这也涉及跨学科的通识教育，在目前基本也是空白。跨学科的教育也对师资提出了很高的要求，这一点也是艺术院校面对的难题。

通识写作

通识写作课对学生"主动性学习"的激活[①]
——基于清华通识写作课的探索

李轶男[*]

摘 要：当前我国通识课程中学生的主动性学习情况普遍不容乐观。清华大学通识写作课的实践与成效显示，写作不仅仅是一种必要的通识性技能，有效的写作教育与写作训练还将同时改变学生对知识、学习、课堂和自我的看法，使学生在学习准备阶段建立起学习的内部动机，在学习过程中带着作者意识与认知准备积极投入课堂，在反思迁移阶段强化自我的迁移自觉与学习意义感，从而激活学生在通识写作课中的"主动性学习"。而在促进通识课教学效果之外，通识教育本身也强调对学生主体性的培养。因此，培养学生主动性学习观念与能力，本身也是通识教育理念的应有之义。

关键词：通识教育；通识写作课；主动性学习

尽管全国乃至全球不同高校对"通识教育"意涵及目标的理解各有侧重，通识课程体系的设计也相应地给出了诸多不同方案，但在几乎所有的通识教育中，"写作"都被视为必不可少的课程环节。斯坦福大学、哈佛大学、清华大学等国内外高校专门开设写作课程，旨在"提高学生的写

---

① 本文系 2020 年度清华大学本科教学改革项目"写作实践在构建'主动性学习'中的作用"（项目编号：ZY01_01）研究成果。

* 李轶男，清华大学写作与沟通教学中心讲师，清华写作中心主任助理。

作表达能力与综合分析能力,掌握必要的修辞技巧进行有效表达,同时培养质疑、审视、建构等批判性思维能力"①。在专门的通识写作课程之外,读书报告或论文也是通识课程最常见的任务模式,用以反馈学生的学习和思考成果。可见,无论作为必备的通识性技能,还是作为通识课程的有效教育环节,写作这一实践在通识教育中的重要性一直都是不言而喻的。正如乔纳森在《博雅教育的内容》一文中所说:

> 博雅教育体制下要求学生写报告和论文,这是非常重要的。如果博雅教育的基本目标之一是培养学生有效的交际能力的话,那么他们就必须培养写作能力。……要培养分析和辩论的能力以及通过写作过程来展开和提炼思想的话,书面交际是没有什么可以替代的。……在互联网时代,培养学生能够进行有效的研究也是至关重要的。对公民技能的要求也已经变化了:不仅应学会寻找信息,还要学会从大量信息中批判性地筛选。②

尽管学界都注意到了写作的重要性,并自觉或不自觉地将写作纳入通识课程的教学环节之中,但是,一方面,在诸多与通识教育相关的研究中,写作为何重要,写作及写作教育究竟在通识教育中发挥着何种作用,写作与通识课程教学之间是否存在着更为内在的契合点等问题,尚未得到自觉、深入而具体的回答与反思。作为参照,在通识教育中同样重要的阅读环节相对而言已经得到了更多的关注与讨论,关于通识教育读什么③、通识课程为何要阅读④、阅读与通识教育的内在契合性⑤以及如何将阅读有机纳入通识课程的教学设计⑥等具体方面,都有诸多学者进行探讨与建言,相较之下,对写作的探讨基本仍停留在顶层设计的宏观层面。

① Undergrad Program in Writing and Rhetoric, Stanford University, https://undergrad. stanford. edu/programs/pwr/courses, February 25th, 2022.
② Jonathan Becker、岳玉庆、嬴莉华:《博雅教育的内容》,《开放时代》2005 年第 3 期,第 23—34 页。
③ 刘小枫、甘阳:《大学改革与通识教育》,《开放时代》2005 年第 1 期,第 4—44 页。
④ 甘阳:《大学人文教育的理念、目标与模式》,《北京大学教育评论》2006 年第 3 期,第 38—65 页。
⑤ 黄俊杰:《二十一世纪大学生的培育理念与人文素养教育:通识与专业教育的融合》,《北京大学教育评论》2006 年第 3 期,第 19—25 页。
⑥ Jonathan Becker、岳玉庆、嬴莉华:《博雅教育的内容》,《开放时代》2005 年第 3 期,第 23—34 页。

另一方面,正因为写作实践在大学教育乃至整个知识生产领域太过普遍,以至于许多通识课程的设计也不自觉地将写作视为一种"自然"的存在,从而忽视了对写作自身特性的挖掘,仅仅将写作视为一种普通的教学手段。事实上,在通识教育中,写作的价值并不仅限于展示学生的思考成果和培养学生的写作能力,写作教育这一过程本身也有着重要的价值。本文试图阐明:写作不仅仅是一种必要的通识性技能,有效的写作教育与写作训练还将同时改变学生对知识、学习、课堂和自我的看法。一方面,这有效改善了通识课学生主动性学习不足的普遍现状,促进了学生在通识写作课中的"主动性学习";另一方面,培养学生主动性学习的观念与能力,本身也是通识教育理念的应有之义。对写作教育的自觉运用,将进一步突出、深化通识教育"建立主体性"这一深层意涵。

一、通识视野下的"主动性学习"

"主动性学习"的定义迄今在学界仍未获得明确共识,其外延十分广泛。不同定义根据各自的理论基础与侧重点,涵盖了学生的学习动机、态度、能力与方法[1],甚至包含教师在教学过程中为激发学生主动性学习所采取的一系列策略。[2] 本文所讨论的主动性学习主要关注学生视角,其根本内涵参考邦威与埃森在这一领域的先驱性论文《主动学习:创造积极课堂》中的经典定义:"行所思,思所行。"[3]根据加涅提供的学习阶段一般性框架,学习阶段可大致分为"学习的准备、获得与操作、学习的迁移"[4],对应主动性学习的内涵,本文的"主动性学习"内涵具体包含如下三点:第一,在学习准备阶段,学生具有较强的内部动机启动思考;第二,在学习过程(尤其是课堂)中,学生能够积极、主动采取学习行动以推进思考,即

① 吕天光:《提高学生学习主动性的探讨》,《教育评论》1985 年第 6 期,第 21—23 页。
② 松下佳代、日本京都大学高等教育研究开发推进中心编著:《深度主动学习:基于大学课堂的教学研究与实践》,林杰等译,人民邮电出版社 2021 年版,第 2 页。
③ C. C. Bonwell, J. A. Eison, "Active Learning: Creating Excitement in the Classroom", *ASHE-ERIC Higher Education Report*, 1991.
④ 戴尔·H. 申克:《学习理论:教育的视角》(第三版),韦小满等译,江苏教育出版社 2003 年版,第 392 页。

"行所思";第三,在学习迁移阶段,学生能够进行反思,有较强的知识迁移意愿,有自觉的学习意义感,即"思所行"。

在阐明"主动性学习"的具体内涵之外,这个概念的另一个特质也值得注意,即"主动性学习"始终是一个相对概念。这提示我们,对主动性学习的讨论不能仅仅考察学生个体的认知过程,还需要将它放在整个学习活动中来看,从而更好地理解"主动"与"被动"的相对关系。一类学习理论认为,学习由学习者、学习对象、他人及其相互关系构成。[①] 如果从这个层面来看,上述的主动性学习在三个阶段的具体表现,实际上就是重新处理这些要素相互关系的过程,目标是使学习者成为学习的中心。值得强调的是,在高等教育中,作为心智更加成熟的大学生,学习者不能仅仅被动地被"推向中心",而需要主动、自觉地处理自己与教师、同伴等他人,以及知识、能力等学习对象之间的关系,成为"自觉的中心"。正如《高等教育理念》一书所强调的,真正称得上是高等教育的是使学生理解其所学、所做,使其概念化,在不同情况下掌握并对其采取批判态度的能力,让学生成为"反思的实践者"。[②]

由此可见,主动性学习不仅能直接作用于学习者的认知过程以提升学习效果,它还同时发挥着建构学生主体性的育人作用。正是在这个意义上,主动性学习与通识教育具有天然的契合性。黄俊杰指出:"所谓通识教育就是一种建立人的主体性,以完成人之自我解放,并与人所生存之人文及自然环境建立互为主体性关系的教育,也就是说是一种完成'人之觉醒'的教育。"[③]从理论层面,主动性学习的培养是通识教育的应有之义;从实践层面,主动性学习理应在通识教育中得到更深入的实践与贯彻。

然而,在目前中国高校的通识教育中,主动性学习的情况并不乐观。陆一等人在研究中指出,由于对通识教育的目标与价值缺乏体认,学生容易认为专业才是本分,非专业的学习不是"分内之事"。所以通识课属于

---

① 松下佳代、日本京都大学高等教育研究开发推进中心编著:《深度主动学习:基于大学课堂的教学研究与实践》,林杰等译,人民邮电出版社2021年版,第5页。

② 罗纳德·巴尼特:《高等教育理念》,蓝劲松等译,北京大学出版社2012年版,第192页。

③ 黄俊杰:《大学通识教育的理念与实践》,华中师范大学出版社2001年版,第27页。

闲暇的兴趣拓展,应当学得轻松愉快,而不用投入太多精力刻苦地学习。① 如何在通识课中激活学生的主动性学习,成为通识教育研究与实践的一大挑战。

在过往研究中,国内外教育者和研究者已经提出了诸多提升主动性学习的途径和方法,如小组合作学习、户外活动、交互式教学、个案教学、问题学习、探究式教学、翻转课堂等。② 但一方面,它们与通识课程的适配性没有得到自觉的说明和讨论,另一方面,"写作"在其中间或被提及,但并未得到充分重视,其促进主动性学习的机制也未得到阐发。清华大学的通识写作课"写作与沟通"自 2020 年秋季学期起成为全校大一新生的必修课程,每个写作课堂均围绕特定写作主题进行设计,学生在主题范围内自行确定研究对象与研究问题展开写作,旨在"通过高挑战度的小班训练,显著提升学生的写作表达能力、提高沟通交流能力、培养逻辑思维和批判性思维的能力"③。在由第三方组织的 2020—2021 学年通识课程评估中④,全部"写作与沟通"课被评定为"教学高能课程",绝大部分被评定为"教学高能、学习高投入"课程。学生对课程的高认可与高投入,初步展示出学生在这一通识课程中"主动性学习"的良好状态。本文以"九十年代"及"北京"两个清华通识写作课主题的实践与反馈为例。该课程自 2020 年秋季学期必修以来共开设三个学期十二个课堂,在 2020—2021学年两次通识课程评估中,"高能教学指数"均位列全校通识课程前10%,"刻苦学习指数"位列前 6%,被评定为"高能高投入"课程。⑤ 下文即以上述主动性学习内涵与学习阶段为框架,分析通识写作课促进学生

---

① 陆一:《通识教育核心课程质量监测诊断:"高能课"与"吹水课"的成因分析与甄别》,《复旦教育论坛》2017 年第 15 卷第 3 期,第 53—60 页。
② 参见黄友泉、谢美华:《大学生学习主动性问题研究》,中国社会科学出版社,2019 年,第 34—35,43—45 页;松下佳代、日本京都大学高等教育研究开发推进中心编著:《深度主动学习:基于大学课堂的教学研究与实践》,林杰等译,人民邮电出版社 2021 年版,第 32—39 页等。
③ 清华大学新闻网:《清华将在 2018 级学生中启动"写作与沟通"必修课 2020 年覆盖所有本科生》,https://news.tsinghua.edu.cn/info/1008/55658.htm,2022 年 2 月 25 日。
④ 陆一、林珊、陈嘉:《从评价到赋能:大学课程教学质量提升新方法》,《中国大学教学》2020 年第 8 期,第 71—77 页。
⑤ 陆一:《通识教育核心课程质量监测诊断:"高能课"与"吹水课"的成因分析与甄别》,《复旦教育论坛》2017 年第 3 期,第 53—60 页。

主动性学习的具体机制,展现通识、写作与主动性学习在理论层面的契合及其落实至实践层面的具体路径及成效。

二、启动思考:以选题反观自身,建立内部动机

所谓内部动机,指一种从事没有外显奖励的活动的愿望。许多研究都强调内部动机对学习的重要性。[①] 正如上文所指出的,由于对通识课程的理解不足甚至误解,学生对于通识课学习的内部动机普遍不足,换言之,学生往往是出于学分要求等外部动机进入课堂,因此课程与自我处于隔离甚至对立的状态,无法启动有效的主动思考,进入学习情境。而从与其他学习要素的互动关系来看,一般的通识课大课讲授情境和师生比从形式上强化了教师权威与知识中心:教师是课堂中唯一醒目的个体,而学生则呈现为面目模糊的群体知识接受者形象,教师关照到每一个学生学习的内部动机几乎不可能;而从"接收客观知识"开始的学习过程也使学生主动性、个性化的思考缺乏一个启动的平台,从而陷入"被动学习"的典型情境。

"写作"这一个人化的实践使得这种集散式的知识传播方式发生了改变。正如萨特在《写作是什么》中所说:"要紧的是知道人们想写什么:是蝴蝶还是犹太人的状况。一旦人们知道想写什么了,剩下的事情是决定怎样写。往往这两项选择合二为一,但在好的作者那里,从来都是先选择写什么,然后才考虑怎样写。"[②]在写作教学中,学生面临的首要情境不是接受统一的客观知识,而是个性化地确定"自己想写什么",进而去获取相关知识,这就使得学生学习行动的起点转为"反观自身"。一方面,对自身的反观打破了学生与课程的隔离状态,并从"面目模糊"的知识接受者集体中明晰出自身区别于他人的个性化诉求,使学生在课堂和写作过程中摆脱"隐身"和"从众"的惯性,主动为自己的学习过程负责;另一

---

① 戴尔·H.申克:《学习理论:教育的视角》(第三版),韦小满等译,江苏教育出版社 2003 年版,第 334 页。
② 沈志明、艾珉主编:《萨特文集》第七卷,施康强等译,人民文学出版社 2000 年版,第 109 页。

方面,这一起点也改变了学生与知识之间的关系,知识不再是灌输的、与自我无关的外在内容,而是从自身经验出发,用以解答自身困惑的存在。由此,学生学习通识写作课的内部动机得以建立。有研究指出,当学生的写作内容与自我相关时,他们的文章会更加流畅,写作的自我满足感也更强。[①] 这也从侧面印证了建立内部动机,使学生进入"主动性学习"状态的重要性。

以"九十年代"主题写作课堂为例,学生在进入课程前,对于 1990 年代往往只有碎片化的模糊了解,许多学生的预期也是通过老师的讲授,获得一些关于九十年代的知识。显然,这属于"讲授—接收"的被动思路,学生很难在其中展开主动、深入的思考,教师也只能浮光掠影地做概要、简介。需要注意的是,"九十年代"是一门通识写作课的主题,与一般通识课有着微妙的差异。一方面,它具有强发散性,关于九十年代的研究可以延展至经济、社会、政治、文化、军事等各个领域,没有边界也无可穷尽;另一方面,目前学界对于九十年代的研究尚不充分,对这一时期的评价也充满争议,遑论某种总体性的定论。因此,从知识传授的角度,这绝非一个合适的授课主题,但对于通识写作课而言,却是一个极具潜力的"话题池"。在第一节课上,教师首先会请全班学生对自己所知道的九十年代事件、人物、印象等进行散点式的分享,基于学生的分享,教师对理解九十年代的"基本坐标"进行基本介绍,也即目前学界基本达成的共识和普遍存在的争论场域。在此基础上,课程将选题思路从"九十年代"转换为"九十年代与我们",以课堂中给出的近期热点话题与九十年代的联系为例,要求学生在各自的选题中能够回答:自己想研究的对象与自己的关系,以及自己的选题动机。更进一步,课程将选题步骤的基本理念归纳为"我—想—问",明确强调思维转换,从被动接受知识转向主动寻找知识。于是,在这个绝无"标准答案"、完全开放且时间相对紧张的任务驱动下,学生需要或主动或被迫地克服"接受知识"的惰性;而在文献积累和搜索视野尚有限的情况下,结合教师的引导,绝大多数学生最终都会选择回到自

---

① S. Perl, "A Look at Basic Writers in the Process of Composing". In L. N. Kasden & D. R. Hoeber, eds., *Basic Writing*, National Council of Teachers of English, 1980, p. 30.

身,去挖掘关于自己的种种面向,以寻找"写作的冲动":我平常关心什么方面的问题? 我对哪个领域比较了解? 我倾向于哪种观点? 等等。由此,写作教育建立起主体与客观知识之间的价值联系,为学生建立学习的"内部动机"搭建了通道。

从教学效果看,学生较为成功地激活了初入课程时对九十年代"他者"式的认知在社会各个具体面向上的历史意义。图1显示了选题思考前后学生对写作主题的变化。以"社会主义市场经济"为例,学生结合自身的兴趣、爱好,通过写作具体分析了市场化对摇滚乐、足球职业化发展等领域的影响;结合自身专业,讨论了科技企业在九十年代市场化与技术化道路之争,保健品行业在九十年代陷入的误区等;从自身生活经验出发,探讨了市场化与农村治安、乡镇企业发展、民工潮等现象的关系。同时,学生也能对其中的价值判断进行一定的反思,体察历史问题的复杂性。比如,学生在研究"九十年代科技企业市场化与技术化道路之争"的过程中,注意到了公共舆论讨论中对历史语境的忽视,因此,学生在研究中着重反思了抽象讨论市场化与技术化优劣的做法,将选择真正落在历史语境中考察,最后得到了"技术化在九十年代是'远水救不了近火',市场化在今天是'困兽犹斗',都无法真正带领企业走出相应时代下的困境"的结论。而这正是历史类通识课所强调的"历史意识"的鲜明实践。可见,通识课程通常难以落实的"知识内化"过程能够在写作过程中得到扎实实践,展现了主动性学习的良好效果。

图1　第一节课学生初步的散点分享(左)与"反观自身"后写作主题(右)对比词云图

内部动机的建立不仅有效地反哺于通识写作课的课程效果，也潜在地扭转了学生与知识的关系，即不以知识自身的客观结构为中心，而从学生对自身"主体"的重新认知出发，从主体的个性化立场和视角观察客观知识。很多学生在课程结束时都敏锐地捕捉到了在通识写作课中自我与知识关系的变化及其积极影响。学生们在期末的自我总结中写道：

> ……当初选这门课的时候只是单纯地对九十年代感兴趣，因此在平时的学习中我也有足够的动力去做我真正感兴趣的研究。
>
> ……正因为选了九十年代，一个自己很感兴趣的话题，所以在写文章很艰难的情况下也坚持下来了，并逐渐发现写作的一些乐趣，给自己一个更好的机会去了解自己喜欢的话题，而且是深入了解，不是泛泛而谈。
>
> ……"北京"主题使我对这个即将陪伴我至少四年的城市产生了浓厚的兴趣。
>
> ……在这门课上，我第一次有机会能够对自己专业之外的感兴趣的东西展开研究，能自由地发表自己的观点，能跳脱别人的期待进行写作。虽然之前写过的文章数不胜数，但我觉得这学期写的短文和长文才真正是我自己的文章。这样充满热情的写作是一种很美好的体验。

可以看到，一方面，对课程主题的兴趣能够有效驱动学生主动的学习行动；另一方面，从自我出发的写作与研究也能点燃学生对写作自身乃至相关主题的兴趣，进而形成良性循环。这正是以"全人教育"为理想的通识教育所追求的方向之一。蔡达峰指出：

> 通识教育与专业教育都是为了培养学生。通识教育侧重培养学生对"主体"的认知能力，专业教育侧重培养学生对"客体"的认知能力，这是教育意图或功能上的差异。……它们的区别在于架构知识

的意图,都不排除知识学习和能力训练。①

从"架构知识的意图"出发这一思路提示我们,无论是通识教育的"自由人"理想,还是通识教育所强调的能力训练和知识视野,其核心关切都落于一种对"主体性"的期待,换言之,通识教育要求学生在认识、探索世界之前,首先要对"自我"有所驱动、有所理解,从主体出发去自觉地探求知识和能力,而非被动地接受和掌握完全外在于自我价值的客观知识。雷·布拉德伯里在《写作的禅机》一书中说:"写作的时刻……是完全与真实的自我平静相对的时刻。"②写作的个人性、反身性特质在选题环节最为突出地得到体现,而这一特质使得学生作为反思性的个体走向了驱动"教育—学习"实践的中心,启动了"主动性学习"的过程。

三、"行所思":以"作者意识"翻转课堂角色与师生关系

在中国高等教育语境下,"课堂沉默"现象一直是研究者关注的重点之一,也是未达成"主动性学习"最直接的表征之一。在通识课堂中,这一现象更是屡见不鲜。张华峰、史静寰的研究指出,学生内部学习动机和认知性学习准备与课堂积极表达行为显著正相关。③ 而通识写作教育,正借助写作的过程性反馈特性与"作者意识"的建立,持续刺激学生的内部学习动机,并形成认知性学习准备与课堂讨论相辅相成的良性循环,促进学生在课堂中的主动性学习。

从学生内部学习动机的层面,如上所述,借助个人化的构思选题环节,自我主体与客观知识得以建立价值联系,学生初步建立起了内部学习动机;而在整个写作的成文、修改过程中,写作教育"过程性反馈"的特点则得到凸显,成为学生内部学习动机的又一驱动力。对于许多通识课程来说,写作被视为一种成果反馈的形式;但在通识写作课中,由于写作能

---

① 蔡达峰,《坚持推进"我们的通识教育"》,载于甘阳、孙向晨主编:《通识教育评论(2015年创刊号)》,复旦大学出版社2015年版,第16页。
② 雷·布拉德伯里:《写作的禅机》,巨超译,江西人民出版社2019年版,第3页。
③ 张华峰、史静寰:《中国大学生课堂积极表达行为的影响因素分析》,《高等教育研究》2020年第3期,第86—93页。

力是课程的主要授课内容,因此写作更被视为一种思维过程,相应地,课堂的讲授与讨论也都紧随学生写作过程中的各个阶段进行设计,使学生获得全过程的交流与反馈。由此,在当堂具体目标(如标题、结构、逻辑)的指导下,小组讨论成为持续提升、打磨、完善文章的互助平台,而不再是简单地分组竞争或合作,意在共同去破解获取某个早已提前握在教师手中的"正确答案"。在讨论中,学生既作为分享者倾听同伴的建议和质询,完善自己的写作,同时又作为建议者向同伴提供建议或直观感受,帮助他人进步。由于写作的个性化特征,所有的讨论结果都是开放且直接作用于特定学生个体的,由此,学生的内部学习动机得以延续,并形成真正有效的互动和"合作式学习"。

如果说内部动机的延续保证了学生在课堂上"想说",那么有效的认知性学习准备则让学生在课堂上"能说""敢说"。写作实践的特性使得写作教育必然延展至课堂之外,事实上,写作的大部分工作都需要学生个人在课下完成,如构思、文献阅读、成文、修改等。而这些课下的写作实践,为学生带来了"有备而来"的交流信心。它不仅表现在小组讨论语境下生生互动更有本可依、有的放矢,更表现在课堂的讲授环节中学生主动性学习的显著提升。

长期致力于合作学习研究的美国教育学者巴克利强调,不能将学生在课堂中的主动性学习单纯视作"身体的活跃",真正的主动性学习应当强调"思维的主动参与",这一点在看似"被动学习"的教师讲授环节尤其值得注意。[①] 在通识写作课中,保证学生思维主动参与的核心机制在于学生与教师除了传统的权力关系外,多了一层"作者"与"读者"的关系。学生作为自觉提问、发现、探索的主体完成了一篇与自我密切相关的作品,其投入感乃至文章的署名过程都建构了一种"作者的责任感",即"我全权对自己的文章负责",且"我是最了解这篇文章的人"。带着这种作者意识,课堂中教师的讲授对于学生而言就不再是一个知识灌输的过程,而是一种建议和提醒。乔纳森曾敏锐地指出学生独立思考的准备与课堂

---

① 参见松下佳代、日本京都大学高等教育研究开发推进中心编著:《深度主动学习:基于大学课堂的教学研究与实践》,林杰等译,人民邮电出版社 2021 年版,第 16 页。

上被动接受知识之间的循环关系:"学生没有多少时间独立阅读和写作,就会形成知识上对老师的依赖。"①而当学生有所准备地来到课堂,他们在课堂中的自我认知也会有更强的自觉性,不是去无条件地全盘接受教师的讲授,而是结合自己的情况进行批判性的理解与反思。

从课程的第三方评估数据来看,本文重点讨论的"九十年代""北京"主题课堂的"课堂参与"分数明显高于通识课平均(见表1)②;同时,在评估的质性反馈中,学生也给出了"完全投入到课堂之中""创造了一个大家都愿意开口的环境""课程讲授清晰,内容合理,鼓励学生提出新观点""引导我们参与研究,课堂氛围好""课堂环节形式很丰富,而且能落到实处,收获很大""能够非常有启发性的带动学生进行思考,组织行之有效的讨论和反馈"等对课堂氛围、课堂投入度、课堂启发性的积极反馈。

表1　2020—2021学年通识课程评估"课堂参与"分数对照表

	"九十年代""北京"主题写作课	全部通识课程平均
2020 秋	66.67	57.39
2021 春	62.22	57.63

从学生的反馈中可以看到,通识写作课不仅使学生进入了"主动性学习"的良性状态,也正在努力建构起一个"理想的通识课堂":教室内的学习是一个互动的过程,鼓励学生质疑种种假设和结论,互相学习,使学习的经历民主化。③ 这种课堂状态不仅有效地促进学生的内部学习动机,在写作、表达能力等方面提升学习效果,还使得课程真正建立起了一个视野广阔、基于理据的观点交流的通识平台。许多学生在课程总结中提到:"与来自不同专业、有着不同文化背景的同学交流能让我收获很多""大家由于自身的生活背景和兴趣不同,对九十年代的认知、关注点也自然有所不同。这样的碰撞是很有趣的"。在这种"有备而来"的主动分享、碰撞的通识写作课堂中,写作教育也展现出其对学生主体性建构的价值:学

---

① Jonathan Becker、岳玉庆、赢莉华:《博雅教育的内容》,《开放时代》2005年第3期,第23—34页。
② 全部"写作与沟通"课组在该项的平均得分也显著高于全部通识课平均分。
③ Jonathan Becker、岳玉庆、赢莉华:《博雅教育的内容》,《开放时代》2005年第3期,第23—34页。

生不再是模糊的、无名的、等待统一的知识传授的集体形象,而是带有"作者意识"的、寻求交流的诸多自觉的"主体";教师和学生因写作实践在身份和心态上发生改变,进而改变了学习中的师生与生生关系,最终使一种平等、自由、以学生主动的求知过程为中心的通识课堂成为可能。

四、"思所行":对通识写作课多重学习意义感的认知

对于主动性学习而言,对学习意义的反思与认知是至关重要的。陆一特别指出,对于通识课程而言,"学习意义感"是格外重要的:

> 通过多次调查分析,我们意识到对通识课程而言"学习意义感"的指标敏感性很突出。因为学生选修通识课和专业课的心理准备和投入预期有质的不同,通识类课程对多数学生而言起初只是孤悬在专业知识体系之外的内容。为什么要学这门课?这门课和其他课程是什么关系?我要从这门课中学到什么?如果不是为了专业上的成就,到什么程度能说学好了这门课?不弄清这些问题,学生就无法自主自律地展开学习,只能迷茫地完成课业任务。作为影响教学效果的一个重要指标,如果不重视学习意义感会造成努力教学却陷入事倍功半的境地。[1]

研究者指出,所谓"有意义的学习",大致可分为三个层次:第一,认识到现在的学习与自己的关系;第二,想要运用或尝试所学内容;第三,认识到所学内容与自己的成长具有相关性。[2] 第一层面的意义通过上述"反观自我"的构思驱动与"作者意识"的行为引领,已经有较为充分的基础;而第二层面与第三层面,则涉及"迁移"的两个维度:一是迁移知识、能力与价值至其他领域、学科的学习,二是迁移知识、能力与价值至自我的主体性建构。这要求教师首先意识到课程的可迁移价值何在,并适时

---

① 陆一:《通识教育核心课程质量监测诊断:"高能课"与"吹水课"的成因分析与甄别》,《复旦教育论坛》2017 年第 3 期,第 53—60 页。

② 参见松下佳代、日本京都大学高等教育研究开发推进中心编著:《深度主动学习:基于大学课堂的教学研究与实践》,林杰等译,人民邮电出版社 2021 年版,第 181 页。

地对学生予以提醒;其次要为学生创造一个自我反思与总结的空间,而理想状态下,学生的自我反思与总结不应该是一个随意完成的"附加题",而是一个必要的、能够获得反馈的教学环节。

对于通识写作课而言,能够迁移至其他学习活动中的核心内容无疑是通识性的写作能力,这是以能力为主要教学内容的课程天然的优势使然。但需要注意的是,对于学生来说,尽管"在做中学"这一学习过程本身已经营造了充分的主动体验与总结环境,但教师在更抽象层面的概括与提点仍是必不可少的。比如在清华通识写作课的最后一讲中,教师都会带领学生回顾一个学期的写作实践,以"九十年代""北京"主题课堂为例,教师会将一个学期以来的历次作业整理为一张流程图,提示学生这门课程训练的过程与未来研究过程的同构性,以帮助学生在未来的学习中继续运用通识课程中学习的知识与方法。在十二个课堂近 200 位学生的自我总结中,明确表示"课程所学内容有助于未来学习"的比例达到 86%。在第三方课程评估的学生"我的收获"一项中,该课程分数历次均达到 90 分以上,并显著高于全部课程平均。

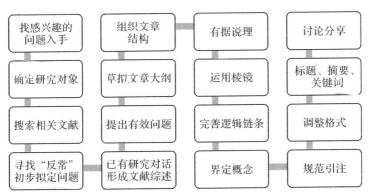

图 2　在课程中教师对"能力迁移"的概括与提示

而主体性建构方面的迁移则往往是多面向的、个性化的。因此,教师的指导多渗透于整个学期与学生的一对一反馈过程之中。但与此同时,如上文所述,从课程流程的角度需要设置一个学生自我回顾与反思的平台,而对于写作课来说,它正可以借助"自我陈述"的方式,与写作的修改环节有机地结合起来,构成课程过程性评价的参照。具体而言,在全部

"写作与沟通"课堂上,课程均要求学生在修改后的终稿前附上一封陈述信(cover letter)。而在"九十年代""北京"主题课堂中,在对文章具体修改过程的自我复盘与总结基础上,课程还要求学生对知识、能力与价值的迁移进行自我总结与反思。在期中的3000字终稿陈述信中,教师要求学生回答:"在写作过程中,你收获了哪些可以在日后学习中继续应用的写作技能?"意在引导学生进行能力上的迁移。而在期末的5000字终稿陈述信中,问题则更加开放,仅邀请学生谈谈自己对这门课程的体会和心得,以期引导学生给出更加个性化的、有助于个人成长的"学习意义"。

从第三方课程评估的量化数据来看,这两个主题课堂写作课的"学习意义感"一项得分(秋季学期96.49/春季学期93.33)明显高于其他通识课(秋季学期89.24/春季学期89.03)。从具体反馈内容来看,图3整理了3个学期190名学生在期中陈述信中回答上述问题的关键词词频,从中可以看到学生对学习意义感的自我表达。在对能力迁移的自我总结中,课程在前半学期所强调的文献、结构、逻辑、问题意识、修改、规范等方面,学生都有明显的习得自觉,这说明学生能够自觉掌握课程的主体内容,展现出学生在"思所行"这一层面落实主动性学习的良好效果。

期中陈述信关键词词频统计(超过20次)

图3 期中陈述信能力迁移关键词词频统计图

　　而在期末陈述信中,学生的表达更加个性化,除了与期中陈述信类似的能力迁移总结外,有一类词语尤其值得关注:"未知""启发""勇气""创新""期待""自信""生活""世界"等词频总和达到总人数的 80%(见表 2)。这一类表达意味着学生对课程意义的认识与迁移已经超出了知识和能力范围,进入价值层面,由此展现出通识教育"建构主体性"的又一条具体路径,即对"探索未知"的鼓励与强调。而这也是"主动性学习"所尤其关注的:典型的主动性学习策略如问题式学习(PBL)、论证式教学、研究性教学等,都意在使知识习得获得一种"开放式结局",以此改变传统课堂的知识传授模式下被动掌握标准答案的学习状态。通过探索未知式的主动性学习,教师不再是标准答案的提供者,而是知识探究过程中的引路人,由此,知识的统一性、标准性被削弱,教师在知识传播过程中的中心地位和权威性也随之弱化,学生真正掌控自身获取知识的过程和结果。

　　写作,尤其是通识教育中所主要训练的研究性写作实践,也天然带有这种面向未知的属性。研究者指出,写作和知识生产的过程在"权威磋商"(negotiate authority)方面具有同构性[1],写作的过程本身就是对一个未知问题的研究过程,而非仅仅是对已知结果的重复性呈现。而甘阳在谈到通识教育与专业教育的张力时指出,专业教育的一个潜在隐患是,学生的基本治学观念很容易将已知的知识作为最重要的知识,而不是以未知的知识作为最重要的知识。[2] 这也正是现代通识教育在当代社会发展日新月异的背景下,提出大学教育必须"为学生在一个动态的社会环境中工作做好准备"[3]的缘由。可见,"面向未知"既是"主动性学习"对教育过程的内在要求,也是通识教育所强调的重要能力与理念。它显然无法仅凭教师的讲授获得传递,只有学生在价值迁移过程中主动将其内化至自身主体性建构之中,通识教育方能真正实现这一意旨。

---

① J. Sinor& M. Huston, "The Role of Ethnography in the Post-Process Writing Classroom", *Teaching English in the Two-Year College*, 2004, 31(4), pp. 369-382.

② 甘阳,《通识十年——从香山会议到通识联盟》,载于甘阳、孙向晨主编:《通识教育评论(2015 年创刊号)》,复旦大学出版社 2015 年版,第 25 页。

③ Jonathan Becker、岳玉庆、赢莉华:《博雅教育的内容》,《开放时代》2005 年第 3 期,第 23—34 页。

表2　期末陈述信中"面向未知"相关关键词词频统计(单位:次)

生活	未来	准备	基础	相信
22	20	13	11	10
影响	受益	期待	自信	运用
8	8	8	7	6
碰撞	启发	未知	人生	创新
6	6	5	5	5
世界	勇气	主动	合计	
5	5	5	155	

五、讨论与启示

在促进学生在通识课程中的"主动性学习"这一实际需求的驱动下,本文以清华"写作与沟通"课的实践与成效为例,分析了通识写作课促进"主动性学习"的具体机制。在这一过程中,一方面作为通识写作课教学内容的"写作"因其特性发挥着极其重要的作用:借助写作的个性化、反身性,学生在启动学习实践时得以反观自身,建立起学习的内部动机;在课堂学习中,学生在写作实践中建立的"作者意识"与课下写作的认知准备反哺于课堂,让学生真正"行所思",主动投入地参与到课堂听讲与讨论中;在学习反思阶段,写作作为通识能力的属性强化了学生的迁移认知,学生又以"自我陈述"的写作实践强化了个性化的自我反思,整合了价值、能力、知识的理解与迁移,增强了学习意义感。另一方面,通过通识写作课的实践,通识教育对学生主体性建构的关注这一面向也得到了凸显:为了让学生真正开展主动性学习,成为通识教育学习实践中自觉的中心,学生就必然需要处理自身与教师、知识和其他学生在教学活动中的关系,最终实现学生的"中心化"。通过写作训练,学生能够更好地树立主体性在知识习得中的主导地位,从自身的关切出发探索知识,并真正将思考和表达向未知领域敞开;而反过来,学生在写作实践中建立的"作者意识"又将改变写作教学中的师生关系与生生关系,营造更加平等、开放、活跃的课堂,进一步强化学生的主体性建构,促进通识写作课上学生的"主动性学习",最终实现通识教育"回到人本身"的宏愿。

这一探索的启示可能是多方面的。一方面,作为以通识能力为主要教学内容的通识基础课,通识写作课在激活"主动性学习"、强化通识教育建构主体性面向等方面有其独特的优势。这一在美国高校被普遍列入必修的课程,其价值可能不限于实用性的能力培养,在理论和实践层面,都值得国内高校及研究者进一步尝试、研究。另一方面,尽管通识写作课从课程整体设计而言有其独特性,但其中的各个要素,如任务导向的个性化构思、过程性反馈与课堂讨论的结合、自我陈述等,十分可能在国内通识课程"大班讲授 + 小班研讨""翻转课堂"等模式探索中发挥作用。《教育部关于加快建设高水平本科教育全面提高人才培养能力的意见》(教高〔2018〕2 号)中指出,应"以学生发展为中心,通过教学改革促进学习革命,积极推广小班化教学、混合式教学、翻转课堂""积极引导学生自我管理、主动学习,激发求知欲望,提高学习效率,提升自主学习能力"。① 而写作作为早已普遍应用于通识教育乃至各专业课程的教学环节,既是学生长远发展的必要能力,也潜藏着"教学革命"的巨大能量。对写作训练和写作教育更加自觉、充分的探索和运用,或将打开一条切实推进教学改革的有效路径。

① 中华人民共和国教育部:《教育部关于加快建设高水平本科教育全面提高人才培养能力的意见》,http://www.moe.gov.cn/srcsite/A08/s7056/201810/t20181017351887.html,2022 年 2 月 25 日。

Activation of Students' "Active Learning" in General Writing Course: Based on the Exploration of Tsinghua General Writing Course

Li Yinan

Abstract: The current situation of students' active learning in general education courses in China is generally not optimistic. The practice and effectiveness of Tsinghua general writing course show that writing is not only a necessary general skill, but effective writing education and writing training will also change students' perceptions of knowledge, learning, class and self. Thereout students can establish their internal motivation of learning in the preparation stage of learning, actively participate in the classroom with the author-awareness and cognitive preparation during the practice stage of learning, and strengthen their self-awareness of knowledge transfer and sense of meaning for learning in the reflection and transfer stage, so that the students' "active learning" in general writing course could be fully activated. In addition to promoting the teaching effect of specific general education course, general education itself also emphasizes the cultivation of students' subjectivity. Therefore, cultivating the concept and ability of active learning for students is also the proper meaning of the idea of general education.

Keywords: general education; general writing course; active learning

通识写作与文学阅读

——上海科技大学"文学与写作"课程调查、实践与反思

毛佩洁　祁　玥*

摘　要:本文以上海科技大学自 2021 年秋季开展的"文学与写作"课程教学改革为契机,探讨如何将写作融入大学通识人文教育中,以达到"以写促学"的目的。文章首先以学生问卷调查为中心,分析理工科大学本科生阅读与写作的偏好,及其对文学通识课和写作指导的兴趣。其次结合教学实践中的实际问题,探讨并反思如何通过具体的教学设置、写作指导,在解决文本、语言方面问题的同时,着意从批判思考与逻辑思辨方面提升学生的写作能力。

关键词:通识写作;文学阅读;教学改革;批判性思维

早在 20 世纪 70 年代,西方教育学者就已经从认知心理学和语言心理学的角度提出,写作是人类的一种认知方式,而写作过程中概念的关联、分析、综合、自我修正、个性化等特点,将有效促进学习者成功掌握学习策略。此种认识促成了美国高等教育中"以写促学"(writing to learn)的研究和"跨课程写作"(writing across the curriculum)教学改革运动,即将写作作为学生建构知识体系、自我表达,以及社会参与的重要手段。在中国,跨课程写作教学法由于各种原因并未真正在高等教育中推行。近年来,清华大学借鉴美国普林斯顿大学写作研讨课的设置,于 2018 年成立了写作与沟通教学中心,以小班制教学和一对一面批的方式,开设多样化的主题式写作课,在提升学生写作表达和沟通能力方面已取得令人瞩

---

* 毛佩洁,上海科技大学人文科学研究院副教授;祁玥,上海科技大学人文科学研究院助理教授。

目的成效。清华大学及其他一些理工科大学的写作课程实践,在"以写促学"教学模式与通识教育的结合方面进行了有意义的探索。笔者任教的上海科技大学(以下简称"上科大")是一所小规模、国际化的研究型大学,本科生均为理工科学生。"文学与写作"是上科大本科生必修的通识教育模块课程之一,自 2021 年秋季学期始,我们对该模块的课程进行了教学改革,将一部分原为 2 学分、以传统课堂讲授为主的文学通识课,改为 3 学分的写作密集型文学课(writing-intensive courses),亦是在文科通识教育中进一步实现"以写促学"理念的尝试。

本文将简述上科大"文学与写作"教学改革的内容与措施,并以课程结束后的学生调查为中心,分析理工科大学本科生的阅读偏好及其与写作的关系,同时探讨通过文学阅读提高写作与逻辑思辨能力的方法,以期对理工科大学开设文学与写作相关课程提供借鉴和参考。

一、"文学与写作"课的教学改革实践

上科大"文学与写作"课的教学改革参考了清华大学与其他理工科大学开设写作课的经验,尤其是一对一写作指导的教学实践。同时,我们也认识到,写作与表达能力的提高不仅仅依赖技能的训练,也与学生的阅读与思考习惯以及感知和理解世界的方式息息相关。一项调查显示,当代大学生阅读时间和阅读量严重不足,网络时代阅读的娱乐化和碎片化,制约着学生写作能力的提高。[1] 写作从本质上说,是一个信息整合和输出的过程,如果学生平时不注意阅读的输入与积累,不善于提出和思考问题,缺乏想象力与共情能力,写出来的说理性文章即使表达无误,也很可能思想平庸、语言乏味、言之无物,思想正确而缺少个人观点和真情实感。与自然科学相比,文艺作品在启迪心灵和情感教育方面有着天然优势。我们认为,将以文学阅读为基础的课堂教学与课后写作训练相结合,既可引导学生体悟感受文学作品蕴含的丰富的人类情感、人性内容和精神世

---

[1] 曾方荣、聂文涛:《全媒体时代大学生写作能力现状调查研究》,《写作》2018 年第 7 期,第 70—74 页。

界,也能激发学生将所悟所感所思记录下来,并经过系统化的写作过程——包括立意、选材、谋篇布局、语言表达、听取反馈以及修改成文,循序渐进地提升通过语言文字清晰表达思想的能力。在阅读、思考、写作、师生交流、修改习作的过程中,培养学生"以学促写"的习惯和"以写促学"的兴趣。

2021 年秋,在保留原有"文学与写作"模块中 4 门 2 学分课程的同时①,我们也在同一模块内开设了 6 门 3 学分的课程,包括"说理写作""小说阅读与批评""中国古代文学与现代风华""唐前诗文之美""台湾文学与写作"和"中国现代文学选读"(3 学分与 2 学分课程的对比见下表 1)。这些 3 学分的写作密集型文学课均采取不超过 20 人的小班教学模式,以保证有效的师生互动。我们认识到,学生写作能力的培养与训练并非在课堂上就能完全实现,而是需要课堂内外的有效配合。因而在课程设计上采取每周 2 课时课堂授课与 1 课时写作实践相结合的方式。前 2 个课时以知识讲授、作品阅读和讨论为主,第 3 个课时的教学内容则采取一对一写作指导、工作坊、写作实践活动等更为灵活的形式,在不同时间和场所完成。总体而言,3 学分"文学与写作"课有以下三个特点。

首先,教学设计上文学阅读与写作训练并重。课程围绕特定时期、文类或主题的文艺作品,引导学生细读、分析、鉴赏,培养学生阅读和思考习惯,提升人文素养。在此基础上,以小班研讨、一对一写作指导、写作活动与训练等方式,启发学生对作品和文化现象进行批判性思考,形成有独创性的个人见解,并学习如何按照学术规范进行逻辑性写作,以及如何以清晰、明确的语言表达和论述观点。

其次,课程规定每学期每个学生必须与授课老师至少预约两次一对一写作指导,每次时间为 30 至 45 分钟。在此期间,老师对学生论文习作的选题、立意、文章结构、语言表达等优缺点进行评价和反馈,并与学生讨论具体修改方式。学生参与两次写作指导及进行习作修改的过程,也纳入课程的考核范围。

---

① 这 4 门 2 学分的课程包括"现代文学传统与写作""汉语言文字与中国文化""古代文学传统与写作"与"论说文写作"。

最后,课外活动与课内学习相配合。授课老师在课外组织文学和写作相关的文化活动,以加分的方式激励学生参加。2021年秋季共组织了三次活动,内容包括文学作品的朗诵、讨论,以及学术写作工作坊。这些活动旨在鼓励不同学科和年级的本科生分享阅读经验与思考心得,并通过互动练习的方式,帮助低年级本科生了解大学写作的基本方法和策略。

表1　写作密集型文学课(3学分)与文学通识课(2学分)比较

	3学分写作密集型文学课	2学分文学通识课
班级规模	不超过20人	30—50人
授课方式	课堂授课与一对一写作指导、课外活动相结合	课堂授课
教学大纲	对写作形式、目标、字数、课外写作指导和活动做统一的规定和说明	在写作方面未做统一规定
写作量	4000字以上,包括两次修改过程	未做统一规定
阅读量	增加文学作品的阅读量	未做统一规定
师生一对一写作指导	学生每学期必须至少参加两次,每次30—45分钟	未做规定学生可自愿参加
考核方式	写作占课程总分的55%以上	未做统一规定
课外"文学与写作"活动	参加的学生可得到加分	未做规定

二、问卷调查与分析

2021年底课程结束后,我们对秋季选修"文学与写作"模块课程的部分本科生进行了匿名问卷调查,以了解学生们关于阅读、写作以及课程设置的意见。参加调查的学生共168人,分别选修了由4位老师教授的8门不同主题的课程,包括选修3学分课程的学生112名,选修2学分课程的学生56名。由于上科大学生通常会在大学前两年完成大部分通识课程的学习,故本次参加调查的学生多为低年级本科生,专业背景基本为理工科,包括计算机科学、电子信息工程、生物医学、生命科学、物理、化学、材料、数学、工业设计等。其中大一学生 112 人,占调查总人数的 67%,大二与大三年级的学生 56 人,占 33%;男性学生 108 人,占 64%,女性学生 60 人,占 36%。

调查问卷的内容包括学生信息、阅读、授课、写作四个部分,共 24 个问题。通过这些问题,主要想了解三方面的情况:一是理工背景本科生的阅读偏好以及对文学通识课的兴趣;二是学生的写作偏好与自我评估;三是学生对一对一写作指导的看法,以及学生写作能力自我评估与阅读和写作的关系。以下我对此次调查的结果进行统计与分析,并讨论该结果对理工科大学文学与写作相关课程设计的参考意义。

(一)理工科本科生的阅读偏好以及对文学通识课的兴趣

1. 学生的阅读偏好

从表 2 和表 3 可以看出,参加调查的大部分学生从主观意愿到客观条件,在文学阅读方面能投入的时间和精力都不多,这与一部分理工科学生本身对文学类作品兴趣不高有关,也与其理工科基础课难度较大、低年级学生普遍学习时间紧张有关。对于教授文学课的老师而言,阅读文学作品和相关材料是学生理解文本、训练语言的基础。但对这些理工背景的低年级学生而言,大部分学生一周可阅读的材料不超过 30 页,阅读时间不超过 2 小时。因此,作为通识文学课的教师,一方面需要考虑到理工科学生的实际阅读承受能力,合理安排阅读任务;另一方面,教师也应帮助不习惯大量阅读的低年级学生掌握阅读技巧,了解阅读重点,并尽可能留出足够的时间让学生逐渐培养阅读习惯。从时间管理角度来看,与其布置大量阅读任务以致学生无法完成或敷衍了事,不如教师在阅读材料的选择上遵循少而精的原则。教师最好亦能采用有效手段激励和检测学生阅读成效,如以思考题方式给予学生课外阅读指导,或者鼓励学生撰写、分享阅读心得,课外阅读材料也应该与课堂活动或测试相关联。

表 2　一周可完成的课程阅读量及学生占比

课程阅读量	学生占比
10—20 页	39.9%
20—30 页	29.2%
30—40 页	15.5%
40—50 页	6.5%
50 页以上	8.9%

表 3　平均一周用于阅读课程材料的时间及学生占比

阅读时间	学生占比
1 小时以下	38.1%
1—2 小时	48.2%
2—4 小时	10.7%
4—6 小时	3.0%

此外,我们也通过调查了解到学生对课程材料种类和形式的阅读偏好。调查显示,学生最喜欢的课程材料是文学作品(91%),其次是影视作品(58%),其他还包括理论著作(24%)和学术论文(22%)。改编成电影的中外文学经典甚多,在文学课堂中适当引入影视资源,可打破老师讲解作品的传统教学方式,增加学生对故事和人物的感性认识,激发学生细读原著文本的兴趣;亦可将文学与电影文本对照,引导学生讨论并思考文学生产与影视改编的差异以及其后的文化和语境变迁。

从阅读材料的形式上看,约有四分之一的学生喜欢阅读纸质材料,四分之一的学生喜欢电子版材料,约二分之一的学生两者皆可。在实际授课中发现,青年一代的理工科学生很熟悉电子化阅读以及电子笔记的使用,绝大部分学生上课都习惯携带笔记本电脑或平板电脑。因此,"移动学习"(mobile learning)的一些方式亦可用作文学课教学手段,以激发学生的讨论和写作兴趣,比如,利用教学软件或移动技术增加课堂互动、实现师生信息实时共享、支持个性化和情景化的教学等。

2. 文学通识课程的授课方式偏好

我们设计了三个问题,调查结果如下:

表4　你希望课堂内容以什么为主?

课堂内容	学生占比
文学作品精读	82.1%
文化议题讨论	54.8%
文史知识介绍	51.2%
文学、文化理论概述	43.5%
其他	0.6%

表5　你希望授课方式以什么为主?

授课方式	学生占比
老师讲授	96.4%
学生小组讨论	48.2%
嘉宾讲座/实践考察	40.5%
学生课堂报告	21.4%
其他	1.2%

在回答"你希望课前阅读和课上讲授内容的关系"的问题时,有79%的学生希望能将阅读材料的分析与相关文化议题的讨论相结合。"文学与写作"课程采取小班化教学方式,因此教师在授课方式中有条件、也有意识地增加了互动,如采用学生小组讨论、课堂报告等形式。令我们比较意外的是,尽管学生普遍对作品精读和文化议题讨论感兴趣,但几乎所有的学生都希望课堂内容能以老师讲授为主,愿意进行小组讨论的学生只占不到一半。这可能与接受调查的学生大部分为大学低年级学生有关,很多学生还没有摆脱中学语文课上背诵知识点、追求标准答案的被动学习方式,也不习惯在课外进行有效阅读、在课堂上主动发言或表达看法。如何促成大学生的"学习者自主性"(learner autonomy),即培养学生独立学习和自主阅读习惯、发现和思考问题的

能力,以及通过课堂内外的交流来提升沟通表达能力,依然是大学文科教育中亟待解决的课题。

从学生的年级来看,大一新生与大二、大三学生在阅读量方面偏好一致;而在授课方式上,大一新生对互动性强的教学方式(如学生小组讨论、学生课堂报告、实践考察)更感兴趣;课程材料类型上,大一新生更倾向于阅读文学作品和理论著作,而大二、大三的学生则对知识介绍、理论概述一类的由老师讲授的内容更有兴趣。

(二)学生的写作偏好与自我评估

1.学生对写作的偏好

在写作方式上,有41%的学生偏好"长篇与短篇习作组合",选择"一次长篇习作"与"两到三次短篇习作"的学生各占39%与20%。调查发现,一半以上的学生可以接受每学期3000到5000字的写作任务,不过也有四分之一的学生不希望写作3000字以上的文章,而大部分理工科学生可能会认为一门课超过5000字的写作任务过于繁重(见表6)。值得注意的是,虽然教学中以逻辑性写作(准学术写作)为主,但接受调查的学生对创意写作的兴趣高于学术写作和应用写作(见表7)。这很可能与新媒体时代学生广泛阅读网络小说、动漫等类型化作品有关,也与理工科学生对科技创新、创意产业的兴趣相关。创意写作有助于培养学生的创造性思维和写作才能,近些年来,一些高校已经设立了创意写作硕士项目和创意写作课程,我们也期待将来创意写作教学得以在理工科院校开展。

表 6 希望每个学期的写作总量

写作类型	学生占比
创意写作	95.8%
应用写作	88.1%
学术写作	83.3%

表7 对什么样的写作最感兴趣

写作字数	学生占比
3000 字以下	25.0%
3000—5000 字	60.7%
5000—7000 字	6.9%
7000 字以上	8.3%

此外,调查也简单考察了学生的阅读与写作偏好之间的关系,发现学生的阅读和写作兴趣成正比。如果以每周阅读量30页为界限,可以看到愿意多阅读的学生通常也更愿意增加写作训练,反之亦然(见表8)。

表8 学生阅读与写作兴趣的关系

阅读量(每周)	写作 3000 字以下占比	写作 3000 字以上占比
阅读 30 页以上	15.4%	84.6%
阅读 30 页以下	29.3%	70.7%

2. 学生写作水平的自我评估和对写作课程的期待

在接受调查的学生中,一半以上认为自己写作能力一般,约三分之一认为自己写作能力超出一般(见表9)。在写作说理性文章方面,学生们最希望改善的两个方面是逻辑思考和语言表达(见表10)。如果从学生的年级考察,大一新生跟大二、大三学生相比,在写作能力的六个指标上,提高写作水平的意愿都更为强烈,尤其在搜集和规范使用资料(高20%)、展开逻辑思考(高17%)和文章结构(高14%)这三个方面。不过,在写作能力的自我评估方面,大一新生与大二、大三学生相比并未表现出明显区别。从调查中可以推测,学生通过一两年的文科通识课程学习,虽然对写作说理性文章的方法和手段有了一定了解,但并未切实感觉到写作能力有明显提升。2021 年秋季学期,曾组织了两次课外"学术写作"工作坊,旨在帮助大一新生了解高中语文作文与大学学术写作之间的差异,以及学术写作的基本要求和原则。我们认为,此类的课程训练和课外活动将有益于学生培养良好的写作与思考习惯,为今后的学术研究做准备。

表 9　写作水平自我评估表

最希望改善的方面	学生占比
如何展开逻辑思考	79.2%
如何使用准确、清晰、流畅的语言表达思想	78.6%
如何理解文本并有效分析	64.9%
如何安排文章结构	61.3%
如何搜集资料并规范使用	52.4%
如何规范使用书面语	45.2%

表 10　希望通过课程提升哪方面的写作能力

写作能力	学生占比
很强	3.6%
较好	29.2%
一般	54.78%
较差	12.5%

学生写作能力的自我评估与读写兴趣也有关。通过表 11 可以看到，自认为写作能力较差的学生，会倾向于少写作、少阅读。与之相比，写作能力自我评估一般以及超出一般的学生，会更倾向于增加写作训练，对阅读的兴趣也略高。

表 11　学生写作能力自我评估与写作、阅读兴趣的关系

学生写作能力自我评估	写作 3000 字以上占比	每周阅读 30 页以上占比
很强、较好	80%	29.1%
一般	73.9%	32.6%
较差	66.6%	28.6%

（三）关于师生一对一写作指导

在接受调查的 168 位学生中，有 153 人参加了一对一写作指导，其中

111 位学生因选修了 3 学分的"文学与写作"课程而必须参加。值得一提的是,此次共有 56 位学生选修的课程并未对课外指导做硬性规定,但其中仍有 42 位学生(75%)在自愿的前提下主动预约了写作指导。

我们对参加一对一写作指导的 153 位学生展开了调查,以了解他们对写作指导的态度。通过调查结果可见,98% 的学生认为一对一写作指导对提高写作水平有帮助,进步显著的方面依次为:知道了怎样明确观点并有逻辑地论证观点(76%),怎样安排文章结构(74%),怎样遣词造句、修改语病(66%),怎样搜索材料并规范引用(45%),什么是学术语言和学术写作(43%),怎样阅读、分析文本(37%)。这也与表 10 中学生对写作课程的期待相符。

参加一对一写作指导以后,有 30% 的学生会用 1 至 2 小时修改习作,33% 的学生会用 2 至 3 小时修改习作,22% 的学生用 3 至 5 小时,另有 11% 的学生甚至会花 5 小时以上的时间修改。关于一对一指导的频率,65% 的学生认为每学期 2 次最合适,有 30% 的学生希望增加到 3 次或 4 次以上。总体而言,学生对一对一写作指导持积极的欢迎态度,但课外师生一对一指导无疑需要任课老师投入相当多的时间和精力,只有配合小班化教学才有可能实现。

三、如何通过文学阅读与写作提高逻辑思辨能力

通过对问卷调查结果的分析发现,虽然学生对阅读与讨论很有兴趣,但受知识背景、思维能力、时间精力等多重因素影响,在阅读、讨论与写作过程中仍然问题重重,师生均在实践与操作上面临着诸多挑战;同时,这些问题不仅仅是语言层面的,更根本的是思维层面的。因此通过文学阅读与写作提升逻辑思辨能力,不仅是学生自身的迫切需求(如表 10 显示学生最希望提升的即是"如何展开逻辑思考"的能力),更是老师教学的重点与难点,任重而道远。

因此,下文将从分析问卷的结论出发,结合教学实践中显现出的实际问题,探讨如何通过具体的教学设置、写作指导,在解决文本、语言方面问题的同时,着意从批判思考与逻辑思辨方面提升学生的写作能力。

(一)批判性思维与"文学与写作"课程的结合点

"批判性思维"作为一个应用范围广泛的概念,在当前的教育领域尤为重要,《批判性思维》(*Critical Thinking*:*A Student's Introduction*)一书甚至将其定位为"大学教育的主旨所在"。针对高中"浅层次的思维方式"、被动吸收与重复,几位美国教授强调大学需要建立"'更深层次的思维方式',即主动、理智地评估各种观念和信息。……高等教育的主要目标不是教会学生'应该思考什么',而是'如何思考'——如何成为一个独立自主的思考者"。因而,在这本美国大学的经典教材中,"批判性思维"被定义为:"有效识别、分析和评估观点和事实,认识和克服个人的成见和偏见,形成和阐述可支撑结论、令人信服的推理,在信念和行动方面做出合理明智的决策,所必需的一系列认知技能和思维素质的总称。"[1]回到"文学与写作"模块课程在学校本科生培养方案中承担的基础功能,上述能力的培养正是教学目标所在,即为低年级本科生今后的学术道路夯实基础,提供最基本的学术思维与写作训练。

"批判性思维"的培养具体融合在"文学与写作"课程的各个环节中,包括文本阅读阶段,如何有效理解他人的观点与论证;课堂讲授与讨论阶段,如何批判性地进行审视与评估;在写作构思与一对一指导过程中,如何逐渐形成自己的观点,并有逻辑地展开论证等。在《批判性思维》一书中,作者也提供了一些"思维标准",可供我们在厘清学生问题、展开应对与反思、提出策略与建议时作为参考,包括"清晰、精准、准确、切题、前后一致、逻辑正确、完整及公正"[2]。下文将结合课程的具体环节,探讨以上思维标准如何体现在课程设置与实践中,并进一步促进学生文学阅读与写作能力的提升。

---

[1] 格雷戈里·巴沙姆等:《批判性思维:原书第 5 版》,舒静译,外语教学与研究出版社 2019 年版,第 7 页。

[2] 格雷戈里·巴沙姆等:《批判性思维:原书第 5 版》,舒静译,外语教学与研究出版社 2019 年版,第 7 页。

(二)批判性思考的难点：阅读与讨论

在课前阅读与课上讨论环节遇到的问题，总结来看主要在以下三个方面。

第一，大部分低年级本科生习惯了高中被动听授的方式，还未完全适应大学课堂重视互动和自主学习的教学特点，这一点在问卷调查中也有所反映，学生自主阅读较为消极。学生一方面，对本身匮乏的背景知识缺少主动探求的好奇，另一方面，在阅读过程中很少有意识地形成自己的观点，因此有些学生即使读过文本也"没什么想法"。

第二，固定思维模式的痕迹很重，例如功利的应试策略与套路模板、未经反思的大众媒介话语，这些因袭从众的思维惯性，都一定程度上阻碍了学生直面现实问题、形成批判思考，也导致学生对于自己置身其中的各类思维框架很难有清醒的认知与反思。

第三，学生在思考和论述中"绝对化"与"简化"的倾向比较严重，常出现无端"自信"的表述，例如"一定""全是""必须""只因为"等。一方面，上文提到，受经历所限，学生很难在没有丰厚阅历积累的前提下意识到自身的局限性，越是年轻的学生越容易陷入视野狭隘、以偏概全、想当然、先入为主、选择性理解与自我合理化等问题；另一方面，追求"得分"答案的应试教育其实暗含着将一切问题过度简化的倾向，学生在还没有切身体悟真实世界的复杂性以前，就已经从书本上学会了各类话语总结过的"道理"。套路般的话语往往可以纵论古今、总结规律，但缺乏给予学生真实细腻、多维度多角度体察现实的机会，省略了抽丝剥茧、层层拆解和批判反思的复杂过程。在以前的文科课程学习中，学生往往读到的是结论，给出的是答案，缺乏认知复杂、思考复杂和表述复杂的能力。

针对以上问题，老师们也在实践中不断调整教学方法和内容，试图回应和解决。

前两种情况可以通过讨论环节的问题设置，分"阅读前"与"课堂中"两步来有意识地引导学生去补充知识、形成观点、挑战惯性。但这已习以为常，本文想要更进一步，针对问题具体设置的类型与反馈展开细致反思。我们发现，如果直接设置灵活度较大、较为符合大学通识课程愿景、以触发学生广泛联想与深入思考为目标的问题，虽然初衷是好的，但反而效果不够理想。学生要么没有丰富的积累可供联想思考，要么对生活没有觉察、对经历缺乏自省、对身边现实缺乏认知，导致不知道可以把问题和广阔生活中一切所见所闻联系起来，只会根据理工科的思维定式，试图去寻找一个"正确"的、老师心中的答案。所以我们发现，以激发学生想象力为目标的问题，往往会得到最中规中矩、出奇一致的答案，甚至有时候老师从学生的眼睛中能看出他们有个性化的想法，但他们自己却没有意识到甚至不敢相信那也可以成为一道题目的"官方答案"。所以反复提问有时候只是在不断操演那个老师们想要脱去、但是学生们唯一熟稔于心的思维框架。因此老师要在第一步降低预期，不急于脱离高中的"课文讲解"，不急于发散，而是在学生们熟悉的安全区域内，给他们划定一个思考范围，将关注的焦点收缩、限定，甚至具体到一个"中间人物"或一个"是非选择"上，推动他们依托具体文本展开情景化的思考，甚至带入自己；再逐步从具体到抽象，将问题慢慢拔高、延展，举出学生切身的例子，将问题和他们的生活连接，从而一步步引导学生走出思维困境。期待低年级的理工科学生可以直接以开放、活跃的心态，从具体到抽象、从个别到一般地思考问题，其实是非常困难的。

第三种情况则可以通过经典的文学文本，比如鲁迅、老舍、陈映真、白先勇等作家的作品，给学生提供可观可感的具体情境、人物、细节，让学生从多角度、多立场了解多层次的生存困境，也可以借此与简化的历史叙述互为补充。老师可以通过问题的辅助设置引导学生以小见大，从个体人物的挣扎推及族群、时代，乃至人性的复杂，推动学生在这种从未有过的体验与新的认知刺激下换位思考，展开对自身局限性、思维定式的觉察与反思。除了课前阅读、课上讲授与讨论，在课下的两轮一对一写作指导中，老师可以更有针对性地根据学生在写作过程中出现的问题因材施教。几位任课老师沟通交流发现，同学们的写作情况其实与阅读、讨论环节一样，极具共性，因而同样可以通过归纳总结，有意识地对写作指导过程予以反思和改进。

(三)批判性思考的实践:写作与评估

以笔者任教的"台湾文学与写作"为例,除了课堂报告,本课程还要求学生期末在规定文本中任选一篇,进行文本分析与主题讨论,并在两轮写作指导前,分别完成框架构思与初稿写作。第一轮写作指导通常聚焦在选题立意、文章结构,以及具体的大纲修改上;第二轮写作指导则基本安排在学期后半段,帮助学生一同讨论、修改已经成形的初稿,从行文逻辑、论证的有效性、语言表达等方面更为细致地爬梳改进。下面将具体从每个环节的实践与心得出发,归纳实际操作中常见的问题、进行反思以及探索解决方法。

1. 选题方面

一对一写作指导的前提是同学们针对文本已经有了初步的构思,或直接携带列好的大纲与老师面谈,进一步探讨、敲定写作方向与具体结构。但在第一轮面谈中老师们发现,同学们的首要难题是恰切地表达自己的想法:第一是无法用明确的语言总结和归纳自己含混的"感觉"(点);第二是无法用清晰、有逻辑的思路概括自己思考与解析的过程(线),往往"一团乱麻"没有头绪。与"清晰"同样作为批判性思考基础与标准的,是"精确":文章想要探究的问题(点)究竟是什么? 哪部分材料可以在何种程度上证明什么? 各分论点是什么、是否可以环环相扣、有效地推导出结论(线)?

因为缺乏精确把握"点"与"线"的能力,许多同学最初报送的选题通常非常宏大,直接是一个"面",例如探究某文本中的"社会心理""历史意识""性别问题"等,甚至会动用很多自己并不能很好驾驭的概念与话语,例如"阶级""意识形态""民族主义"等,导致问题与概念都空泛且模糊。因而在第一轮一对一指导中,老师们会首先帮助学生,将已有的兴趣方向结合文本逐步细化,并结合具体文本将问题落实到一个"点"上。比如把"社会心理"的探讨落在文中一个"中间人物"或"边缘人物"身上;通过"空间"的变动来看背后隐含的历史观;从女性形象的内部光谱来看性别议题的复杂性等，引导同学们"以小见大"，既有具体的文本"抓手"，又有议题的延展性。最后一同从一个问题"点"拉出一条逻辑"线"，形成文章的脉络骨架，至此，许多低年级同学才完成了第一次的写作构思。比如一位同学最初的题目是《男孩必须有阳刚之气？》，最后经过一对一讨论，终稿题目改为《从"男性女性化"提案看性别歧视与刻板印象》；初稿题目为《给美下个定义》的，终稿定为《从美出发——浅谈美及美育的意义》；初稿《亚文化——小众的美》，最终以《二次元文化何去何从——小众与大众的审美之争》为题。有的老师也会通过训练写摘要的方式，引导学生自主地将问题细化、聚焦。

2. 材料方面

同学们能够做出清晰、准确判断的基础，是尽可能透彻地解析文本、把握事实、充分了解并尊重背景信息。但正如上文所述，很多低年级学生对于研究型的自主学习，与其说比较消极，不如说是还没有熟练掌握其规范流程，因而在搜索、筛选资料方面存在很大障碍。同学们会提出诸如是否可以用百度、知乎、豆瓣内容作为参考文献、不知道有哪些数据库可供检索、不知道如何区分学术期刊与商业出版物、不知道如何写学术论文的关键词等问题。由此可知，很多低年级学生连学术写作最基础的概念、规范都不了解，更无法对材料的出版机构、作者、受众、水平等做出评估和筛选，往往一股脑"拿来"，以为一切皆可引用。

这一点尤其需要老师们在课上明确展开讲解。作为低年级本科生的基础必修课，教学目标即瞄准学生今后的长远发展，因此眼下需要不厌其烦地帮助学生们夯实基础。不能"预设"这作为大学生的基本素质，学生们"应该都知道"。事实情况表明，这种"常识"内容的讲解重要且必要。

除了检索、评估和筛选，如何将材料恰切地整合进文章也是学生们遇到的一大难题。这很难在课上泛泛而谈，因而尤其需要一对一的面批环节。比如遇到学生大段摘引时，老师既要提醒学生注意引用文献的规范格式，同时也可以有意识地引导学生明确说出引文与论点的具体相关性，并且结合上下文说出整体连贯的思路，从而反思大段摘引是否必要、是否破坏了本身的叙述节奏、承上启下的衔接是否缺失以及内容是否需要取舍的问题。在间接引用时,很多同学对于"抄袭"的概念非常模糊,一类情况是不清楚学术规范,不知道脚注、尾注的使用方法;更多的情况是无意识的抄袭,比如看到豆瓣或知乎上他人的论点,深以为然,继而将其作为自己的观点融合在文章中。这一方面如上文所述,源于无法准确、清晰地形成自己的观点,以至于思考过程中容易看不清自我论点的边界、迷失在材料中,无法做出判断和批判反思,因而需要老师们在面谈时不断帮助学生抽丝剥茧、捋顺主体思路;另一方面,老师们在对学生情况有基本把握后,可以在细致讨论中追问想法产生的路径,帮助学生厘清个人逻辑与他人观点之间的区别和主次关系,提醒和强调学术诚信的重要性,鼓励学生不要担心观点不够深入和新颖,要有一说一,不要有太重的心理负担以至于适得其反。

3. 结构方面

在形成观点并努力扩充资料后,很多同学提出了下一步的难题——"不知道怎么写",不知从何处下笔、怎样展开。这其实是关乎逻辑思考的根本问题,也是承接上文寻找"问题",搜集"论据",继续组织、梳理、形成结构的过程。在面谈中,老师们可以结合具体的文本、议题,和学生一起就其选择的写作方向尝试画出思维导图。

比如有的同学想要解析一个文本中观察到的独特文化现象,老师可以先提问:"这究竟是一个怎样的现象?"引导学生从"描述"问题入手,展开自己的定义,后文即紧扣这一定义来谈。紧接着老师可以提问:"为什么会产生这一现象?"引导学生向前结合历史背景、知人论世,探讨文本小语境与历史长线或大环境之间的关系,试图寻找相关的影响因素;除了纵向探查,也可以横向提问:"这是偶然的个例吗? 还是在其他地方也有类似的情况?"引导学生用辩证的思维展开思考。在具体的论证中可以采用分类、对比、举例等方式,将不论纵横的延展探究与文本细读相结合。最后可以尝试跳出文本,看看这一现象的媒介、传播、余韵与影响直至今日是否有所变化,继而帮助学生将文本内与外、历史与当下都纳入思考的范围,这些虽然不一定全都呈现在最终的写作中,但经过一番头脑风暴,学生们对于一个"点"的认知已然与最初大不相同。

如果有的同学想要以某一概念为核心,老师就可以考虑从空间的角度帮助他展开思考。例如空间尺度从个人精神、心理到外部人际关系,各类建筑场景到地方区域、家国历史,甚至外星宇宙;平面的网络与立体的层级、联结与划分、区隔与流动,甚至不同学科的观察和研讨空间都不相同。总之可以帮助同学展开头脑风暴,选取最贴合文本的联想思路。再比如一些同学关心社会现实,对文本或相关社会舆论想要予以批驳,那可以引导他采用对立论证的行文思路,这进一步涉及具体论证的操作方面。

4. 论证方面

在具体写作中,同学们最突出的问题是,不知道怎样"论证",换句话说,并不清楚自己所写的段落能否被称为论证。因而这一部分,老师就要在课上予以足够明确的提示:论证即用论据来支撑观点,用作为理由的陈述来支撑作为结论的陈述。所以这里涉及两个问题:第一,因为并不清楚何谓"陈述",并没有传达是非判断的明确表述,所以很多同学所谓的"观点"看起来好像没有明确的意思;第二,论据需要能够"支撑"论点,即要求论证的逻辑性,而很多同学的表述不能称为论证。老师需要在一对一交流中具体指出非常细微的问题。如某些段落只是对观点的进一步阐释,并非论证;直接提出绝对化的断言,没有依据,不是论证;解释观点来由或重要性,并不是在证明观点合理,没有厘清概念边界的情况下泛泛而谈,思路不清晰且说服力不强,自己设置前提条件、引出结果的阐释循环也不是论证;类似地用倾向性或情绪化的结论作为前提,如"因为 B 是不对的,所以 A 是不能接受的",也不能称为有效的论证。

因而在第二轮一对一针对学生初稿的讨论修改中,可以提示同学们有意识地用提示词帮助自己梳理论证逻辑。比如以"由于、基于、根据、因为、正如"等作为前提的提示词,以"因此、所以、从而、这说明、由此可知"等作为结论的提示词,中间可以具体地明确角度、程度、递进或转折关系等,如"就……而言""从……的角度来看""在很大程度上""一方面……但另一方面"等。这不仅是语句、段落的表达问题,更重要的是背后思路和逻辑的疏通过程。

5. 报告与评估

前文的问卷调查已经涉及了学生对于写作能力的自我评估,这一部分主要讨论老师对于学生书面、口头报告的评估,以及同学之间的互相评估问题。

老师对学生的评估主要涉及期末论文与课堂报告两个方面。其实论文的评估伴随两轮一对一指导已经贯穿学期始终,因而老师们要做的是持续关注每位同学的写作进展、更新评价,最后根据文本阅读、分析论证、语言表达、学术规范等角度细致赋分。上科大的"文学与写作"课程一般都会设置小组或个人报告环节,因为这不仅可以锻炼学生的团队合作能力与口头表达能力,同时也是观察他人、自我反思与评估的重要机会,有些老师会让同学们提前互相阅读对方的论文,并参考所给表格中的条目进行评估打分;有些老师则会让同学们直接根据对方整体的课堂报告撰写评议,全面评估讲述逻辑、结构、语言、文稿、互动、配合、时间控制等方面。老师们提供给学生们参考的互评打分项,其实是在侧面让学生互相提醒:这些他们自己很难主动意识到的各方面都很重要。通过站在评估者的角度换位思考,学生不仅阅读、学习了另一位同学的研究成果,同时也借此机会对比、检阅自己的各个方面,因而同伴互相评估不失为一种今后可以沿用的互动方式。

小　结

对于 21 世纪的大学生而言,文学阅读是提高知识水平和文化修养的重要途径;在实践层面,无论是将来发表学术论文,还是写工作报告,学生们都需要具备一定的逻辑性写作技能和良好的表达能力。上科大"文学与写作"通识课的目标,即在于"以写促学",通过文学阅读和讨论培养学生的文化素养和审美、思辨能力,并配合师生互动、写作训练提高学生书面语写作能力。

本文中的学生调查对象以本校大学低年级理工科学生为主,由于调查对象不够多样化,我们所讨论的问题与对策主要针对理工科大学。同时目前的教学改革也仅限于中国文学课程,难免带有局限性。但从同学们的书面反馈来看,这种尝试是有意义的,学生在调查问卷和课程评教中有以下正面评语:"学会了如何分析文本,并且可以有多个不同的角度,以及在写自己的论文时,文章结构如何安排可以使逻辑更清晰,顺序如何安排能让文章更有条理""了解了如何细化论文选题,在老师的引导下有了行文思路,确定了写作方向""很迅速地敲定了写作思路,一对一谈完,对论文内容的思考开始突飞猛进!像是从毛线球上找到线头一拉,发现之前看书的时候产生的很多想法碎片,原来都已经冥冥中串在一起的感觉,很惊喜""(一对一)对开拓新的思路很有帮助""庆幸能上到这么一节有'人味'的课,希望每学期都有"等。

可以看到,现有的教学模式一定程度上确实能够有效切入学生阅读与写作的诸多问题,并对症下药,得到积极效果。同时,我们的调查与实践也为未来文学与写作课程的调整与改进提供了思路。未来我们将努力探索更为多样化的课程主题,增强学生的阅读兴趣;在推动写作项目方面,寻求与其他学科老师的跨界合作,如逻辑学、历史学、哲学、英美文学等,将阅读与写作延伸到更多领域,探索跨课程写作体系的建立。我们也希望能加强和全国其他高校通识教育机构、研究者的交流与合作,分享经验心得,以期共同进步。

Academic Writing and Literary Reading: "Literature and Writing" Courses at ShanghaiTech University

Mao Peijie   Qi Yue

Abstract: Drawing on the experiences and practices of teaching "Literature and Writing" courses at ShanghaiTech University, this paper explores effective ways of integrating academic writing and literary reading in college literature classes to motivate students to write to learn. The authors first present the results of a survey recently conducted at ShanghaiTech to understand and analyze the reading and writing habits of college students in STEM majors, as well as their interests in literature courses and one-on-one writing conferences. Second, the authors apply these results to discuss some common writing challenges college students face, and then propose possible solutions for teachers to help students develop appropriate academic writing and critical thinking skills through course design and writing support.

Keywords: academic writing; literary reading; educational reform; critical thinking

通识课中的学术写作训练

吴建峰[*]

摘　要：学术写作是学生在本科生阶段需要掌握的重要技能之一。本文作者结合自身的学术经历，讨论如何训练学生的学术论文写作技能，包括如何提出好的研究问题、如何梳理文献、如何进行研究设计等。同时，作者以"经济与社会"课程为例，分享了学术训练的教学实践。

关键词：学术研究；通识教育；写作技巧；训练

本科教学中历来有一个重要环节，就是学生在毕业时必须完成一篇毕业论文。复旦大学开设的通识教育课程，除了强调加强师生互动、提升课程质量和学生的深度思考能力之外，也一直非常注重培养学生的学术论文写作能力。今天与各位老师一起分享我在复旦大学讲授通识教育课程过程中的一些心得体会。

一、学术写作培养目标

学术写作的目标是完成一篇高质量的学术论文。学术论文的基本判断标准有以下三点。

第一，能否提炼出一个好的研究问题。问题的好坏，在很大程度上决定了研究者对相关领域研究的理解。能不能提炼出一个好的问题也是一篇学术论文能否被高层次期刊接受的重要条件。

第二，能否精准总结在类似问题上现有的研究。尤其是需要区分现有研究跟自己研究的问题之间的关联。总结现有文献是学术写作中最难的部分之一。因为这需要我们花大量的时间去阅读、挑选和批判性总结。

---

[*]　吴建峰，复旦大学经济学院副教授。

第三,能否严谨呈现问题的分析过程和研究价值。同一个分析结果,不同的人会有不同的呈现视角和方式,讲出不同的故事,呈现出不同的研究价值。

以上这三个标准,对于很多刚开始接触学术论文写作的学生来说,是不能完全接受和理解的。所以,我们通识教育课程训练写作的目的,是要学生有这样的概念,即"什么是好的研究,什么是好的写作"。在训练过程中,我们通过推荐一些质量高的文献,让学生试着用这三个标准进行比对和评判,以逐步提高同学们对好的学术论文的理解。

二、学术论文的特征、组织方式和整体结构

(一)学术论文几大特征

以经济学的学术论文为例,从确定研究课题到最终发表,一般都要经过三到四年的时间。在论文基本完成分析后,大量的时间要花在论文写作的提升上。提升和修改的基本原则有如下几点。

第一,没有语法问题。论文没有病句、错别字或其他语法问题,这是学术论文的基本要求,也是反映作者写作态度是否端正的重要标准。

第二,每一句话都要言之有物。就写作来说,这点要求是比较高的。尤其不能出现模棱两可的词句,或者没有表达实质性内容的空洞语句。要做到这点,一方面,考验作者的语言组织能力和基本功;另一方面,体现作者对专业名词和相关领域内知识的理解程度和提炼能力。

第三,分析过程严谨。一篇好的学术论文,与面向普通读者的通俗文章相比,最大的不同点在于其学术性,即学术论文的论述体现出严谨的分析过程。

如果把学术论文与高考议论文,或是托福和 GRE 的作文相比较,前两个特征是三者共通的。但呈现严谨的分析过程,对于学术论文来说是至关重要的,也是识别专业学者能力高低的重要标准。

(二)对学生的学术论文训练

所谓训练,即与学生讨论如何把严谨的分析过程呈现出来。主要包

括以下几点。

首先,如何清晰表达论文的最大贡献。

在写作时,训练学生始终牢记:这篇文章的特别之处在哪? 它的学术贡献在哪里?

我的建议是:第一,学会在一个段落内浓缩现有研究的主要贡献。第二,学会厘清这些贡献和现有研究的关系。

我通常会建议学生对现有文献进行归纳和总结,包括:(1)归纳文献。譬如说是研究了同一类问题,还是用了类似的研究方法? 还是就类似问题提出了不同的研究视角等。(2)评判文献。尤其是要识别作者的研究和哪些文献存在什么维度的关联,在哪些方面较现有文献有了提升。

其次,在最短的时间内让读者接收到最重要的信息。

这一点在前言和摘要部分体现得尤为明显,千万不要让读者读了很长的段落之后,还不知道这篇文章要写什么。所以,在介绍完文章背景后,要尽快告诉读者本研究的研究问题是什么,使用了什么数据,得到了什么结果,做出了哪些贡献。

最后,借鉴报纸文章的组织形式,"Don't bury the lead"。

用通俗的话来说,就是"点睛之笔在前,解释在后"。具体到文章的段落,要重视首起句。让读者读完每一段的第一句话,就能知道这一段大概要写什么。第二句及以后是提供支撑性材料和相应的解释性文字,包括提出一些例证或是给出原因、从多个不同的侧面展开说明等。当然,首起句之后的阐释,要注意层次表明。譬如用"一方面""另一方面"等结构。

(三)学术论文整体结构

下面就以典型的经济学实证性论文为例,针对学术论文的整体结构加以说明。

学术论文一般包括这几个部分:前言、文献综述、数据分析、实证方法、研究结果、研究结论和总结。这是最基本的结构。但具体到不同论文,可以做适当调整。譬如说,现在的经济学论文经常会把文献综述融入前言当中。但如果是毕业论文,也会单独用一章节列出文献综述。日常教学中,我会专门用一节课的时间,跟学生们解释哪几个部分是必不可少的,每个部分又必须哪几个具体的组成部分。

1. 前言部分的写作要点

第一,如何开头?

万事开头难。根据写作学术论文的经验,我建议把前言部分放到最后来写。类似讲故事,凡是提炼出来的都是精华,因此放在前言部分。开头的第一句话尤其重要,短短一两句话就一定要抓住读者的注意力,让读者看完这句话就有往下继续看的欲望。要特别注重第一句话的打磨,打磨方式包括:

一个有趣的问句。比如,迪士尼的兴建会不会带来周边房价的上涨?读者看到这样的问句,在心里给出自己的回答的同时,更想知道作者的答案,从而引起读者的阅读兴趣。

一个很难解释的事实。譬如说,中国农村实施了一些类似扶贫计划的政策,但是之后发现,这些政策实施之后并没有给当地带来真正的收益,包括农业产出增加、农民收入水平的上升。这到底是为什么呢? 这里存在与常识不一致的事实。因此,读者就想知道作者怎么来解释这个问题。

一个有争论的观点。不同的学科对同一个社会现象有不同的解读,甚至观点不一致。基于这样观点的讨论,也可能引发一篇学术论文。

一个故事。譬如,一个村子引入外来宗教后,这个村的女性教育水平上升很快,或者当地的女性劳动参与率有所提升,出了一个非常出名的历史人物。据此可能会涉及知识的进入对当地人力资本的影响。这类对故事的描述,在经济学论文中经常放在文章的开头。

第二,前言部分的具体内容有哪些?

首先,你想回答的具体问题,即研究问题。

其次,为什么要关注这个问题。

简而言之,这个问题为什么重要。

没有被证实? 之前已经提到,一篇学术论文不是凭空产生的,而是要跟现有文献存在关联。这个问题很重要,但从已有的文献梳理情况来看,前人还没有探讨这个问题,这就足以说明这项研究的必要了。

很重要的政策问题? 不少研究的结论,可能会被作为政策评估的重要依据。比如新冠肺炎疫情席卷城市,是不是一定要封城,从经济学视角如何判断。

为什么从学术视角讨论? 举个例子,日常生活中经常提到学区房,为什么大家都说学区房会比较贵? 如果从学术视角进行严谨的分析,是不是会更有意义? 通常人们研究这个问题,只会单纯地把学区房跟非学区房进行比较,直观感受就是学区房比较贵,贵的部分体现出人们对学区房的偏好。但要注意的是,除了学区外,房价还会受到其他因素的影响。从学术视角来看,我们依据计量经济学原则能够设计出更好的识别策略。比如,这条马路的左边是学区,右边不是学区。我们在马路两边各自划出一定空间范围,在这个范围内进行对比,以减少遗漏变量产生的偏误。通过这样的空间断点方法,我们最终实现学区的资本化过程。

在刻画研究动机时,需要注意以下几点:

引起读者的好奇心。前言可以稍微说一下研究动机,引起读者的兴趣。

不建议引用太多文献。在这个部分反而不需要引用太多的文献,否则读者会丧失阅读的兴趣:读者一方面会觉得文章充满了现有文献,不会有太多的边际贡献,另一方面也可能因为读者对文献的不熟悉,转移了对这个问题的关注。

2. 文献综述的写作要点

如前所述,如果文献综述已经包括在前言里,就不用单独再列一个章节。

首先,论文的贡献是什么?

之前已强调过,不再赘述。

其次,文献综述包括什么?

之前也表达过,把现有文献按大类归纳、总结好。建议单独列一个章节报告文章结果,主要是本研究发现了什么,以及这种发现跟现有研究的关联性。基本要求还是表达清晰、简洁。

再次,如何引用?

这也是我经常跟学生分享的一点。文献综述能否成功,跟一个人的学习习惯有很大的关系。

学会做笔记。现在有很多软件,如 Mendeley 等,会帮助我们更好地记录阅读文献,辅助我们做好笔记。

梳理和总结。一定要做梳理和总结,例如找出类似的主题。

联系自己的研究。要时刻谨记,我想做的研究跟这篇文献是什么关系?我能够从这篇文献中借鉴到什么?我发现这篇文献的哪些地方还需要提高?是在主题层面、方法层面,还是在研究结果层面?这些经验都是要在阅读文献过程中逐渐积累的。

最后,一些要点。

告诉读者你的研究如何超越现有文献。这是最大的挑战,要总结出这项研究跟别人不一样的点在哪里,可能产生的最大贡献在哪里。

不要开头就写别人的研究。除非他的论点就是你想做的研究,否则一般情况下不要把别人的研究放在开头。

解释完贡献,要联系他人的工作。解释完自己的研究结果后,一定要联系别人的已有的工作,这是一项基本要点。

3. 数据部分的写作要点

不同学科有不同的数据呈现方式。这里主要介绍经济学相关的内容。

第一,介绍数据名称、来源、变量。

要介绍数据的名称,数据是从哪里获取的。比如是在网上"用爬虫爬出来的",还是来自统计年鉴,还是从专业数据库获取?这些数据包括哪些变量?

第二,提供数据的描述性统计。

很重要的一点是要给出数据的描述性统计。比如,平均值是什么?最大值、最小值是什么?标准差是多少?可供观测的变量数量是多少?在清楚刻画数据分布时,更要通过数据统计呈现研究想要解释的主要现象。

4. 研究方法的写作要点

经济学中很重要的一点就是识别因果关系。以刚才提到的学区房为例,学区房和非学区房的房价存在差异。如果要确认这种溢价来自学区这一因素,就必须采取非常严谨的计量分析方法,识别变量之间的因果关系。

在写作时,要详细介绍论文的研究方法,包括这种方法的结构和背后的计量经济学含义,以及采用这种方法可以克服哪些计量问题,或者提供现有研究无法解决的识别策略。

5. 研究结果写作要点

第一,报告实证结果时,分享的技巧包括:

越少越好,一看就懂。如果是图表形式,不要让读者在图表里找很久才知道结果。如果是经济学论文,通常会把图表整理成经济学专业的人都能看懂的形式,第一眼就知道显著性水平是多少,A 对 B 是正的还是负的影响,影响系数的大小是多少。

放在正文还是附注。考虑到分析过程中存在的一些潜在问题,作者可能需要做大量的额外验证,这些验证应该放在正文还是附录里,也是一件值得考量的事情。我建议把关联度不高的验证过程放到附录里,正文呈现作者认为最重要的结果。

第二,如何解释结果。

紧扣结果。实时地扣住 A 跟 B 是什么样的关系。

结果比较。如果别人做过同样的研究,可以把他的研究结果和自己的进行比较,例如 A 对 B 产生的影响力大小是否一致,偏大还是偏少,这些都要逐一进行解释。

保留几位小数。根据我的个人经验,类似刚才的问题,小数点后面通常取到三位会比较合适。

6.研究结论的写作要点

结论简短、友好。结论一定要简短。还要特别友好,谦虚一点,不要对自己的研究抱有过高的期望值,应该通过客观分析得出相应的结论。

总结主要内容。把这篇文章主要研究的问题和主要结果总结清楚。

解释机制。用哪些机制来解释这个结果。例如用智能驾驶机制解释分析结果,或是数据或者方法受限,导致结果出现一些偏差,以及未来可以在哪些方向进一步拓展当前的研究等。

以上就是经济学论文写作的一些基本技巧和知识。

三、"经济与社会"课程教学分享

接下来和大家分享,如何在课堂上培养学生的写作素养。

这门课是石磊教授带领经济学院的几位老师在全校开设的通识核心课程,总目标是用经济学知识分析日常生活中的经济和社会现实。各位老师的学术背景不一样,因此每位老师根据各自擅长的学科进行一些分析。我的研究方向是城市经济学,所以就把经济和社会现实聚焦在城市这个维度上。

(一)教学范式

本课程的教学目的就是希望学生能提出感兴趣的城市问题。在教学过程中,我会有意识地训练学生数据分析的能力。譬如给学生一组数据,让他们从数据当中分析一种现象,然后提出较为学术的研究问题。

除了直接提供给学生的数据,我还会安排一些阅读材料。譬如依据个人经验,从报纸、杂志等评论性文章中选择阅读材料。我通常用的是《经济学人》杂志,从中抽取合适的文章,鼓励学生去讨论。有时候,也会推荐一些难度不高的学术论文,鼓励大家在阅读过程中对材料进行评判。

(二)在经济学框架内讨论城市问题

城市问题包罗万象。这一代的学生,基本上一出生就生活在城市空间当中。但在经济学的框架中如何讨论城市问题,并不是人人都自然领会的。以下三个基本事实,可以说是构成这门学科的基石。

首先,任何对城市现象的解释都是微观基础。在经济学中,城市是人和企业等经济活动体在有限的空间的集聚。要解释这些现象,就需要解释清楚个体如何进行空间决策。

其次,外部经济是理解城市经济学的重要理论基础。城市的特点,是空间集聚。人和企业为什么会聚集,这么做背后的经济动机是什么?换句话说,一个人跟别人集聚在一起,一定是享受到别人带给他的好处,即外部经济。举个例子来说,当一个人投入了一些时间,会获得 20 的收益。当他处于不同的人群中,发现同样的时间投入,最终产出不一样了,变成了 25。由于这种额外的 5 的产出是外部人群带来的,即所谓的外部经济。当意识到集聚的好处时,所有人就会更加愿意和别人聚集,从而有了密度,即出现了城市。所以,了解城市,就需要了解外部经济的概念,及其产生的微观基础。

最后,空间一般均衡是城市经济学分析的基本框架。一般均衡说的是个体什么时候停止选择。在空间上也是这样,即个体停止在不同空间移动,就达到了空间一般均衡。所以,这需要个体做边际上的选择以实现最优,需要不同市场上同时达到供需平衡。所以,我们需要讨论空间维度下,不同市场的出清条件的形成及其产生的最终结果。

(三)期末考核

学术论文的写作包含在期末考核中。正常的情况下,我会在学期开始的第四周发布论文题目,让大家用近一个学期的时间来完成一个自选角度,同时又用经济学分析框架的学术小论文。

以上是我想和大家分享的关于通识教育课程中如何训练学生学术写作能力的教学体验。

How to Improve Students' Academic Writing Skills: Some Teaching Experience of a Gen Ed Course "Economics and Society"

Wu Jianfeng

Abstract: Undergraduate students at high-quality universities are expected to be proficient in writing. This article shares the author's experience in academic research, including how to formulate a good research question, how to conduct literature reviews, how to develop a research design, and so on. Additionally, the author uses the course he taught at Fudan University to illustrate how to improve students' writing skills.

Keywords: academic research; liberal education; writing skills; training

通识教与学

一本书何以通识?

——论经典阅读类通识课程的教学设计

孙向晨*

摘　要:经典阅读在大学教育和通识教育中都具有重要的意义。复旦大学通识教育核心课程积极探索"一本书通识"的教学设计,即通过一本经典著作的讲授,来达到通识教育的基本成效。"霍布斯论'利维坦'"课程选取了《利维坦》这样一部枢纽性的经典文本,在教学上"以点带面",通过文本型、延伸型与经验型的问题设计引导学生思考,激发学生现实感和经验感,化解"一本书"与"通识教育"的张力。

关键词:经典阅读;一本书通识;复旦通识教育

近些年,复旦大学在通识教育核心课程的教学设计上开展了不少建设性工作,其中一项是探讨如何能够最大程度地发挥经典阅读的效用。在此基础上复旦大学通识教育也在重点探索,如何能够通过对于单独一本经典著作的教学,达到通识教育的基本成效。目前,复旦大学通识教育七大模块核心课程体系包括了 50 个基本课程单元,开设了 180 门课程;其中,经典阅读类课程共有 60 门,占了三分之一的规模,而这 60 门中的大部分课程又都各自聚焦在某一部经典著作上,以这一本书作为自身的主要教学内容。这样的课程安排基本反映了复旦通识正在努力建设的方向。本文将首先阐发经典阅读在通识教育中的意义,进而说明"一本书通

---

*　孙向晨,复旦大学哲学学院院长、复旦大学通识教育中心主任。

识"作为一种经典阅读类通识课程的基本理念。后半部分以笔者开设的核心课程"霍布斯论'利维坦'"为例,具体介绍"一本书通识"的教学设计中的一些关键要素。

一、通识教育与经典阅读

如果要理解经典阅读在通识教育中的意义,我们首先要了解现代大学教育在人类文明发展过程中所处的位置。中国古代和西方古典时期都强调,教育与一个人自身的成长有着紧密的联系。在儒家看来,教育要从学习为人处世的伦理开始,所以《论语》第一篇便是《学而》。西方中世纪的大学推崇"自由七艺",这种教育模式继承了古罗马公民教育的传统,目的在于教育一个人成为真正的自由人。古人对于学习和成长之间的关系有着深刻的认知。在他们看来,教育和学习并不是为了获得某些技能或知识,而是为了从根本上帮助学习者"成人",促使受教育者"Learning to be Human"(学以成人)。到了现代,经过19世纪柏林大学的改革,大学教育的功能逐渐转向了专业化的科学研究,大学成为了探寻不同专业知识的平台,成为了人类开拓新的知识疆域的基地。然而这并非意味着大学传统功能的彻底丧失。古典的教育传统由现代大学中的通识教育所继承,通识教育也为现代高等教育的人才培养模式带来了新的元素。比如,美国有一些规模很小的文理学院,这些文理学院教师的主要职责是授课,而不是研究、发表论文;在这些学校里就读的学生完全按照通识教育的培养模式进行学习,不开展很多专业化的学术训练。然而,这些文理学院的教学品质往往非常优秀,培养出来的本科生不仅能够成为富有潜力的科研人才,获得其他一流大学研究生院的青睐,而且也会受到就业市场的广泛欢迎,成为社会各行各业的精英。由此我们可以看到,尽管现代社会存在着专业教育与专门技能培训的普遍诉求,但是借助于通识教育的开展,大学教育能够取得专业教育自身所难以达到的效果,通识教育能够帮助学生收获比仅仅学习专业知识更为完整的能力提升与人格成长,使得学生更有可能成为引领现代文明发展的栋梁之才。这一情况说明了,正是通过通识教育的转化,现代大学能够保存古典意义上的"成人"教育，从而在新的社会条件中实现"学以成人"的基本目标。

为何通识教育可以获得如此成效？在其中起到决定性作用的，是通识课程对于经典阅读的重视。通识教育对于经典著作的关注是有其内在动力的。一方面，现代大学有着创新、"求新"的强烈愿望，需要不同专业不断拓展各自的知识领域；然而另一方面，大学也担负着文明传承的历史使命，这就需要大学教育进入人类文明的深厚传统，在其中扎下根来——那些经过了人类历史的不断冲刷、反复筛选、持续检验，却依然能够展现出自身不朽价值与独特魅力的经典文本，正是大学教育可以依托与"扎根"的稳固基础。通识教育将经典的阅读与教学视为自身的根基，用经典教育支撑通识课程的体系①，首先是出于大学教育——或者说是教育本身——对于文明传承的内在关怀。

那么为何大学教育可以通过阅读经典、阅读"大书"（Great Books）的方式，来完成文明传承的使命，并进而达到"学以成人"的通识效果？这首先需要我们理解经典本身的特殊之处。"大书"之"大"，在于"大师"之"大"。"大书"之所以是"大书"，因为它们能够体现人类之中真正的"大师"，这些"大师"是古往今来屈指可数的伟大心灵。伟大的心灵向我们显示了人类思想所能达到的整全视野与长远眼光。这样的视野与眼光也正是通识教育期望为学生提供的。学生学习经典文本，便是要以"大书"为中介来接触那些伟大的心灵，从而借助于那些"大师"的视野来打开自身的眼界。现代社会高度专业化、分工化的趋势，常常迫使人陷入短暂、零碎的思考方式之中。这一现状愈加凸显了整全性与长远性对于人类生活的重要意义。而与此同时，那些流传下来的经典著作恰恰就是人类思想高度的里程碑，能够为每一代求学者提供精神发展的坐标。借助于经典文本的洞察力，学生也能逐渐有能力对自身的生活做出整体性的反思，

---

① 一个极端的例子是美国的圣约翰学院（St. John's College）。这所文理学院在四年的本科教育中完全不设任何专业，所有课程内容都是按照对于经典作品的教学组成。学生在第一年学习古希腊的作品，第二年学习罗马、中世纪、文艺复兴时期的作品，第三年的学习集中于17 与 18 世纪、用现代语言写成的经典作品，第四年阅读 19、20 世纪的名家著作。学生在四年中学习的经典著作不仅包含现在通常所谓的"文科"领域关心的内容，而且也包含"理科"领域中的经典著作，例如欧几里得的《几何原本》、伽利略的作品、牛顿的《自然哲学的数学原理》等。

对人类社会的发展变化进行多维度、长时段的分析与判断，从而在阅读经典的过程中获得自身思考能力的提升。对于一个人的成长来说，这样的受教育过程是具有奠基性意义的。有此作为支撑，学生以后在各自的工作中如果还需要学习一些专业技能，就能很快掌握。因此，通过阅读经典而获得的视野与能力，对于学生此后的发展——无论是在学界、政界、商界还是其他社会各界之中——都能发挥实实在在的作用。

在这个意义上，现代大学在传承与创新、"扎根"与"求新"之间的张力，恰恰可以在经典教育的催化之下转化为一种新的活力。经典教育恰恰是以传递过去的方式，帮助当下的求学者——也就是日后进入不同领域的人才——获得一种持久的、面向未来的生命力量。这种力量能够帮助经典的阅读者更为从容地应对时代之中的机遇和挑战，进而激发他们创造并且成就具有自身精神的文明传统。

最后我们还需要回答一种质疑。对于在通识教育中开展经典阅读做法的怀疑，归根结底是对于经典本身的怀疑：既然经典教育对于人格成长和社会发展的重要性来源于经典本身对于人类文明和世界历史的意义，那么如果需要证明前者，最终就要溯及后者。我们又该如何向那些厌弃经典而一味"求新"之人——他们因此也同时是经典教育的彻底拒斥者——申说经典阅读的价值呢？实际上这是没有困难的，因为经典从来都是包容创新的。经典总是在一代代人的批驳、责难与诋毁之后"历久弥新"，而这也正是经典得以成为经典的原因所在。经典总会向"求新"之人的挑剔目光保持开放，因为真正的"大书"都潜藏着一种化育生长的力量：这种力量会让那些"求新"之人自己发觉，他们其实也可以在"扎根"传统的过程中获得源源不断的新鲜滋养。所以，这些旧书也都是常新的。那么说到底，我们也不必为经典做太多辩护，还是先读吧。别人的说法再怎么漂亮，自己体会不出同样的道理，心里难免还是会不服气。只不过，"人虽欲自绝，其何伤于日月乎？多见其不知量也"。

二、"一本书通识"的基本理念

一旦澄清了经典教育的意义，接下来就要解决教学设计的问题。现阶段的中国大学可以采取怎样的方式来安排经典阅读类的通识课程？我们知道,国外一些大学在通识教育中设计相关课程的时候,往往要求学生阅读从古希腊、中世纪一直到近当代的一系列文本,以西方经典为主,旁涉其他传统的著作,以此来努力涵盖人类文明的基本面貌。然而这种较为通行的模式可能会有两个问题。第一是会导致学生阅读上的缺陷。由于此类课程涵盖的文本很多,所以往往不能要求学生完整地读完每一本著作,而是只能根据某些主题挑选出一些篇目或章节,让学生接触相关经典文本的一些局部。这种方式很容易割裂整部经典本身的内在思路,从而阻碍学生对于一部经典自身之整全性与复杂性的理解。第二,目前通行的模式也会导致教学上的困难。尽管我们说通识教育可以弥补专业教育的不足,但毕竟现代学术的整体状况是专业化的,这意味着开设通识课程的教师自身也是——并且往往只能是——某些特定研究领域的专家,因此很难要求相关教师都拥有完整讲授人类文明各大经典文本的能力。比如说,某位来自德语系的老师擅长的是 18 世纪的德国文学和哲学,如果通识课程要求这位老师从自己并不熟悉的《论语》《圣经》或者《荷马史诗》开始讲起,那么他其实也只能勉强讲一些大而化之的东西。当然,更为明显的困难还在于当前大学本科教育中学分制度的制约。例如,复旦通识七大模块核心课程的学分要求是 8—12 学分,但是学生一般要在毕业前完成 150 左右的学分修读任务,这也意味着,在学生整个学习精力的分配中,通识课程的占比很小,容易被边缘化。

所以,经典阅读类的通识课程必须充分利用相当有限的课时和学分容量,设计出合理、可行的教学安排,从而有可能让学生在仅仅上过一门课的情况下就获得实足的提高,达成通识的基本成效。复旦通识 2.0 阶段尝试的"一本书通识"模式,正是为了开辟出一条能够更为行之有效地开展通识教育的道路。

不过,我们在具体说明"一本书通识"的教学设计之前,还需要先解决一个疑问:"一本书"的基础在于"一",这看似就与通识教育的"通"、也就是对于普泛性(general)的诉求产生矛盾。仅仅读一本书,即使是读某一本举世公认的伟大经典著作,又怎么能够涵盖不同的"大书"在各自的文本脉络之中所展现出来的丰富面向？既然通识教育要达到"通"的水准,那么最直接的办法就是通过"多"(而非"一")来实现。考虑到这一点,国外大学的类似通识课程一般会选择讲授好几部彼此相关的经典著作(即加了后缀"s"的"Great Books"),以此来达到通识的效果。在这个意义上,"一本书"与"通识"之间的确存在着内在的张力。如何解决这一张力?

首先我们必须意识到,通识教育的目的不是为了让学生知道很多东西,不是为了尽可能多地向学生传播知识,更不是在课程中追求知识体系的完备。在当今社会中,获取信息的方式非常方便,学生也不需要教师来教就已经知道了很多。无论同学们是在学习经典著作还是其他主题,只要教师给出了课程大纲,以及与该课程内容相关的文本、书评、论文,或者其他各种各样的解释、观点、意见等,学生只要随便搜索一下就可以获取大量的文献和材料,许多的知识完全可以通过自学来获得。如此,一个人很容易就会掌握许多知识点,产生出"我统统都知道"的感觉,却依然不会思考问题,更不懂得反思自己的生活。通识教育需要避免"知道主义":读书不是为了记住一些知识点。通识教育和经典阅读的关键是要引导学生思考,尤其是要带领学生同"大书"一起思考,学习"大师"是如何进行思考的。要做到这些,学生就必须尝试与某一本"大书"建立起对话关系,必须努力去跟随某一位"大师"训练自身的思考方式。而如此,只要与之关联的对象足够高明、足够深厚,求学者自身的态度与方法也比较恰当,那么即使学生只在那一本"大书"里周旋、只在那一位"大师"后追随,甚至只是"亦步亦趋",也完全能够登高行远。所以哪怕学生只上了一门课、只读了一本书,也完全可以在思考能力上获得实质性的进步。实际上,目前恐怕也没有任何一所大学的通识课程有能力在短短几年之内,把人类各大文明从古到今的每一部重要经典,向学生完整地(更不必说仔细地)讲授一遍。所以经典课程必须有所聚焦;"通识"要有成效,必不待"多"。我们也不是只能借助于"多"才能做到"通",而完全可以借助于"一"来"触类旁通"。

所谓的"一本书通识",无非就是要以最简易的办法,帮助任何一位对于某一部经典文本有较深领会的老师,在开设通识课程的时候找到一个可以用力的支点。有了这样一个支点,老师就可以在教学过程中"以点带面",而这也正是化解"一本书"与"通识"之间张力的关键。那么,所谓的"以点带面"具体是如何实施的? 究竟应该设计怎样的教学内容,才能实现"一本书通识"的成效? 下文将以笔者开设的"霍布斯论'利维坦'"为例,来说明开展此类课程的一些关键要素。

三、为什么选择这一部经典?

在教学中做到"以点带面"的第一步,就是要考虑为什么选择讲授这一部经典。在此基础上,可以初步揭示这部经典能带出哪些基本的面向。以笔者所授课程为例,为什么选择霍布斯的《利维坦》? 首先,《利维坦》是现代政治哲学的奠基性文本。奠基性就意味着,以后的思考都无法完全逃开它所规定的道路,而是必须从它那里生发出来,无论是与其一致还是与其对立。《利维坦》这样的经典著作就在人类思想的"主干道"上。通识课程中的经典教学必须占据这些"主干道",因为只有通过它们,我们才能真正了解那些主导了人类生活基本处境的思考方式。

同时,任何经典都有其"左邻右舍"。经由《利维坦》这一本"大书",我们可以继而进入其他诸本"大书"。霍布斯的视野里包含了古典文明、基督教传统和现代世界的交汇图景,《利维坦》也正是西方思想古今转变的枢纽性文本,这一枢纽地位就使得《利维坦》这部经典与前后其他经典之间具有一种内在的关联。所以,教师在讲解霍布斯这本著作的时候就能够引入柏拉图、亚里士多德、洛克、卢梭、黑格尔、马克思等各大思想家的著作,进而展现这些"大师"之间的对话。有了《利维坦》这样一个焦点和中心,教师便可以在教学时充分地发散与拓展,从而帮助学生搭建起一个更为丰富的思想网络。

选择讲授这本经典的原因还在于,《利维坦》能够"历历在目"地呈现思想演变的轨迹。《利维坦》出版于 1651 年,17 世纪的英国正处在从都铎王朝向斯图亚特王朝的变迁过程之中,而所谓的"现代性话语"也正处在一个形成过程之中。《利维坦》在表面上并没有脱离中世纪与文艺复兴时期的话语体系,但其理性、清晰的思想表达,又不同于此前的修辞与历史叙事。因此,《利维坦》的论述不像此后那些已然成型了的理论著作。后者处于转变完成以后，已经是另外一套叙事方式。但是从前者中，我们能够发现许多演化的痕迹，能够看出它是如何从其所置身的那个传统之中脱胎出来的。这个"脱胎过程"就是一个"历历在目"的变化过程，而它之所以"历历在目"，也正是因为它的变化还不彻底、不干净，就像孙悟空七十二变，变完之后仍然有个小尾巴露在外面，让人认出来这还是孙悟空。《利维坦》所展现的这种"脱胎过程"中就有不少"小尾巴"，而这些"小尾巴"恰恰提供了许多用以理解现代性之起源的线索。这些线索正是教师在教学过程中特别需要把握的。揪出这些"小尾巴"，我们就能够辨识出那个孕育和生发了新观念的思想传统；抓住这些线索，教师就能够带领学生把握思想演变的来龙去脉。

四、如何设计经典课程的教学？

上文借《利维坦》一书讨论了如何用经典文本"以点带面"的三点基本考虑。下文将以笔者所授课程的具体内容为例，介绍三项用以贯彻上述考虑的教学设计。

第一，强调文本细读（close reading）。本课程讲授《利维坦》共有十六讲，从书的名称讲到全书最后一页，对这本著作每一个章节进行讲解，要求学生仔细读完整本书。为什么要这样过一遍？因为思想的力量在细节之中。细读是为了发现文本细节中的那一个个"点"，这些"点"就是"以点带面"的基础。只有进入文本的细节，经典的全部丰富性才能被挖掘出来，经典的魅力才会向人呈现出来。我们必须拒绝教科书式的笼统与省略。教科书几乎不能产生打动人的魅力，因为它是以牺牲细节来完成的。阅读经典必须"细嚼慢咽"。大而化之、泛泛而谈的东西，必定言不及义。同时，老师必须要求学生去老老实实地"硬啃"经典文本本身，而不应该鼓励他们阅读很多二手文献。二手文献各个都是"振振有词"的，学生一看就很容易被它带走。若是如此，二手文献就会代替学生自己的思考，代替学生自己从经典著作里挖掘内容的能力。所以，教师必须先要求学生全身心地投入"大书"本身。因为也只有直接跟着"大师""亦步亦趋"，学生才会明白，"大师"在历史变迁的当口面对着什么问题，又遇到了哪些困难?他怎么提出新的概念,又如何展开这些概念?他的论述从哪些方面着手,又为什么要从这些方面着手?总之,读得少一些,是为了读得精一些。当然,老师也需要预先根据文本的难易程度,给学生确定好每一周的阅读范围,具体到页码。并且学生要懂得文本阅读的基本技巧,要掌握经典文本的阅读方式,这是老师与助教可以在课程教学中提供帮助的。

如果要让学生注意到文本细节中的那些"点",就不能仅仅要求学生仔细,老师也必须在教学中做出详细的设计。老师需要预先给出一些非常细致确切的问题,然后才能够引导学生去细读文本。比如,本课程的第四讲是关于"激情、欲望与荣誉"这一主题,涉及《利维坦》第6章与第7章。这一讲在授课前会先给出几组思考题,要求学生在这一周接下来的小班研讨课中讨论这些题目。思考题目包括:(1)你能否把第6章中罗列的46种激情,按照爱与恨的逻辑重新排个秩序?你能否给出这么排列的说明?(2)请你重点梳理一下霍布斯对于"斟酌"(deliberation)问题的论述,然后回答:在霍布斯笔下,"斟酌"有哪些特点?(3)请结合霍布斯在第7章的论述,分析"faith""belief""trust"等概念的区别,并进一步讨论,这些概念在汉语语境中应该怎么来翻译最为确切?通过这样一些"细枝末节"的小问题,就能让学生关注到文本中最细微的"点",引导学生沉潜于文本之中,从而真正地体会作者本人思考问题的方式。这些细节也就打开了学生与"大师"进行对话的渠道。一旦学生完成了这样一些细节上的挑战,就能够把《利维坦》里一些最与众不同的思想给勾勒出来,文本自身的丰富面向也就随之呈现了出来。

又如,本门课程会在整个学期中安排三次闭卷的随堂测验。测验题目包括:(1)阅读第二章后回答:霍布斯如何分析梦境?梦境与清醒如何区分?最难区分的是什么状况?(2)阅读第六章后回答:霍布斯如何界定激情?你印象深刻的有哪几种激情?你是否同意他的定义?(3)阅读第十二章后回答:宗教有哪几种自然的种子?在异教以及在基督教中,这些方面是如何滋养出来的?三次课堂测验会占学生最终成绩的30%。这样一种考核并不要求学生提供什么创见,只是为了督促同学认真完成阅读要求,考察的是学生重构论证的准确性。"大书"往往有着比较复杂的逻辑,让学生在细致阅读之后,用自己的语言将文本的逻辑结构再现出来,同时自主分析:经典文本中的某个论述是否合理? 其所给出某个论证是否有欠缺? 这样的考察方式,也是在训练学生自己的分析与论证能力。

第二,"以点带面"必须着眼于思考点。教学当然不可能凭空地去讲,学生不会什么知识都不去知道,但正如前文提到,通识教育不是为了让学生知道很多知识点。知识点只是一种载体,教学的关键是要借助这些载体来激发学生的思考能力。对于某个具体知识是知道还是不知道,这其实是次要的事情,真正重要的是思考力。最优秀的人必然是一个会思考的人。没有思考力的学生不会有创造力,不会很有灵性。在这个意义上,经典本身也只是一个借力的支点,无论通识课程讲授哪一本书,都是为了借那本书来让学生自己做出更为深入与完整的思考。一句话,通识课程的教学就是要让学生思考、思考、再思考。

但学生究竟应该如何思考? 这就需要老师设计相应的思考点。在这些具体的思考点的基础上,老师在讲解过程中就能够以思考问题为导向,为学生提供学习该领域的路径与方法。思考点其实不需要面面俱到、无所不包,因为只要学生能够在若干个要害处用力,能够明白在几项关键性的事情上是怎么思考的,那么学生在思考能力上就会有很大的突破。例如,本门课程的第七讲是关于"社会契约论"这一主题,涉及《利维坦》第16、17、19章,其中就有一个核心的思考点:将"契约"用于人与人之间的关系是否是成问题的? 要讨论这样一个思考点,首先需要我们明白霍布斯是如何理解"契约"这个概念的,由此又可以引出进一步的问题:"契约"在西方思想史上是怎么出现的? 这需要我们回顾"契约"这个概念在古罗马的渊源、在《圣经》中的传统、在近代商业中的运用等。于是我们就又需要进一步思考:在什么意义上"契约"会被带到政治的层面上来? 这就又回到了霍布斯《利维坦》中的思路,需要我们反思这一思路是否会有问题。当我们把契约关系用于人和人之间各种关系的时候,是否有局限和缺陷? 人与人之间包括亲子关系、兄弟关系、夫妻关系、上下级关系等,如果这些关系最终都要奠定在契约的基础上,通过契约关系来组织和联结,那么人们的生活会变成怎样的状况? 是否会因此而出现重大的问题? 这些并没有现成的答案,不可能一蹴而就地知道。学生需要带着思考点再次回到经典文本之中,一边阅读一边思索琢磨。总之,只要思考点设计得恰当,就可以有效地拓展出许多值得深入探讨的方面,唤起学生的思考兴趣。

第三,在经典教学中要激活学生的现实感与经验感,促使学生反思生活。这也是一门课程能够达到通识成效的灵魂所在。人们往往会觉得,经典总在另一个时空,与自己距离很远;老师的讲解都很精彩,但与自己没什么关联。如果这样,学生就算把书读得很熟,也还是与经典非常隔阂,终究也不会有什么真切的收获。所以,老师需要将自身的思维方式"拉下来",贴近学生自身的经验感,从而帮助学生把他们的生活经验"放进来",让学生明白,其实经典里的内容和他们自身的生活之间可以发生呼应与沟通。只有如此,经典才会成为学生反观自身生活的镜鉴,才能够帮助学生建立起一种反思的意识与能力。这种反思性要建立起来,就一定要把经典和学生自身的生活经验拉近,促使学生把自己对于现实世界的感受带到所学的内容之中。如果经典教学能够把学生的经验感激发起来,那么学生也会产生学习经典的积极性,体会到学习经典的乐趣。

在具体的教学设计上,老师可以通过提供不同层次的问题来启发学生。首先是针对阅读内容本身,然后逐渐引导学生对自己的生活经验做出反思。比如,本课程会给学生出三个层次的问题:文本型、延伸型与经验型。文本型的问题严格针对文本内容本身,学生要在认真阅读文本后才可能作答;延伸型的问题会从文本延伸出去,没有现成给定的答案,而是要学生构建起观念之间的联系;经验型的问题就是会直接向学生自己发问,要让学生借助经典中的思想来对自己的生活做出一个重新的思考。再以课程中的"社会契约论"这一讲为例。除了上文提到的思考点,教师还设计了几组具体问题,要求学生在小班研讨课上讨论。比如第一组是关于"让渡权利"的问题。霍布斯在让出权利的问题上最看重哪些要素?在自然权利的前提下,让出权利意味着什么?这些是文本中的,学生必须看书才能了解。但紧接着要问,在这种情况下你是否会让出你的权利?这就是延伸出来的问题。接下来再问,你觉得除了霍布斯所看重的条件外,还有哪些条件可以提出来的?这就进一步地深入,形成学生和文本之间的对话。第二组是关于履行契约的问题。首先也考察文本理解:霍布斯是如何考虑信守契约问题的?靠什么可以保障契约的履行?然后接着就向学生本人发问：霍布斯给出的这些条件你满意吗？在什么情况下你会选择背弃契约？通过问题的逐步深化，可以把学生自己的生活理解带入经典的思想语境之中。

小　结

总之，"一本书通识"不仅是一个可以操作的课程安排，而且是一种值得推广的教学模式；它既是可能的，更是可欲的。

说到底，上课这件事情从根本上意味着：老师必须上好每一门课，让课程起到应有的作用，使学生在课堂上有所收获。如果夸张一点说，一门课应该让学生"蜕层皮"，能够在学生的整个本科生涯中留下强烈的印象。"一本书通识"的教学设计也正是为了达到这样的成效。通识课程与经典阅读并不是为了让学生什么都知道，而是为了让学生知道，他对很多事物完全不知道。通过从"不知自己无知"到"知道自己无知"的转变，我们身上因为专业、知识等原因而带有的傲慢与偏见才能得到克服。而实际上，谦卑的心态恰恰是学习的动力，"自知无知"恰恰能够激发人去探索未知的领域，从而探索自我的另一种可能。所以无论通识课程会讲授哪一本经典，最终是为了促使学生在自己今后的人生中，继续认真、虚心，并且富有兴趣地学习这些经典，保持终身学习的热情。

One Book for General Education:
On the Teaching Design of a Gen Ed Course
of Classical Reading

Sun Xiangchen

Abstract: Classical reading is of great significance in both university education and general education. The core curriculum of general education in Fudan University actively explores the teaching design of Gen Ed course of classical reading which aims that the basic effect of general education can be achieved by the teaching of one classic work. The course "Hobbes on Leviathan" selects such a pivotal classic text as Leviathan, teaches through meticulously designed and multi-layered questions and stimulates students' thinking. It hopes to resolve the tension between "one book" and "general education".

Keywords: classical reading; one book for general education; Fudan general education

文本细读·小班讨论·多元写作①

——重庆大学经典阅读课程的探索与实践

袁　敏*

摘　要：重庆大学博雅学院秉持"坚守中国立场，拓展全球视野，用中国话语体系解读中外文明经典，会通古今中西"的理念，探索文本细读、小班讨论、多元写作三位一体的经典阅读课程教学模式。文本细读根据经典需要，灵活选取"训诂""会意""评点""新批评"等读法；小班讨论有专题汇报、辩论、角色扮演与情境体验、模拟采访、知识总结与考题设计等模式；多元写作紧扣经典，有拟古仿作、文献综述、读书报告等模式。

关键词：经典阅读；文本细读；小班讨论；多元写作；教学设计

十九大报告中指出："中国特色社会主义文化，源自于中华民族五千多年文明历史所孕育的中华优秀传统文化。"②学习并传承中华优秀传统文化，是坚定文化自信的必经之路。而中华优秀传统文化的重要载体正是《诗经》《史记》等经典。中华文明的独特性、包容性、继承性，大一统国家渊源有自的文化认同，均可通过经典阅读进行体认。同时，其他文明的优秀成果如《荷马史诗》《理想国》等，可以为我们提供有益滋养。我们需要坚守中国立场，拓展全球视野，用中国话语体系来解读中外文明经典，思考关系人类前途命运的根本性问题，会通中西；同时，植根于传统文化，在全面建成社会主义现代化强国的康庄大道上高歌猛进，贯通古今。为实现

---

① 本文系重庆市 2021 年高等教育教学改革研究项目"新文科背景下文明经典导读类课程教学方法探索与实践"（项目编号 213004）阶段性成果、重庆市 2020 年高校一流课程"大学国文"建设阶段性成果、重庆市 2021 年高校课程思政示范建设项目"《世说新语》导读"阶段性成果。

* 袁敏，重庆大学人文社会科学高等研究院副教授。

② 习近平：《决胜全面建成小康社会 夺取新时代中国特色社会主义伟大胜利——在中国共产党第十九次全国代表大会上的报告》，人民出版社 2017 年版，第 41 页。

上述目标,探索适应新时代、新文科价值引领需求的经典阅读课程体系与教学方法势在必行。

一、旨在"会通古今中西"的经典阅读课程体系

重庆大学博雅学院基于上述"会通古今中西"的理念,建设经典阅读课程体系,经过十年的探索(2012—2022),初见成效。以"古今之争"与"中西之争"为主线,围绕中国古典与现代、西方古典与现代的经典文本开展教学。中西并举,是因为中国近一百年来遭遇的主要问题就是西方文明的冲击。我们借助经典文本与古今中西的圣贤对话,寻求阐释历史与当下问题的具有个体性的创新视角。这不仅是教育理念,更是文化理念。正如甘阳教授所言,中国大学通识教育的中心任务,是要把我们的文化传统"重新作现代整理"①。

我们调研了北京大学、复旦大学文史哲三系,以及哥伦比亚大学的本科生院哥伦比亚学院2020年经典阅读类本科课程。重庆大学的中华文明经典选本与北大、复旦相同的有《诗经》《四书》《庄子》《史记》《世说新语》和鲁迅的经典作品。此外,重庆大学还开设了《春秋左氏传》《春秋公羊传》《昭明文选》等经典导读课。重庆大学的西方文明经典选本和哥伦比亚学院经典阅读核心课程"当代文明"涉及的三十多种经典②,以及《世界一流大学学生在读什么经典?——一项来自百万开放课程大纲大数据的研究》列出的22种高影响力经典相比③,相同的有:《伊利亚特》《奥德赛》《俄狄浦斯王》《理想国》《形而上学》《上帝之城》《社会契约论》《纯粹理性批判》。此外,重庆大学还开设了《神谱》《劳作与时日》《安提戈涅》、希罗多德《历史》、修昔底德《伯罗奔尼撒战争史》等经典导读课。综

---

① 甘阳:《大学人文教育的理念、目标与模式》,《北京大学教育评论》2006年第3期,第64页。
② 哥伦比亚学院核心课程"当代文明"创建于1919年,其课程大纲不断修订,与时俱进。目前该课程一年两个学期,本文依据的是2020年该课程官方网站所列秋季学期、春季学期必读书单。
③ 孟祥保:《世界一流大学学生在读什么经典?——一项来自百万开放课程大纲大数据的研究》,《大学图书馆学报》2020年第1期,第68—74页。

上,重庆大学选择的是符合主流价值理念、注重勾勒历史线索、批判性强、经世致用的经典文本。

二、强调体认经典的"浸润式"教学法

经典阅读课教学中最常见的问题就是从文本到文本,无法回应学生的现实关切。我们的对策是引导学生以身心体验为基础进行经典阐释,在整合、会通的基础上,回应现实,有所担当,追求卓越。因而我们采用的"浸润式"教学法,有两个维度:一是指沉浸在博雅学院"书院制"师生共同体共读经典的学术氛围中;二是指沉浸在"体认"经典对"我"、对国家社会的意义中,丰富个人生命体验,回馈国家社会,实现知行合一。如重庆大学《史记》课程组牵头与陕西秦始皇帝陵博物院签订协议,建立学生实习实践基地。第一课堂的理论浸润与第二课堂的情境浸润有机结合,拓展学习时间与空间。

要实现经典阅读的"浸润式"教学,需要学院整体装修陈设等物质环境凸显浸润理念,师生共同体理想信念的引领、和谐的人际关系等精神环境拓展浸润空间,更重要的是"浸润式"教学的课堂应用,多维度形成合力。从教学来看,文本细读、小班讨论、多元写作能够从语言、情境、实践等方面实现深度浸润,是有效提升经典阅读课教学质量的三驾马车。

(一)"文本细读"的方法、内涵辨析及教学实践

文本细读是经典教学的基础。但什么是文本细读?如何有效开展?我们梳理了古今中西的做法,以资借鉴。

中国古人进行文本细读的主要路径有三:一是重在语辞训释的"训诂"法,二是重在体验领悟的"会意"法,三是重在审美的"评点"法。

伴随着汉朝对先秦以来学术文化的全面整理,一些作品被奉为经典。

经典需要阐释,"训诂"作为一种文本细读的功夫应运而生①。"训诂"重点在解释词义,同时涵盖了语法、修辞、结构分析、串讲文意等阅读的基本要素。部分汉代经师或比附历史政治事件来分析文本,或对文本进行繁复的考据,以致"一经说至百余万言"②。这种文本细读甚至成为古人在"述而不作"的背景下,生产知识与思想的一种方式。典型代表如汉代毛亨、毛苌为《诗经》所作的注解《毛诗故训传》。

随着汉朝分崩离析,依托大一统精神气象而存在的崇尚铺张繁复的读经风气没落。魏晋人读书风气受玄学思潮影响变为"得意忘言",即超越语词直达内在意涵,亦即陶渊明所谓"好读书,不求甚解,每有会意,便欣然忘食"③。这种读法强调读者的主观体验与领悟,常用描述性而非分析性的语言来表达对文本的整体"会意"④,代表如陶渊明"泛览周王传,流观山海图"⑤。

明清盛行的"评点派",重视审美,注重分析艺术风格。既要玩味字词内外的意蕴风致,又要剖析写作技法,代表如金圣叹评《水浒传》、毛宗岗评《三国演义》、脂砚斋评《红楼梦》等。

综上,"训诂"可谓中国古代影响最大的文本细读法,缺点是可能会迷失在语词中,片面追求"微言大义",偏离原意;"会意"法强调心领神会,过于依赖读者主观感受,失之偏颇;"评点"派往往随文批注,缺乏系统性。

---

① 训诂学家陆宗达先生指出:"训诂学是以解释词义为基础工作的。除此之外,它还从分析句读、阐述语法这两个方面,对虚词和句子结构进行分析,实际上为后来的语法学提供了素材。在释词、释句的过程中,它承担着说明修辞手法和研究特殊的表达方式的任务,以后的修辞学即从中取材。同时,它还串讲大意和分析篇章结构,就整段或全篇文章进行分析解释,这即是所谓'章句'之学。"见陆宗达:《训诂简论》,北京出版社 1980 年版,第 15 页。

② 班固:《汉书》,中华书局 1962 年版,第 3620 页。

③ 语出陶渊明《五柳先生传》。见袁行霈:《陶渊明集笺注》,中华书局 2003 年版,第 502 页。

④ 不重语词重会意,这还算是一种文本细读法吗?古人也曾有此疑惑。据《世说新语·轻诋》篇"庾道季诋谢公"条,刘孝标注引《支遁传》,东晋名僧支遁"解释章句,或有所漏,文字之徒,多以为疑。谢安石闻而善之,曰:'此九方皋之相马也,略其玄黄,而取其隽逸。'"可见当时名士认同这种主张得其神髓,忘其形骸的读书方法。见杨勇:《世说新语校笺》,中华书局 2006 年版,第 754 页。

⑤ 语出陶渊明《读山海经》其一《孟夏草木长》。见袁行霈:《陶渊明集笺注》,中华书局 2003 年版,第 393 页。

西方学术语境下的"文本细读"是一个专业术语。20 世纪二三十年代的英美"新批评"文学思潮,主张将文本看成一个独立、自足而封闭的世界,将"文本细读"作为一种文学批评方法。"细读"实质是一种文本本体论,专注于"内部批评",以区别于 18 世纪以来的西方文学批评注重探讨文学与社会、历史、伦理道德等"外部"因素的关联以及作家与作品的关系。这种方法的弊端不言而喻,割裂了文本与作者及其时代、思想史背景的关联。90 年代,欧美的文学批评向文化研究转型,作为文学批评方法的"文本细读"式微。

时至今日,上述文本细读路径之中,重视词义的"训诂"法在我国中小学语文教学领域产生了重大影响,表现为对课本"字字落实,自圆其说"①。而"新批评"的"文本细读"法则在高等教育领域产生了更大的影响。最初是在文学研究界被用于开展专业的文艺批评;近年来走出专业藩篱,被运用于大学通识教育的经典阅读教学,颇见成效。②

重庆大学博雅学院的经典阅读课,安排在实行大类培养、未分专业的本科一二年级,有助于学生在建立起专业认知之前,以混沌的智慧与经典碰撞。我们在课堂教学中会通上述多种文本细读法,使经典在阅读中不断产生新意义。

如对《庄子·养生主》"庖丁解牛"一段的文本细读。③ 教师首先抛出核心问题:"庖丁解牛"作为一则描写杀戮的寓言,如何呈现"养生主"的主旨? 以富于张力的问题吸引学生注意力。在学生小组讨论过程中,引导学生回顾寓言"藉外论之"的特质,理解"解牛"的故事只是所"藉"之"外",而关键的"内"在于"养生"要义:只要做到"依乎天理""因其故然""以无厚入有间",就能在人世的种种限制和障碍之间游刃有余,完身养生。具体而言,细读描写庖丁"手之所触,肩之所倚……奏刀騞然,莫不中

---

① 王元华:《文本细读的含义与方法》,《语文建设》2018 年第 8 期,第 27 页。
② 如复旦大学陈思和教授在讲授通识课"中国现当代文学名篇十五讲"过程中,提炼出文本细读的三个前提:"要相信文本是真实的""要处理好平时学习的文艺理论和现场发挥的文本解读之间关系""不能预先设置框架"。见陈思和:《文本细读的几个前提》,《南方文坛》2016 年第 2 期,第 5—9 页。
③ 陈鼓应:《庄子今注今译》,中华书局 2009 年版,第 106—107 页。

音;合于《桑林》之舞,乃中《经首》之会"一段,宜用重审美的"评点法":先分别描写解牛的肢体动作与听觉印象,再以"《桑林》之舞"将动作与声音合二为一,展示了驾驭文字的纯熟技巧。其次,细读"道进乎技"一段,宜先用"训诂"法明确词义:如果依成玄英《庄子疏》将"进"解释为"超过",则强调"道"高出"技",割裂了"道"与"技"的内在联系;应据郭象《庄子注》将"进"解释为"进入",如此"道"就不再悬于"技"之上,而有了坚实的落脚点,意谓庖丁之"道"正是寄于他的"技"来体现。① 在此基础上,再用"会意法",领悟"以神遇而不以目视"的境界,类似《论语》所谓"从心所欲不逾矩",这并非一种绝对自由的状态,而是遵循"道"的"天理",顺势而为的状态。然后,用"新批评"的方法,探析文本的意义生成机制,复盘全文。"解牛"的整个过程可以看成是对上一段中心句"缘督以为经"的形象化阐释。而描写庖丁刀艺逐步成熟的三个阶段——从不知何处下手的"所见无非全牛",到专注于所欲下刀的关节"未尝见全牛",再到"以神遇而不以目视",就是告知我们如何逐步学会"缘督","即是凡事当处之以虚"②。最后,经典照进现实。庖丁的游刃有余告诉我们,任何一种技术的从业人员都有可能进入"道"的层面。其中的养生之理,人人皆可体会。考虑到庖丁为文惠君解牛时隆重的仪式感,观众既然是一国之君,那么用意恐怕也不局限于养生,而是阐明君主治国之道。当然,同时也启发了我们待人接物的处世之道。

由此可见,根据经典文本的具体情况来选择合适的文本细读方式,能够帮助学生真正走进经典,进而借助经典反思自身。

(二)小班讨论的五种组织模式

经典阅读小班讨论在国内一流高校的课堂实践,可追溯到 2006 年清华大学聘请甘阳教授主讲的课程"莎士比亚与政治哲学"。甘教授借助莎士比亚的历史剧探讨英国的政治传统与西方现代性的问题。每部剧本讲完后穿插一次小班讨论。具体做法是每个班不超过 25 人,每次讨论前

---

① 参见王景琳、徐匋:《庄子的世界》,中华书局 2019 年版,第 266 页。
② 参见陈引驰:《庄子讲义》,中华书局 2021 年版,第 246—250 页。

由不超过 5 位同学在内网上提交自己的发言提纲,讨论现场由这 5 位同学先发言,其余同学围绕其发言进行讨论,助教主持讨论并点评。①

重庆大学博雅学院的小班讨论课,力图根据经典自身特点进行设计,探索多样化的组织模式。由教师或助教主持讨论并适时点评,根据每一位同学的分工及表现,给出每次讨论课成绩。目前主要有以下五种模式。

1. 专题汇报与研讨式

这是传统讨论课最常见的组织模式。每班 20 人左右,分为 4—5 组,各组按甲乙丙丁排序,每组四五个人,分别担任资料员、PPT 制作人、汇报人、评议人。讨论课前 1 周,小组在教师提供的话题中任选其一,拟定具体议题后制作提纲,在教师指导下进行准备。讨论课上,首先由甲组汇报人进行立论演讲,其次由乙组评议人进行评议,再次其余同学围绕该专题汇报及评议进行讨论,最后甲组评议人总结。接下来由乙组汇报,丙组评议,依次进行。

此法适用于讨论意涵丰富的重要概念或寓言。如讨论《庄子》寓言"浑沌之死"的内涵,可以从同学们的发言中归纳总结出有限性与无限性相反相成、"自然而然"的身体意识、知识对"天真"的破坏、"虚而待物"的交友之道、反对扰民的苛政等多重寓意,深化了对庄子思想的认识。

2. 辩论式

全班分成双数小组,两两成对,每组 4 人左右,分别承担一二三四辩手的工作。讨论课前 1 周,通过抽签决定辩题正反方。讨论课现场按照辩论赛一般流程进行组织。

此法适用于讨论兼具理论价值与现实意义且存在争议的话题。例如"未来私人婚姻与家庭制是否会消亡"的问题。苏格拉底在《理想国》中提出废除私人婚姻和家庭制,认为只要小家庭存在,每个人首先考虑的一定是个人与家庭的私利。而亚里士多德《政治学》反对这个观点,认为废

---

① 参见赵晓力、吴飞:《〈莎士比亚与政治哲学〉:一次以经典细读和小班讨论为核心的通识课程试验》,《国外文学》2006 年第 4 期,第 17—37 页。

除私人家庭没有必要也不可能。孩子与父母相貌相似,纵使分离也能认亲。况且连父母都不爱的人,怎么可能爱他人? 还可以结合《孟子》"老吾老以及人之老,幼吾幼以及人之幼",《礼记·昏义》"昏礼者,将合二姓之好,上以事宗庙,而下以继后世也"等儒家传统观念以及近年来流行的"婚姻家庭消亡论"等观点,对人性及社会秩序的复杂性进行思考辩论。

3. 角色扮演与情境体验式

每组人数根据学生自选的经典场景所需演职人员人数而定,分别承担编剧、导演、演员、舞美等工作。讨论课前 1 周,小组提交拟表演的经典场景剧本初稿,教师联系博雅剧社的专业导师进行指导。需要说明的是,表演环节虽然是高潮,却不是讨论课的目的,因此在课外进行。讨论课上进行的是前期的剧本打磨及后期的剧评升华。学生在熟读经典的基础上,节选出富于戏剧张力、适合话剧演出的片段,深入领悟情节发展中人物精气神的变化,改编剧本,设计贴切的人物语言与动作。因此讨论课上,编剧与导演提交剧本、演员提交自身角色的人物分析报告,舞美提交重要场景的分析设计报告,各小组进行交叉评议,提出改进建议。鼓励学生结合当下的社会文化背景,填补经典文本留白,或续写、改写经典结局,形象化呈现关于经典的思考。

此法适用于题材具有时代感与戏剧性、人物形象鲜明的经典文本。如鲁迅名篇《药》,被学生改编为时长约 50 分钟的话剧《寻药》。在多次剧本讨论、角色分析、场景分析的基础上排练,于 2019 年 6 月 8 日在重庆大学兰园小剧场公演,好评如潮。演出后及时邀请专业导师开展剧评,主创人员深有体会,获益良多。

4. 模拟采访式

一般安排在学期末,确保同学们对于经典对话的人物性格、修辞风格较为熟悉。每组 4 人左右,分别担任资料员、采访提纲撰写人、记者、被采访人(扮演经典中的人物)。讨论课前 1 周,小组提交采访提纲初稿,教师联系新闻学院熟悉该经典且有记者经验的专业导师进行指导。讨论课上,学生模拟记者采访经典中的人物。在熟悉文本的基础上,与经典对话,发挥想象力与创造力。采访结束后,同学们围绕采访内容开展讨论。

此法适用于《理想国》《论语》《庄子》《传习录》之类含有大量对话的经典。如两个组分别采访《论语》中的孔子、颜回师徒与《庄子》中的孔子、颜回师徒,就会发现有趣的问题:《庄子》中一些重要概念,如"心斋""坐忘",均是通过虚构孔子与颜回的对谈来呈现。进而引出学术史上的重要问题:庄学与儒家颜回一派的关系。通过进一步采访与讨论,同学们达成共识:《庄子》文本创作和《论语》文本存在不可分割的联系。

5.知识总结与考题设计式

每组 4 人左右,分别担任出题人、答题人、监考员、汇报人。讨论课前 1 周,每组根据课程的核心知识体系,出一道题,并草拟答题要点和评分细则,交给教师把关。讨论课上,甲组监考员带着题目进驻其余组,旁听并记录其余组对此问题的讨论与答案,然后回到本组汇总,由汇报人在全班进行报告,涵盖题目解析、各组答案要点、答题示范。汇报结束后,同学们自由讨论。教师在点评题目的同时,有意识地巩固知识体系,复习重点、难点。

此法适用于期末最后一次讨论课。如《诗经》课,有小组出题:"《诗经·周颂·时迈》云'载戢干戈,载櫜弓矢。我求懿德,肆于时夏',《诗经·周颂·武》云'嗣武受之,胜殷遏刘',反复盛赞武王灭商,'以德服人'的政治文化。而《伯罗奔尼撒战争史》中雅典对米洛斯表达了'以力屈人'的政治文化。请分别梳理这两种文化的成因及影响,并进行评述。"体现了学生会通中西的思考。

综上,学生通过专题讨论、情境体验、教授或说服他人等方式进行学习,属于"团队学习""主动学习",能有效提升学习成效。

(三)立足经典的多元写作

在大量阅读的基础上,开展写作训练,考查学生能在何种程度上将所学运用或表达。不同于学界传统的"基础写作"以及新兴的"创意写作",我们的写作围绕经典展开。

1. 拟古仿作式

拟古仿作正如习字描红临帖,是中国古人学习写作的主要方法。经典阅读课的写作以拟古为重头戏是题中应有之义。如《史记》课拟作人物传记,学生多拟作名人传记,如《袁隆平传》。《昭明文选》课拟作诗赋,最受学生欢迎的模拟对象是《古诗十九首》《京都赋》以及"物色赋",前者常用以抒发关于生命意识的思考,后者用以歌咏故乡风物。此外,经典补写、改写、续写等紧扣文本的拟作也颇受学生欢迎。如《庄子》课,多名学生选择续写寓言。"浑沌之死"以"七日而浑沌死"为结局,由于庄子视死亡为生命大循环中的一个环节,并非终结,因此浑沌死后,故事不应戛然而止,续写有其合理性。这种续写,鼓励学生与人类历史上优秀的头脑一起思考,以创作的方式为经典文本注入时代活力,值得提倡。

2. 文献综述式

既为经典,历代相关研究汗牛充栋。课堂上启发学生发现一个重要问题之后,应指导学生对前辈学者围绕这一问题开展的研究进行综述,为学术论文写作打下坚实的文献基础。譬如《诗经》为何以《关雎》居首的问题,是《诗经》学史上的关键问题。撰写综述,梳理历代回答这一问题的代表性观点,并进行述评,是提升学生学术能力的有效抓手。

3. 读书报告式

首先,在文本细读的基础上,理解、概括、提炼出经典文本的意义及其生成机制。其次,在"古今之争"与"中西之争"的张力场中,让经典互相碰撞,擦出火花。结合实践体认、学术前沿发现问题,及时撰写读书笔记。最后,以问题为导向,整理笔记,形成读书报告。

学生必须仔细揣摩原作,方能使拟作神形兼备。必须会通中西,在文明史的背景与思想史的影响脉络下,审视经典,方能提炼出有价值的问题,完成文献综述与读书报告。写作过程中及提交之后,教师选择有代表性的写作大纲及最终作品,让学生在讨论课上进行专题汇报,开展讨论。由此,写作与文本细读、小班讨论形成合力,提升经典阅读教学质量。

三、过程性评价与终结性评价相结合的评价方式

过程性评价,指在教学过程中实施的,覆盖部分教学内容的评价,旨在诊断、分析、反馈、改进教师的教与学生的学。注重教学过程及态度。经典阅读课的过程性评价指标设定有:第一,大班授课的课堂表现。抽查考勤,学生诵读、串讲经典,考查理解与传承经典能力。第二,讨论课表现。考查学生创新能力、批判性思维能力、沟通能力、合作能力、口头表达能力。第三,写作。考查学生课外自行发现问题、解决问题的自学能力及书面表达能力。第四,期中考试。以试卷的形式检测前半学期的学习成果,在试题的题型、题量、难易程度、考试时长等方面等同于期末考试,以便发现教学中存在的问题并及时改进。

终结性评价,指在教学活动结束后,为判断教学效果而进行的评价。注重学生的学习能力与结果。我们采用期末闭卷笔试的方式,主要考查基础知识、基本能力与方法。

经典阅读课采取过程性评价与终结性评价相结合的方式,二者及其内部构成的比例由教师根据经典的特性及教学的特点进行个性化设计。这种联合评价方式,既能够使课程成绩更加客观、公正、科学,又能够有效提高教学过程中的师生互动频次,提升学习高阶性和挑战性。

四、学习实效

落实立德树人根本任务,具体到经典阅读课的课程思政、情感态度和价值观目标上,首先是政治认同,坚定对党、对社会主义道路的理想信念。如学习《春秋公羊传》之后,2018 级学生团队以《从〈春秋〉"通三统"看中国特色社会主义道路的历史连续性》为题,参加 2021 年第十七届"挑战杯"全国大学生课外学术科技作品竞赛,荣获三等奖。其次,体现在理性精神、法治意识、文化素养、公共服务等方面。如 2016 级学生团队关注公权力与公信力的关系问题,以《关于"塔西佗陷阱"的研究——政治史学视野下的文本追溯与古今之辩》为题,参加 2019 年第十六届"挑战杯"全

国大学生课外学术科技作品竞赛,荣获一等奖。最后,《诗经》等经典是中华优秀传统文化的重要载体,结合时代需求,引导学生在经典中挖掘社会主义核心价值观的历史渊源,深入阐发,有助于坚定文化自信。

在知识与能力方面,经典阅读课着力培养学生"5C 核心能力",即 creativity、critical thinking、communication、collaboration 和 continuous learning ability。经典天然具有跨学科的特质,能够帮助学生理解不同学科之间的关联,并认识融汇发展的可能,从而激发创新思维。小班讨论有助于锻炼学生的批判性思维能力、交流与合作能力。学生常将经典阅读课的写作作业投稿参加北京大学"怀新杯"经典阅读写作大赛、北大哲学系"爱智杯"全国征文大赛、复旦大学"卿云杯"全国通识课程论文大赛等,与同辈切磋的同时收获荣誉,提升经典阅读的获得感。导师指导学生围绕"经典照进现实"来设计题目,积极参加"互联网 +"大学生创新创业大赛、国家级大学生创业训练项目、大学生科研创新训练项目等,引导学生自主学习和深度学习,培养可持续学习能力,最终促进学生个性化和多样化的发展。

五、存在的问题与对策

第一,课程思政如何"如盐入水"融入教学的问题。学校学院应进行顶层设计,通过专题教研会、集体备课、专项督导、申报课程思政专项教研项目、撰写教改论文等方式推进工作。在课程设计之初,严把经典遴选关,只有能将价值塑造、知识传授和能力培养融为一体的经典才能进课堂。集体备课时,围绕政治认同、家国情怀、文化素养、法治意识、道德修养等重点优化课程思政内容。增加课程的知识性、人文性,提升引领性、时代性和开放性。

第二,小班讨论师资匮乏的问题。目前讨论课一般由主讲教师主持,导致学生很难讲出与老师不同的观点。也有教师聘用研究生担任助教,由助教主持讨论,但助教水平有限,对经典的熟悉程度和点评的深度难以保证。针对这一问题,博雅学院打破学科壁垒,尝试以经典为单位组建课程组,形成教学团队。如《诗经》团队由来自文学、哲学、历史学专业的,长期在各自领域研究《诗经》的教师组成,课程组教师均可担任小班讨论主持人。这既解决了讨论课师资不足的问题,又尝试以经典为单位组成教学、科研二合一的基层教学团队,促进学科融合。

第三,拟古仿作缺乏时效性的问题。拟作是经典导读课的特色写作项目,设计的初衷是鼓励学生在经典与现实之间搭建桥梁。但在实际操作中,学生拟作往往顾此失彼,缺乏现实关怀。这是关系到中华优秀传统文化如何在新时代焕发生机活力的问题,课程组应充分予以重视,重视搜集此类作品中的代表作,引入课堂分析。如在2019年第八批在韩志愿军烈士遗骸回国安葬仪式上,退役军人事务部部长宣读《志愿军烈士安葬祭文》。这是一篇标准祭文,与《昭明文选》收录的祭义进行对读,可以说明中华优秀传统文化之生机永畅的同时,亦可以进行爱国主义教育。

第四,如何对经典阅读课实施科学的教学评价的问题。不同于理工类课程,甚至不同于一般意义上的"概论式"文科课程,经典阅读类课程自有其特点。如何在尊重这种特点的基础上实施科学的教学评价,促进教学反思,提升教学质量,是一道难题。这涉及教学、研究、行政三类性质迥异但相辅相成的活动①,对评价框架、质量维度观测点设计、政策及行政与管理架构、评价人员的综合素质等都提出了较大的挑战。重庆大学经典阅读课程组下一阶段将着重调研北京大学、复旦大学和哥伦比亚大学等中西方高校经典阅读课的教学评价方式,尝试在全球视野下,构建符合新时代、新文科要求的,契合经典自身特点的,有中国特色和风格的经典阅读教学评价体系。

总之,中西文明经典导读类课程的教学探索,回应了新文科建设需求,着眼于价值引领、促进学科交叉融合,有助于培养德智体美劳全面发展的社会主义建设者和接班人。

---

① 参见梁美仪:《通识教育课程素质保证与评鉴——香港中文大学的经验》,《通识教育评论(2015年创刊号)》,复旦大学出版社2015年版,第1期,第57—69页。

Text Close Reading, Small Class Discussion and Multiple Writing: Exploration and Practice of Classic Reading Course in Chongqing University

Yuan Min

Abstract: It's vital to adhere to the Chinese position, expand the global vision, use the Chinese discourse system to interpret foreign classics, in order to understand ancient and modern Chinese and western civilization. The Liberal Arts College of Chongqing University adheres to this concept and explores the trinity teaching mode of classic reading, which includes close reading, small class discussion and multiple writing. This course flexibly adopts such reading methods as exegesis, *hui yi* 会意 (no single English term fully catches its nuances), comment and new criticism based on the needs of classics. Small class discussion includes special report, debate, role play and situational experience, mock interview, test question design and knowledge summary, etc. Multiple writing is closely related to the classics, including ancient imitation, research review, book report and other modes.

Keywords: reading classics; close reading; small class discussion; multiple writing; teaching design

面向通识人文素养培育的
"哲学导论"课程建设与思考[①]

徐 竹[*]

摘 要:"哲学导论"是一门旨在培养通识人文素养的基础性课程,在本科阶段的教学中具有不可替代的作用。为了建设好这门课,实现哲学专业教育的积累向哲学通识教育的优势转化,华东师范大学文史哲大类平台课程"哲学导论"在三个方面上做出了探索。一是从基本的哲学问题和困惑出发,而非从知识体系的完整性出发选择教学内容;二是发挥线上线下相结合的优势,实现"讲授—实操—反馈"三元结构的教学组织形式;三是建设偏重质性评估的过程性评价体系。这些都为通识人文素养的培育提供了有益的参考。

关键词:"哲学导论";通识教育;华东师范大学

近年来,本科教育的培养质量越来越受到重视,从而也对人文素养类的通识教育课程建设提出了更高的要求。"哲学导论"就是一门旨在培养通识人文素养的基础性课程,在本科阶段的教学中具有不可替代的作用。然而,如何将现有的专业教育积累转化为通识教育的优势,实际上是许多哲学院系开设的类似课程共同面临的"痛点"。华东师范大学(以下简称"华东师大")文史哲大类平台课程"哲学导论"依托哲学系的专业师资,旨在培养学生运用哲学思维透视社会与人文议题的综合能力,在哲学通识教育的实践上做出了有益的探索。

---

① 本文系华东师范大学教学改革与研究项目"面向通识人文素养培育的《哲学导论》混合式教学模式探索"的研究成果。

* 徐竹,华东师范大学哲学系副教授。

一、从哲学专业教育到哲学通识教育

新时代哲学学科的发展使命,就是建设具有中国特色的哲学学术体系、学科体系和话语体系。这不仅需要持续深入地推进专业教学的改革,更有赖于在人文素养类的通识教育方面不断探索和创新。2016 年 5 月,习近平总书记在哲学社会科学工作座谈会上的讲话中指出,"高校哲学社会科学有重要的育人功能,要面向全体学生,帮助学生形成正确的世界观、人生观、价值观,提高道德修养和精神境界,养成科学思维习惯,促进身心和人格健康发展"。总书记提出的目标正是哲学通识教育的发展方向:不是培养从事哲学学术研究的"专才",而是要以哲学思维的训练造就有着健全的理性、社会责任感和公民意识的"通才"人格——不是使学生成为"某一类人",而是使其成为"完整的人"。这既是通识教育的内在要求,同时也是由哲学的学科性质决定的必然选择。

哲学就其源头上说就具有培养普遍健全人格的教育意蕴,通识教育的目标是其中的应有之义。苏格拉底在雅典论辩什么是"诚实""勇敢""知识"等问题,既是因为这些问题是每个理性个体必然会面临的困惑,同时,对这些困惑的普遍性解答又标志着人类个体实现心智成熟的教化成就。所以通识教育的理想可以追溯到古希腊时代的自由人教育。[①] 近代科学革命以来,学科分化日益加剧,大学教育越来越走向培养专才的专业教育模式,而这反过来也催生了现代大学通识教育的模式探索。不论是洪堡推动的德国大学教育改革,还是哈佛大学校长科南特提倡的大学通识教育改革,其根本立足点都在于以包容科学与人文的广义通识教育目标来克服高等教育中的专业主义、职业主义的倾向,培养学生具备"有效思考的能力,交流思想的能力,做出恰当判断的能力,辨别价值的能力"。[②] 与此相适应,哲学教育当然也应该在其中发挥不可或缺的作用。

---

① 哈佛委员会:《哈佛通识教育红皮书》,李曼丽译,北京大学出版社 2010 年版,第 40 页。

② 张亮、孙乐强:《哲学通识教育的理念、历史与实践研究》,南京大学出版社 2016 年版,第 17—18 页。

与各门自然科学类似,在进入现代知识的分科体系之后,哲学也要发展专业教育来培养专门从事哲学学科教学科研的人才。德国古典哲学就体现了这样的尝试。康德的批判哲学理念意味着,哲学有着区别于具体科学的更专门的运思任务:批判地考察科学何以可能的条件,也就是为人类知识的可能性划定理性的界限。康德哲学的这一精神在 20 世纪的现代哲学发展中得到了充分的继承。一方面,由胡塞尔开启并经由海德格尔、梅洛-庞蒂等人发展,形塑了欧洲大陆哲学底色的现象学传统。另一方面,以弗雷格、罗素和维特根斯坦为早期奠基人的分析哲学则成为英语世界的哲学专业教育的主流模式。今天任何一个学习现代欧陆哲学或英美哲学专业的学生,必须首先熟读本专业的基本经典文献,接受较为完整的学术学科训练,然后才能面向现实世界的哲学问题提出自己的思考。

所以,今天的哲学在现代知识的分科体系中也是一门"专业",哲学专业的学生在整个高等教育阶段的主要精力是要学习如何以合乎规范的、合乎专业共同体要求的方式进行思考。这对于提升哲学学科的学术品质是非常必要的一环。然而,向专业教育发展的趋势也带来了很多新的问题。如前所述,哲学从源头上就具备通识教育的内在目标,而如果大学的哲学教育仅仅着眼于培养从事学科教学与科研工作的专门人才,那么也就相当于是放弃了满足通识教育目标的任务。同时,专业教育培养的人才又仅仅关注学科共同体内的成果评价,对整个社会提出的哲学思维需求也无从回应,因而实际上脱离了社会对哲学人才培养的期待。这是造成目前的哲学专业培养现状不尽如人意的重要原因。[1]

因此,从专业教育向通识教育的转变,也是哲学学科自身发展的必然选择。然而,转变并不容易。哲学专业教育上的既有优势未必意味着在哲学通识教育上也能棋高一着,因为适用于专业教育的很多做法并不见得适用于通识教育。当然,由于哲学本身就自带通识性的内涵,所以哲学学科的专业教育与通识教育又并非截然两分,而是也有可以相互借鉴的意义。这样,哲学的专业教育与通识教育之间就可谓是"界限与贯通并存"这样的复杂联系。我们从以下四个方面来阐释其中的"界限"与"贯

---

[1] 江怡:《哲学通识教育的现状、挑战和出路》,《中国高校社会科学》2017 年第 1 期,第 24 页。

通"之处。

首先,在教育理念上,要从培养哲学学科的专业人才向培养具有"世界眼光、中国灵魂的现代公民"①转变。这当然是专业教育与通识教育的必要界限。建设新时代中国特色的哲学通识教育,就是要引导学生既能从全球化的角度看待世界与世界中的中国,又能够正确认识中国的文化传统,并在此基础上确立自我的身份认同,以及对社会主义核心价值观的自觉认同。② 从这个意义上说,两者又在根本上是贯通的。只有在哲学通识教育打好的地基之上筑牢专业能力,哲学专业教育才能发挥它的最大效能,即它要培养的是同样要具备"世界眼光、中国灵魂"的哲学工作者。

其次,在教学目标上要开展富有成效的讲理、沟通和理解的活动,是通识人文素养的内在要求。不论是哲学专业教育还是哲学通识教育,这一目标是一致的。就某一哲学议题展开讲理性质的对话,是苏格拉底"辩证法"的精髓,也是通识人文教育的落脚点。现代知识的分科体系的确立对人文学科的挑战最大,因为人文学科始终以"理解的生成"为终极追求,而只有通过跨越学科边界的整体性思考,通过异质性思想资源的对话,理解才能得以生成。专业教育的课堂要训练学生具备讨论哲学议题的专业素养,要求熟悉某一具体的研究路径,掌握相关的前沿文献,进而在理解前人思想的前提下做出自己的讲理活动,以论文、报告的形式体现。而在哲学通识教育中,我们更关心的是如何培养学生具备跨学科的"讲理"能力。重要的不是服膺于哲学学科的规范,而是能在整个人文学科的范围内,或更进一步,在自然科学与人文学科的对话中,明确地讲出自己观点的合理性,以理智清明的态度面对与他人的分歧。③ 观点的分歧或许不能化解,但可以理解。

再次,在教学内容上,从专业教育向通识教育的转变,要求淡化对知

---

① 张亮、孙乐强:《哲学通识教育的理念、历史与实践研究》,南京大学出版社 2016 年版,第 241 页。

② 张亮、孙乐强:《哲学通识教育的理念、历史与实践研究》,南京大学出版社 2016 年版,第 248—249 页。

③ 程广云、夏年喜:《哲学教育三论》,《教学与研究》2011 年第 10 期,第 95 页。

识点传授和知识体系完整性的考虑,强化自觉的反思性、批判性思维训练。这可以说是两种教育实践模式的根本界限之所在。从哲学专业教育的要求考虑,知识点传授和知识体系完整性的考虑是必要的。如果哲学专业的学生不能在本科阶段完整地掌握本学科的基本知识体系,那么就很难说这一专业教育实践是成功的。但从哲学通识教育的角度看,像专业教科书那样逐个讲授知识点,进而完成整个知识体系的传授,甚至可能是完全不必要的。因为,着眼于培育通识人文素养的目标,检验哲学通识教育成败的标准并非学生掌握了多少哲学家的观点,知识点的分布是否足够全面系统等,而是要看他们在接触到有限的哲学思想资源之后,能否自觉有效地运用到面向现实世界的批判性反思。"批判性思维"是独立的课程①,但也是上好哲学导论课的必由之路。学生在哲学导论的课堂上需要对固有定见保持批判性的态度,向一切理性可能性开放,并将哲学反思内化为自觉的思维习惯。

最后,在教学路径上,通识教育要求文本意识与问题意识并重,经典研读与分析论证并重,这同样也可以贯通到哲学专业教育的发展。总的说来,科学精神强调分析和论证的训练,而人文精神侧重经典思想的把握与传承。历史上杜威和赫钦斯就曾围绕两者展开争论②,而通识教育正是要做到兼收并蓄,即要训练学生主动提取经典文本中有现实和时代意义的典型观点,以合乎逻辑的方式展开理性对话。哲学通识教育需要在一定意义上回归经典文本,但这不是最终目标,而是为了经由向哲学家学习如何运思进而形成自己的立场。其实哲学专业教育也面临同样的问题与困惑。长期以来,哲学史教育在哲学专业教育中占的比重较大,一定程度上导致处于专业教育"出口"的学生文本意识远远重于问题意识,提出自己观点和分析论证的能力严重滞后,这本来也是专业教育必须解决的问题。现在借鉴通识教育的做法,"两个并重"也可以成为哲学专业教育行之有效的路径。

---

① 晋荣东:《通识课程"批判性思维"的建设与思考》,载甘阳、孙向晨主编:《通识教育评论(2019 年总第 6 期)》,复旦大学出版社 2019 年版,第 60—75 页。
② 肖朗、王学璐:《大学通识教育的科学取向与人文取向——杜威与赫钦斯之争综论》,《北京大学教育评论》2021 年第 1 期,第 44—70 页。

二、"哲学导论"课培育通识人文素养的实践探索

综上所述,从哲学专业教育到哲学通识教育的转变,需要解决几个关键环节的问题。首先是在教学内容上,淡化知识点传授和知识体系完整性的考虑,突出哲学思维的训练;其次,在教学路径上,强调文本意识与问题意识并重,经典研读与分析论证并重的模式;最后,要转变课程评价的模式,突出新时代中国特色哲学通识教育的内在要求,探索有别于培养哲学专业工作者、符合通识教育规模的评价模式。这三个方面正是建设哲学通识教育的"痛点"所在。

为了破解此类难题,华东师大的"哲学导论"课已经做出了有益的探索。这是一门面向中文、历史和哲学三个专业的本科一年级学生开设的大类平台课程。在 2020 年度校级教学改革与研究项目的支持下,我们对这门课程的教学改革做出了一些探索,对上述问题提供了来自教学实践的初步解答。

(一)教学内容的选择

哲学知识体系的完整性是专业教育必须满足的特征。这要求把包括马克思主义哲学、中国哲学和外国哲学在内的 8 个二级学科的内容都体现在培养计划之中。哲学通识教育则要求淡化这一考虑,转而从基本的哲学问题和困惑出发来选择教学内容。华东师大的"哲学导论"课采用《大问题:简明哲学导论(第十版)》①作为教材,就是基于这样的考虑。它的主要优点是按照基本的哲学问题归类而非以哲学史、哲学家为线索来讲授。这在它的章节目录中有鲜明体现:

导言 做哲学

逻辑准备

---

① 罗伯特·所罗门、凯思林·希金斯:《大问题:简明哲学导论(第十版)》,张卜天译,清华大学出版社 2018 年版。

作为"哲学导论"课的教材,《大问题》覆盖了西方哲学中几乎所有重要的话题领域,且在每一个具体领域都不是面面俱到地阐述哲学上的主要成就,而是选取其中一些比较典型的、有代表意义的、能够引发更多争论的话题着重展开。另外,它特别强调了对哲学的思维和写作方面的训练,要求学生能够具有基本的逻辑鉴别能力,能够识别哪些是有效的论证形式,哪些是论证中需要避免的非形式谬误,如稻草人谬误、滑坡论证等。这些都是这部教材比较有价值的地方。

当然,从立足本土建设哲学通识教育课程的要求看,这份译自国外的教材仍有某些不适应本土实践的地方。例如,它比较突出地考虑基督教传统引发的哲学问题,辟出专章讲授,而将所有非西方的文化传统中产生的哲学视为文化上的"他者",归为一章处理。我们在教学实践中需要做出恰当的调整。宗教当然是现代社会中重要的文化现象。哲学导论课不应该回避,却也未必需要专门讲授基督教哲学的内容。我们的处理是将哲学史上的"上帝存在论证"作为本体论内容的一部分,合并到《实在的本性》一章中讲授,而不专门讲授《上帝》的那一章。而作为新时代中国特色哲学通识教育的重要组成部分,仅仅用专章介绍"非西方哲学"特别是中国古代哲学的议题又是远远不够的。我们将相关内容融会在各个具体主题之中,形成西方哲学与非西方哲学的对话。例如,在讲授"自我"的问题时,我们就会从苏格拉底与孔子的理解对比出发;在讨论情感与理性的关系时,我们也会引入孟子"四端"的观点,使之与柏拉图、休谟的观点做比较;在讨论斯密的古典自由主义时,我们接着就介绍马克思对古典自由主义的批评,特别是他的异化劳动概念等。

就哲学通识教育而言,知识点的讲授是基础,但对哲学家思想观点的理解、记忆不是目的,更重要的是要让学生学会如何运用讲过的思想观点来分析、讨论问题。所以教学实践中还要拿出一定的时间来做讨论课和学生作业的点评课。这样,用于知识点讲授的时间就必须凝练收缩,选讲某些内容,其余内容可以要求学生自主阅读和学习。下面的表1以"自由意志"的部分为例,对比了教学改革前后知识点的选择差异:

表1 教学改革前后知识点的选择差异(以"自由意志"的部分为例)

教学改革之前	教学改革之后
自由的概念 自由与自我 决定论与非决定论 自由意志论/不相容论 后果论证 相容论/弱决定论 其他可能性原则 英国经验论的相容论 康德的自由概念 萨特的自由概念 分层相容论 Kane对相容论的批评	自由的概念 决定论与非决定论 自由意志论 相容论/弱决定论 其他可能性原则 康德的自由概念 萨特的自由概念

总的原则是,选择那些更有代表性、更能够激起学生讨论参与度的话题来讲授。我们的教学改革在这方面做了大量工作,主要目的是进一步收缩内容的覆盖面,尝试"以点带面",以便学生能够在有限的知识点上获得更为透彻的理解。

（二）教学的方法与路径

通识教育的课堂应当遵循建构主义的原则，即不是教师对学生的单方面知识灌输，而是教师有选择性地呈现教学内容，学生有选择性地吸取并运用学到的观点分析、解决问题，再由师生共同评价其中的利弊得失。因此，我们将哲学导论的课堂教学设计为"讲授—实操—反馈"的三元结构。下面我们还是以"自由意志"部分的教学设计为例，具体说明这样的三元结构如何在教学实践中落地。

知识点的讲授必须以文本为基础，这也是"两个并重"中体现文本意识、经典研读的环节。除了课堂上主讲教师的讲授以外，利用线上的教学平台提前预习课件视频，采用"线上准备＋线下讨论"的混合模式，实践证明这是个不错的解决方案。我们在第一次"自由意志"部分的授课中着重讲授了主张"自由意志与决定论不相容"的观点，以及在"非决定论"的前提下的自由意志概念。在这节课的最后，我们向学生给出了下一次将要讨论的话题：

> 亚里士多德说，如果我们的行动是由"外界逼迫"导致的，那么我们就不是自由的。在你看来，什么算是外界逼迫？逼迫也能是内部的吗？试举一些例子，解释自由是如何受到干涉的。

这个题目也是《大问题》这部教材在相应章节中给出的讨论题之一。学生在课下需要带着这个问题做一些预习准备。为此我们将课件加上旁白之后转录成视频文件，上传到华东师大的线上教学平台"大夏学堂"，要求学生自主观看和学习。课件的内容是对"相容论"和"其他可能性原则"这两个知识点的讲授和梳理。学生自主学习之后，还需要完成一个线上的小测验来检验自学效果。这个小测验由两道单选题组成，其内容也主要是与线上视频讲授的内容应用有关。例如，其中一道选择题是这样设计的：

> 小明缺乏学习的动力，妈妈要求他服用一种新药，这种药必然会增强学习的意愿，所以小明变得爱学习了。尽管"改变意愿"本身不

是自由的,但小明按照自己改变后的真实意愿爱学习,这样的行动是自由的吗? 你认为相容论与不相容论分别会怎么看?　　　　(　　)

A. 相容论会认为小明是自由的,不相容论会认为小明不是自由的。

B. 相容论和不相容论都会认为小明不是自由的。

C. 相容论会认为小明不自由,不相容论会认为小明是自由的。

D. 相容论和不相容论都会认为小明是自由的。

通过这样的具体情境代入,让学生能够在运用观点的过程中体会相容论与不相容论的自由概念区别,在课堂上对自由问题的深入讨论做准备。经过课堂上的教师讲授和课前的自主学习,当学生进入对问题的讨论环节时,他已经具备了对几种不同的自由概念的初步掌握:不相容论、洛克的相容论、康德和萨特的自由概念等。学生课堂上就如何运用这些概念来理解有关"外界逼迫"的问题展开分组讨论,主讲教师和助教参与不同的小组,听取讨论过程并给予指导。最后每组选择一名同学总结本组的讨论结论,进行汇报和分享发言。教师再就讨论结论中存在的问题或衍生出来的问题一一点评。

讨论课的实操环节实现了"两个并重"中对问题意识和分析论证的训练。在前期做了充分准备的条件下,同学们在实操环节中都能够比较自觉地运用相容论与不相容论自由概念的差异来分析"逼迫"的不同内涵,有的甚至超出了主讲教师的预想。例如,有的同学会论证说,对于某些不能心安理得的行为的惭愧感,就是一种重要的"内在逼迫",它迫使人们拒恶向善,但并不会因此使个体变得不自由,而恰恰是让人获得更高层次的自由的途径。还有的同学会利用萨特的"绝对自由"概念来化解所谓"外界逼迫"的效力,认为任何所谓"外界"的逼迫都不能真正限制个人自由,即便考虑所有限制的条件下仍然有萨特式的生存抉择的余地。尽管这些讨论可能并未得出确定无疑的结论,但是它们已经表明讨论课基本达到了预期的目标,即促使学生自觉地运用观点来分析实际问题,特别是能够和自己的生活阅历、对相关困惑的体验相结合,而不只是停留在知识性的掌握层面。

实操之后的反馈环节,主要是通过学生课后的消化、吸收以及完成作业来实现的。有些问题未能来得及在课堂讨论中展开,有的思考在主讲教师的点评后又有新的发展,这些都为课后作业的完成提供了素材。我们设计的每一次讨论课题目都可以作为课程作业的论题。教师鼓励学生在讨论课结束后继续反思和完善自己的观点,补充论证,以此来提交课程作业。作业有两种形式:一是"短文作业",就某个具体观点阐述理由和提供论证,字数在1000字左右;二是小论文,需要有比较完整的论文结构、主张并论证自己的观点,考虑可能的反驳意见并给出回应,篇幅在2500字左右。我们也结合教材中对有效论证形式和论证谬误的内容,设置了专门用于指导论文写作的课程,主要是阐明如何清楚地表达自己的观点,为自己的主张提供有效的论证。通过讨论课训练的"讲理"活动与通过课程作业训练的哲学写作是一体两面的:能够论证性地言说某个论题的同时,也要能够论证性地而非感想式地写作,亦即开展富有成效的讲理、沟通与理解的活动。

(三)教学评价体系的探索

哲学通识教育的课程宜采用偏重质性的评估,这也是培育通识性人文素养的内在要求。因为"哲学导论"的课堂所提供给学生的并不是条分缕析的知识,所以评价学生的掌握情况,也不应该侧重知识性的考察,而应该化解到课程学习全过程表现和参与度的考核中。因此,这门课的教学评价体系应该立足于过程性的评价,期末考试的成绩权重不宜太高。我们在上一轮课程教学中将课程作业、分组讨论的表现、考勤和期末考试成绩都纳入了总评成绩的计算:

总评成绩(100) = 期末考试(60) + 三次课程作业(5 + 5 + 15) + 课堂表现(10) + 考勤(5)

期末考试与其他科目一起统一安排在教学周之后的考试周举行,形式为闭卷。从命题的思路上说,我们也是侧重于考察学生运用课堂上讲授过、讨论课上实操过的理论观点来分析、论证带有哲学性质的议题。例如,在上一轮教学的期末考试中,我们就要求学生用自己的见解来评价西方哲学中有关身心问题的重要立场,以及结合哲学理论与自己的人生阅历来讨论生活的意义问题。

从两轮授课的经历来看,我们推进哲学导论课程的改革初步取得了较好的效果。这一方面在一定程度上激发了学生的学习积极性,同学们课堂发言较为踊跃,讨论课表现也很活泼。从过程性评价和总评成绩的情况看,教学效果达到甚至超过了改革的预期目标。另一方面,大部分修读"哲学导论"课的同学都能够有较为明确的获得感。从评教结果看,学生对课程的教学内容、课堂效果、评价体系的满意度高达95%以上。

三、进一步的问题与思考

面向培养通识性人文素养的目标,"哲学导论"课程的改革未有穷期。我们的教学改革工作只是朝着这一方向推动了一小步,更进一步需要考虑的问题还有很多。借此机会,我们也将几点思考提出来,以抛砖引玉,就教于方家。

第一,哲学导论课程要将价值观教育和课程思政内容融会于哲学思维能力的训练。

从前面的分析可以看到,价值观教育与课程思政属性是哲学通识教育的题中之义。但与思政类课程不同的是,"哲学导论"的课程思政属性要通过反思和批判的精神来实现。反思固有论断的前提,追问更合理的可能性,是哲学思维的典型特征。这恰恰是实现价值观教育目标的有效形式。因为,学生对东西方哲学思维的连贯性与差异性掌握得越透彻,就越能清楚地认识到确立自我认同、文化认同的必要性。这也就是我们为什么要以具有"世界眼光、中国灵魂的现代公民"作为哲学通识教育的培养目标。对中国文化传统和社会主义核心价值观的认同不能仅仅靠正面宣教,更要在有着深厚哲学积淀的讲理活动中展开反思与论证,以批判性的思维能力和成熟的理性公民视角去把握正确世界观、价值观与人生观的精髓要义。所以,新时代的哲学话语体系建设,必然要立足于对学术体系、学科体系建设的同步推进,而哲学通识教育正是体现了三大体系建设的重要纽结。

第二,深化过程性评价体系的建设是哲学导论课程改革下一步努力的方向。

教学评价体系是所有教学改革最终的落脚点。"哲学导论"课现有的评价体系改革仍只是初步的工作。按照过程性评价建设的要求,期末考试成绩占的权重最好不超过 50%。但在上一轮教学中,华东师大的"哲学导论"课总共 4 个平行班,只有 1 个班参与了教学改革项目,因此为了保证评价体系的统一公平,期末考试的权重仍超过了 50%。下一步的教学改革就需要在所有的平行班中协同进行,建立统一有效的过程性评价体系。这一方面可以进一步降低期末考试的权重,给平时的作业、课堂表现和线上小测验的质性评价留出空间;另一方面也能推动考试内容的变革,就是进一步缩减对知识点掌握水平的考察,而更多地从学生在具体情境中运用哲学观点的能力上命题,同时也降低期末考试的题量要求,更为合理地分摊学生的课业负担,把这门课程的压力和挑战性贯穿授课的整个学期。

第三,讨论课的"小班化"方向对助教队伍建设提出了更高要求。

讨论课的设计和组织是哲学通识教育的亮点。而要提高讨论课的质量,让参与讨论的学生更有获得感,"小班化"是比较切实可行的路径。上一轮教学中仍然采用分组讨论的形式,主讲教师和助教共 2 人,需要照顾到 14 个小组的讨论,实际是捉襟见肘的,对讨论的效果也有所限制。更好的设计方案应当是在进入讨论环节时能够分若干小班进行,主讲教师和助教每人只须带领 20 名左右的学生一起讨论,这样就能极大地提高讨论的质量和学生的获得感。这就需要一方面扩大助教队伍的规模,另一方面更为实质地发挥助教的作用,需要在讨论课前给助教做更多的培训,以便他们能够有效地引领学生讨论。这门本科生课程的助教从哲学专业的研究生中遴选,因此这也可以与专业研究生的培养进行通盘考虑,促使哲学通识教育与专业教育相辅相成,都获得更好的发展。

Considerations on "Introduction to Philosophy" from the Perspective of Liberal Education in Humanities

Xu Zhu

Abstract: As a critical movement in cultivating undergraduates' sense of humanities, "Introduction to Philosophy" plays an irreplaceable role in their curriculum. In order to improve the teaching of the course, and to make advantages for the aim of liberal education in virtue of the professional education of philosophy, the teaching team of "Introduction to Philosophy" in East China Normal University has explored mainly in three aspects. Firstly, it is to start from the basic problems and confusions for philosophy, rather than from the system of philosophical knowledge, in choosing the content teaching. Secondly, there are clearly advantages in combining the online and offline teaching, especially in achieving the "teaching-practice-feedback" structure in organizing activities in classroom. Finally, it is necessary to build a process evaluation system with emphasis on qualitative aspects. All these provide promising reflections for the liberal education in humanities, especially in philosophy.

Keywords: "Introduction to Philosophy"; liberal education; East China Normal University

通识新视野

以思维教育为导向

——华东师范大学通识教育课程的探索与实践

孟钟捷　周先荣　徐　幻[*]

摘　要:人之卓越源自思维的卓越,思维能力的培养正成为越来越多高校新一轮通识教育改革的关注重点。近年来,华东师范大学积极探索和推动"以思维为导向的通识教育",构建了以思维训练为特色的金字塔型通识课程体系:塔尖是凸显思维模式变革启示意义的"人类思维与学科史论"课程群,第二层是促进思维模式图谱构建的"经典阅读"课程群,第三层是进行解决实际问题思维训练的模块课程群,旨在培养学生的形象思维和逻辑思维、激发批判性思维和创造性思维,夯实学生基本的科学技术和人文艺术素养,促进学生的全面而个性发展。

关键词:通识教育;思维能力;学科交叉;综合素养

引　言

人之卓越源自思维的卓越。思维是影响人的发展高度的关键因素。在知识更新加速、科技变革加剧的今天,大学教育需要培养学生创新创造的活力、独立自主的精神、幸福感悟的能力,这些都以思维能力的培养为

[*] 孟钟捷,华东师范大学教务处处长、招生办公室主任、教授;周先荣,华东师范大学教务处副处长、教授;徐幻,华东师范大学教务处职员、助理研究员。

前提。通识教育作为以"全人"培养为主要目标的教育，发展学生的思维能力更是其应有之义。

为什么我们的学校难以培养出杰出人才？尽管中国古代对人类科技发展做出了很多重要贡献，但为什么科学和工业革命没有在近代的中国发生？"钱学森之问"和"李约瑟之问"提醒我们，在人才培养的过程中，尚缺乏批判性思维与创造性思维的培养，而这是中国教育长久以来面临的一道难题。

批判性思维与创造性思维是卓越人才的核心素养，也是推动社会前进的主要动力。[1] 前者指向于考察对象的现实情况、明辨问题[2]，帮助人们做出正确的决策并有效地行动，后者则偏重于构建新观念、创造新思想。现有研究普遍认为，批判性思维不只是一种以逻辑思维为基础的、理性的、反思性的思维策略[3]，同时也是一种人格特质，包括独立自主、充满自信、乐于思考、不迷信权威、头脑开放和尊重他人。[4] 关于创造性思维，有研究者将其定义为"大脑皮层区域不断地恢复联系和形成联系的过程，以感知、记忆、思考、联想、理解等能力为基础，以综合性、探索性和求新性为特点的心智活动"[5]，其主体与核心是逻辑思维、形象思维和直觉思维这三个要素的相互作用。[6] 此外，先天遗传因素、家庭和学校教育、社会文化及个体品质等也影响着创造性思维的形成与发展。[7]

在批判性思维和创造性思维的形成中，形象思维和逻辑思维发挥了重要作用。爱因斯坦曾说"想象力比知识更重要"[8]，形象思维在创新、设

① 多拉·豪维尔：《批判性思维和创造性思维——推动知识社会前进的主要动力》，王爽译，《全球教育展望》2001 年第 12 期，第 1—4 页。
② 何云峰、金顺亮：《论批判性思维和创造性思维及其相互关系》，《中共浙江省委党校学报》1998 年第 5 期，第 8—15 页。
③ 余党绪：《作为理智美德的批判性思维及其育人价值》，《语文学习》2018 年第 11 期，第 12—17 页。
④ 刘儒德：《论批判性思维的意义和内涵》，《高等师范教育研究》2000 年第 1 期，第 56—61 页。
⑤ 张丽华、白学军：《创造性思维研究概述》，《教育科学》2006 年第 5 期，第 86—89 页。
⑥ 何克抗：《核心素养的内涵、特征及其培育》，《中国教育科学（中英文）》2019 年第 3 期，第 114—122 页。
⑦ 张丽华、白学军：《创造性思维研究概述》，《教育科学》2006 年第 5 期，第 86—89 页。
⑧ 加里·R.卡比、杰弗里·R.古德帕斯特：《批判性思维与创造性思维》，韩广忠译，中国人民大学出版社 2016 年版，第 131 页。

计、创造、创作中发挥着主导作用,它既是直觉思维的重要方式,又是产生灵感思维的重要方式。[①] 逻辑思维是批判性思维和创造性思维的共同基础,它把科学及其发展作为反思资料,运用概念、命题、推理等思维形式去认识和把握世界的本质。[②] 长久以来,中国教育忽视形象思维的培养,在逻辑思维方面也存在着"重辩证逻辑、轻形式逻辑"的问题。[③] 因此,大学教育要发展思维能力,逻辑思维、形象思维、批判性思维、创造性思维应当是关键。

一、国内高校通识课程建设现状

国内越来越多的高校正认识到在通识教育中进行思维能力培养的重要性,其中一些已将"批判性思维""理性思维""多元思维"等纳入学校通识教育培养目标。例如:北京大学的通识教育核心课程旨在"提升学生的人生境界和思想品质,培养学生健全的人格和公民意识,使学生掌握阅读思考能力、反思创新能力和沟通表达能力,培养'懂中国、懂世界、懂自我、懂社会'的卓越人才"[④];复旦大学通识教育旨在"培养学生价值判断和道德推理的能力,理解人类文明丰富性和多样性的能力,认识现代社会基础框架的能力,体认中国文化与智慧、把握中国国情的能力,掌握科学方法论和批判性思维的能力,自我管理、教育和服务的可持续发展能力"[⑤];北京师范大学通识教育希望使学生"在离开学校后,能够从在大学学习时获得的思维方式和技能中受益,在未来面对迅速变革的时代和社会时,能够以开放的思路和多元的视角,去应对问题和挑战,探究事物的本质,积极

① 孔庆新、孔宪毅:《试论创造性思维的定义、特点、分类、规律》,《科学技术与辩证法》2008 年第 2 期,第 25—31、111—112 页。
② 张路安、马晓丽:《逻辑思维与非逻辑思维的关系研究》,《教育探索》2007 年第 9 期,第 1—2 页。
③ 钱旭红:《钱旭红第 57 次谈"改变思维":找回墨子的形式逻辑》,《文汇报》2019 年 4 月 21 日。
④ 北京大学教务部:《北京大学通识教育核心课程简介》,http://www.dean.pku.edu.cn/web/rules_info.php?from=singlemessage&id=160&ivk_sa=1024320u,2022 年 2 月 7 日。
⑤ 复旦大学教务处:《复旦大学"2+X"本科培养体系管理办法(试行)》,https://jwc.fudan.edu.cn/61/fc/c27274a352764/page.htm,2021 年 6 月 23 日。

寻找有效解决方案,创造社会价值"①;上海交通大学通识教育的目标是"把学生培养成具有健全人格、理性思维、广阔视野、远大志向和担当精神的卓越人才"②。

在具体的课程设置方面,各高校主要采取以下几种途径来强化思维能力的培养:一是设置单独的思维类课程,如澳门大学的必修课程"定量推理",岭南大学的必修课程"分析与论证"和"科学的过程";二是设置思维相关的课程模块,如东北师范大学设置了注重沟通表达和计算思维能力培养的"语言与信息素养"模块以及理性精神和批判思维培养的"数学与逻辑"模块,复旦大学在通识核心课程中设置了"哲学智慧与批判性思维"模块,南京大学设置了"价值观与思维方法"模块③,岭南大学开设了"创意与创新"主题课群;三是将思维能力训练融入具体课程,如清华大学"写作与沟通"课程定位于"逻辑性写作或说理写作,旨在提升学生的写作表达能力、提高沟通交流能力、培养逻辑思维和批判性思维的能力"④,武汉大学"自然科学经典导引"课程"通过古希腊哲学、物理世界、生命科学、科学方法论等方面的10部世界经典,帮助学生增强对自然科学起源、发展和方法的兴趣,熟知自然科学的思维方式,培养和提高理性判断及批判性思维的能力"⑤。

尽管如此,由于通识教育承载着价值观塑造、能力培养、知识传授等多重任务,思维能力的培养往往容易被弱化和忽视。"教学过程强调知识传授、轻视思维能力培养""将通识课程上成专业课的简化版,忽略了不同学科之间知识的内在联系和学生的可接受性""教学形式单一,学生形成了被动听讲、理解和接受的惯性,缺乏主动思考"等现象仍然在通识课

---

① 北京师范大学教务部:《通识教育课程介绍》,https://jwb. bnu. edu. cn/zyykc/tsjy/eac1572385244762a553d22016667c21. htm,2022年2月7日。

② 上海交通大学本科教学信息网:《上海交通大学本科通识教育核心课程管理办法》,http://www. jwc. sjtu. edu. cn/info/1265/10610. htm,2022年2月7日。

③ 南京大学本科生院:《南京大学通识课程建设要求》,https://jw. nju. edu. cn/6f/17/c25703a421655/page. htm,2022年2月7日。

④ 人民网:《清华将启动"写作与沟通"必修课2020年覆盖所有本科生》,http://edu. people. com. cn/n1/2018/0522/c367001-30004322. html,2022年6月11日。

⑤ 爱课程:《重磅新课丨武汉大学两大"经典导引"邀你思考人类终极追问》,https://www. sohu. com/a/348383244_323819,2022年2月7日。

堂中屡见不鲜。[①] 思维能力的形成受多种因素"合力"影响,思维技能的习得和思维习惯的养成需要长期反复练习,还与个人的人格特质、所处的文化环境等息息相关。因此,提升思维能力,仅依靠开设个别课程远远不够,需要对课程体系和教学环节进行整体设计。但目前在国内的通识教育领域,有关系统地开展思维能力培养的研究与实践还比较缺乏。

在此背景下,华东师范大学以"思维"为突破口,在通识课程的顶层设计方面进行了一系列改革并已取得了一定成效。

二、华东师范大学通识课程的探索与实践

面对当今人类社会所面临的新问题和新挑战,华东师范大学把"育人、文明、发展"作为新使命,重新审视人才培养的目标和定位,于 2020 年7 月发布《华东师范大学卓越育人工作总体实施方案》,提出卓越育人的工作目标,积极构建以思维导向的通识教育、前沿导向的专业教育、研究导向的教师教育和英才导向的智能教育为核心的卓越育人培养体系,促进学生的全面而个性发展。其中,将推动通识教育课程体系的再升级作为卓越育人工作的重要内容,开启了新一轮的通识教育改革。

第一,提出"以思维为导向"的通识教育理念。

为了进一步强调"思维"在通识教育中的核心地位,学校明确了以下通识教育理念:"以促进学生的全面而个性发展为目标、以思维教育为导向,注重培养形象思维和逻辑思维、激发批判性思维和创造性思维,促使学生具备基本的科学技术和人文艺术素养。"

第二,推出"金字塔型"通识课程体系。

基于以上理念,学校对通识教育课程体系进行重构,推出"少而精、博而通、超越单纯知识点传授,以思维训练为特色"的升级版课程体系,整个体系犹如金字塔(见图 1)。

---

① 刘儒德:《论批判性思维的意义和内涵》,《高等师范教育研究》2000 年第 1 期,第 56—61 页。

图 1　"金字塔型"通识课程体系

　　位于塔尖的是"人类思维与学科史论"课程群,旨在让学生跨越学科界限,引导学科交叉融合,从不同学科的历史发展中汲取"思维自由"的养分。课程以学科知识体系发展史中的重大颠覆性事件,以及具有代表性的人物等典型案例为素材,重点揭示其发展方式和思维模式的重大转折和变化,并阐明其超越原学科的普适意义;从历史演进维度向学生展示前辈学者在过往研究中将灵感转变为理论和实践,进而推动学科向前发展的过程,同时反思这些重大创造性成果所带有的时代局限性。

　　学校集合各学科的优秀师资,组建教学团队,分别在中文、历史学、哲学、数学、物理学、化学、计算机、地理、音乐、美术、设计、心理学、政治学等学科中开设了面向非专业学生的"人类思维与学科史论"课程。以"人类思维与学科史论:化学"为例,课程以化学键和分子理论为主轴,串起化学发展历程中的重大变革事件,呈现化学学科的日新月异和化学方法的多元化、综合化发展趋势。通过解析化学知识、理论体系和分析方法创建的历史背景,阐明实践探索、辩证思考、逻辑推理等认知方式对化学本征的揭示和人类思维演进的重要作用,提升化学素养和思维能力。

　　位于第二层的是"经典阅读"课程群,旨在通过与各类经典所代表的"人类伟大智慧"对话,让经典文本本身成为揭开文明进程的工具,帮助学生领会曾经改变世界的重要思想的内涵,并从中汲取养分,由此了解人类的过去,加深对今日世界的理解,促进学生科学精神、人文素养、道德修养、思辨能力、审美水平等方面的全面发展。

课程围绕经典阅读展开,所选文本是影响人类历史和思维的、曾经为理解世界做出具有重大历史意义贡献的经典著作。强调通过阅读,读懂中外先哲的思想与智慧,读懂人类社会的由来与去向。读书并无定法,但要在教学过程中真正使每个学生深度阅读,教师要注重问题的引导、组织充分的课堂讨论和深入的读书方法的指导,避免教师讲、学生听的单一教学模式。

其中,学校重点选择了四部"反映人类思想文明典型成果"的经典著作进行导读,分别是:代表人类思想经典和主流价值观经典的《共产党宣言》、代表中华民族哲学经典的《道德经》、代表人类学科模板和形式逻辑训练经典的《几何原本》,以及代表当代科学人文和人类思维经典的《量子史话》。除此之外,还开设了 50 余门阅读中外人文社科、自然科学、艺术等领域经典著作的课程。

位于第三层的是模块课程群,分为"理性、科学与发展""实践、技术与创新""思辨、推理与判断""文化、审美与诠释""价值、社会与进步""伦理、教育与沟通"六个模块,包括百余门培养素质、思维和能力,符合通识规范的课程,旨在保证所有学生均具备基本的科学技术—人文艺术素养,强调思维能力、问题意识和解决问题的能力等方面的训练。

模块课程以问题为导向,从对学习者具有休戚相关意义的问题出发,以社会发展的问题或人们生活的领域为核心,不追求知识的系统性,淡化学科观念,打破学科界限,将若干学科的知识内容围绕着中心问题进行组合,注重结合当下生活中的实际案例,从不同层次问题的逻辑展开内容,体现出综合性的取向,引导学生运用跨学科知识进行研讨和探究。

其中,"思辨、推理与判断"和"文化、审美与诠释"模块,分别侧重逻辑思维和形象思维的训练。前者主要以逻辑学为主线,使学生在掌握思维的一般规律、原理和规则的同时,具体学习命题、说明、解释以及论证等方法,让学生运用正确推理方法,对人类至关重要的问题展开有条理的讨论,帮助学生在面对各种纷繁复杂的现象时能独立思考并做出合理判断,如"批判性思维""说理的学问""论辩与说服"等课程。后者主要通过对世界各主要文明的诠释,结合不同的形式以及不同的方法,发现各种文明之间共同的价值因素和情感表达方式,激发想象力,陶冶情操,提升审美趣味与审美能力,使学生理解人类文明的丰富性和多样性,培养学生在不同视角之间转换的能力,加深对不同文明与文化的理解,如"美术与视觉审美""秦汉艺术与文明""绘本与中西图像文化"等课程。

该课程体系具有以下特色:

首先,从不同层次强化思维训练。"人类思维与学科史论"课程群,重在凸显思维模式变革的启示意义,通过案例使学生领会形象思维、逻辑思维、批判性思维和创造性思维在人类文明进程中发挥的深刻作用,感受前辈学者的批判精神和创新精神。"经典阅读"课程群,重在促进思维模式图谱的构建,通过对经典文本的深入阅读和阐释,使学生能够了解先哲的思考脉络,提高思维的系统性和深度。模块课程群,重在进行解决实际问题的思维训练,引导学生针对现实问题从不同角度进行思考。三类课程共同服务于思维训练的目标。

其次,将学科史作为思维训练的重要载体。学科史不仅对于了解这门学科本身,而且对于全面了解整个人类文明的发展具有重要意义。[①]学科发展史中蕴含着丰富的批判性和创造性思维的案例,能够给予学生启迪,同时那些伟大而充满勇气的人物,也能够成为鼓舞学生的典范和榜样,促使学生形成批判性和创造性思维的精神气质。不同于面向专业学生的学科史论类课程,"人类思维与学科史论"课程不追求学科历史的完整性和系统性,重在挖掘学科发展过程中能够促进学生思考问题,改变学生思维角度的"代表性"材料。

再次,兼顾经典性与前沿性。经典是经过时间的大浪淘沙后所留存下来的人类智慧的结晶,具有持久的文化传承价值。经典阅读课程的作用,就是传承人类文明,使学生从中获得教益。而模块课程则更多地体现前沿性和时代性,采用案例教学,探讨当代人类社会面临的问题和挑战,帮助学生了解前沿科技、现代文明。通过经典与前沿的融合,让学生感悟到自己身处人类文明的什么阶段,以及肩负什么样的使命,增强学生对时

---

① 潘丽云:《学科史视角下学科育人价值的内涵与实践》,《中小学管理》2021 年第 8 期,第 40—42 页。

代和未来的关切与思考。

最后,重视跨学科。思维的教育最好通过跨学科的方法来进行。[①]信息多样化的程度越高,往往能带来更高程度的创造性。多元化的文化学习经历能够明显改善问题解决的创造能力,以及发掘头脑中多种潜在想法之间联系的能力。[②] 模块课程群改变了以往按照"人文社科""自然科学"等学科来划分的常规方法,所设置的六个主题均为跨学科,希望为学生提供更多跨学科的知识以及运用跨学科知识来进行探究的机会。

关于如何跨学科,常见做法有三种:一是围绕同个主题,从不同学科视角进行解读,扩展学生的知识结构,如"读心的哲学"课程以人的思维形式、思维规律以及人与人之间的理解与合作为主要研究对象,融合了哲学、心理学、神经科学、脑科学、人工智能等跨学科研究成果和研究方法;二是选择交叉学科领域来设计课程,如"音乐心理学""人工智能哲学""艺术哲学与社会批判"等;三是以项目或问题为核心,设计跨学科的学习任务,引导学生通过多学科知识的融合运用去解决复杂问题。

第三,升级课程建设标准。

为确保通识教育目标落到实处,学校严格把关新开课程,从课程目标、教学方法、学习评价等方面提出了更高的建设要求。

在课程目标方面,应超越单纯知识点的传授,注重培养学生的形象思维和逻辑思维,激发学生的批判性思维和创造性思维。在逻辑思维中,关注辩证逻辑和形式逻辑的均衡培养。任课教师不仅需要制定知识、能力、素质等层面的目标,还需在教学大纲中注明本课程所着重训练的思维,并据此设计教学内容,明确每章内容与课程目标的支撑关系。这样既有助于提高教师对思维训练的重视度,学生也能够更有针对性地选修课程,补齐思维短板。

在课程内容方面,应体现文理渗透、多学科融合、跨学科交叉,以提供学生发现问题、分析问题、解决问题的多元视野和多维角度,具有前沿性、

---

① 加里·R.卡比、杰弗里·R.古德帕斯特:《批判性思维与创造性思维》,韩广忠译,中国人民大学出版社 2016 年版,第 5 页。
② 陈超美:《转折点:创造性的本质》,陈悦等译,科学出版社 2015 年版,第 25 页。

时代性,尽可能反映学科领域的新成果、新信息、新趋势。

在教学方法方面,要求改革传统"满堂灌"的教学方法,强化师生互动和生生互动,通过小班研讨、对谈、辩论、游戏、小品等多种形式,引导学生主动学习、深入思考。注重阅读、写作和口头表达能力的训练,注重思维方法、研究方法、综合能力的提升。

在学习评价方面,实施多元化的过程性评价,期末成绩占总成绩的比重一般不超过50%,过程性作业一般不少于4次。引导学生在整个学期中都要坚持努力学习,不可抱有仅仅依靠考前突击通过期末考试的心态。

第四,深化师生理念认同。

学校通过多种途径开展宣传,深化师生对于通识教育理念的认同。例如:校长钱旭红院士多次以"改变思维"为题向师生做主题演讲。在华东师范大学70周年校庆之际,学校面向全体师生和社会公众发布《通识课程纲要》,明确通识教育发展愿景,并举办"通识教育与思维训练"论坛,与国内外专家学者共同探讨实施通识教育、加强思维能力培养的有效途径。2021年,学校利用寒假组织全校范围的学习阅读和研习研讨,聚焦"李约瑟之问"和"钱学森之问",深入探讨背后深层次原因和解决方案,梳理课程体系,革新教学内容与教学手段,形成30余门通识课程大纲打样,在此基础上,所有教师撰写课程整改方案并完成课程大纲修订。举办"大夏杯"大学生课外学术科技作品竞赛"人类思维与学科史论"专项赛,引导学生发现学科伟大人物或重要理论的批判性视角,呈现其创造性成果,同时根据学科发展前沿,反思其缺陷,营造倡导批判、创新的学术氛围。

第五,建立课程评价闭环管理机制。

学习者对于教学过程的体会和反馈,是帮助教师提升教学质量的重要参考。学校在常规的学生评教之外,针对通识课程建立了"期中+期末"的学习情况反馈机制:期中开展学生学习体验调研,问卷由"总体学习感受""对任课教师和助教的意见建议"两个开放性问题组成,帮助教师及时掌握学情。期末向学生发放"通识课程评价调查问卷",全面了解课程在目标达成度、学生学习、教师教学和课程满意度等方面的学生评价情况,并为每门课程出具评估分析报告,为任课教师和教务处了解课程在全校的相对情况提供参考。期末问卷中设置有"通识课程通用目标——分析与思维能力"指标,重点评估学生在"逻辑思维能力、批判思维能力、独立思考能力、推理能力、分析问题能力、解决问题能力"方面的收获情况。

三、实施效果

截至 2022 年 6 月,学校已累计建设"人类思维与学科史论"课程 21 门、经典阅读课程 59 门、模块课程 164 门,为学生提供了较大的选修空间,平均班额在 40 人左右。

在"思维导向"理念的指导下,通识课程教师积极开展教学方法改革,小班研讨型教学、线上线下混合式教学等模式得到有效推广,过程性评价得到广泛实施。在传授知识的基础上,教师更加注重以问题为导向,引导学生进行追问、思考、反思和批判,通过设置阅读、写作、汇报、实验等任务,帮助学生在实践中打磨思维方式。例如:"人类思维与学科史论"课程群,主要采取讲授和讨论相结合的方式。教师的讲授以深入讲解案例为主,具体展示思维转型的特色、方式、成就与影响;师生讨论结合案例围绕思维问题展开,激发学生思维,鼓励不同见解的碰撞;课程考核以口头汇报和书面写作为主,鼓励学生结合自身学科,进行跨学科的思考和探究。"经典阅读"课程群,多采用"导修制"①,促进学生的深度阅读和思考。同时,学校为每门课程配备研究生助教,以协助教师开展小班讨论、批阅作业、辅导答疑、编制课程报告等,既为师生搭建了沟通桥梁,也为教改的实施提供了有力支撑。

近几个学期的通识课程评价调查问卷结果显示,学生在课后普遍投入了较多精力,平均每周课后学习花费"1—2 课时"的学生占 35%—40%,"小于 1 课时"的占 35%—40%,"2—3 课时""3—4 课时"以及"4 课时及以上"的占比合计超过 10%,仅有不到 10% 的学生表示基本不花

---

① 即学生根据思考题提前完成阅读并提交导修报告,课堂上由教师和助教组织、引导小班讨论,课后学生修改导修报告并再次提交。

时间。

全校学生对通识课程质量的满意度也进一步提升,从 2020 年的 4.787(满分 5 分)上升到 2021 年的 4.799。

其中,于 2021 年春季首次开课的"人类思维与学科史论"课程群,已累计开课 32 门次,692 人次修读。从评教数据看,学生对课程的总体评价不错、反应良好,平均评教分数 4.832,显著高于全校平均分。学生普遍给出了"能够激发思维""提高了反思和批判性思维能力""师生互动多""压力和趣味共存"的评价,同时也对课程提出一些建议,如"降低专业性""少一些理论性的讲解""增设实践环节"等。

2019 年春季首次开课的 4 门代表性经典阅读课程——《〈共产党宣言〉导读》《道德经》《几何原本》《量子史话》——已累计开课 20 门次, 994 人次修读,平均评教分数 4.733。不少学生在文字评教中表达了对课程的认可,例如,"感受到了马恩思想、人格的魅力,提高了我对未来的信心""拓展了思维,又学习了古文,破除了以前许多对《道德经》的误解""学习到《几何原本》内在蕴含的强大的逻辑链,感受到了数学的魅力""即使是非物理专业的学生,也能对量子史做到了解,对学习者的思维锻炼很好"。学生对课程的建议主要有"适当减少作业负荷""丰富授课形式""不局限于一本书,增加前沿性内容"等。

结　语

华东师范大学以"思维"为切入口,积极探索具有中国特色的通识教育新模式,从创新通识教育理念、重构通识课程体系、优化相关管理机制等方面系统推进通识教育改革。"金字塔型"的课程体系为全体本科生提供了跨学科平台,使学生能够深入了解来自不同学科和领域的知识和思维方式,弥补自身思维的缺陷和不足,促进自身逻辑思维、形象思维、批判性思维和创造性思维意愿、习惯和能力的形成。以上的一系列改革,也提高了广大师生对通识课程的重视程度,推动教师不断深化教学内容与方法改革,超越单纯知识点的传授,强化自由、全面的思维教育。

当然,由于改革时间较短,尚存在一些待解决的问题。例如,在师资配备方面,对于"人类思维与学科史论"这类希望扩大学生受益面,甚至作为全校范围内必修的课程,若要以多个平行班的形式开设,还面临较大的师资缺口;在教学条件建设方面,若要进一步提高小班化教学比例,不仅需要更多的帅资,教学设施、助教配备等都需要同步跟上;在对思维能力培养效果的评价方面,目前主要依赖学生的主观感受和自我评估,缺少有效的思维测评工具,由于思维培养是一个长期的过程,如何建立对学生的跟踪调查机制,目前还缺少较为科学的解决方案,有待未来的进一步探索。

Thinking-Oriented Education: Exploration and Practice of General Education in East China Normal University

Meng Zhongjie　Zhou Xianrong　Xu Huan

Abstract: The excellence of people originates from the excellence of thinking. The cultivation of thinking ability is becoming the focus of the new round of general education reform in more and more colleges and universities. In recent years, East China Normal University has actively explored and promoted "thinking oriented general education" and built a pyramid type general education curriculum system characterized by thinking training: the spire is "Human Thinking and the History of Academic Disciplines" course group that highlights the enlightenment of thinking mode reform, the second layer is "Classics Reading" course group that promotes the construction of thinking mode map, and the third layer is "Modular Course Group" for thinking training to solve practical problems. The curriculum system aims to cultivate students' visual thinking and logical thinking, stimulate critical thinking and creative thinking, consolidate students' basic scientific, technological, humanistic and artistic qualities, and promote students' all-round and individual development.

Keywords: general education; thinking ability; interdisciplinary; comprehensive literacy

从叙述式质化分析看通识教育
与学生反思性思维特征[①]

吴俊,高莘,李洋娴,廖梁,彭金满,王永雄,周笑晨[*]

摘要:"与人文对话"和"与自然对话"是香港中文大学面向所有本科生的两门必修通识教育基础课程,通过经典阅读的方式丰富学生的智性追求并提升他们的思维能力。为了更好地了解和评核学生的思维习惯及能力,GEFP 于 2014 年引入叙述式质化分析方法,以 WL 模型为理论基础,通过分析修读两门基础课程的学生学期论文来了解他们的思考复杂度及特征。我们发现,超过80%的学生都集中在 WL 模型中较为初级的两种思考表现模式:充满困惑的迷思者(20.8%)和结论先行的偏断者(62.5%)。在此基础上,我们还系统地分析了95位学生在期中和期末完成的两篇论文,经由统计分析提取出具有代表性的思考元素,得到学生思考习惯与模式的一个整体描述与大致画像。此外,我们还发现在一个学期的时间内,学生的思维复杂程度尽管无法实现阶段性的提升,却仍然能够在某些具体的思考元素上展现出明显进步。为了将针对思考复杂度的反思引入实际课堂教学中,我们设计并开发了网络互动小程序 MASCOT。

① 本文获得 2021—2022 年度大学通识教育联盟主办、复旦大学承办"通识教育研究论文征文活动"特等奖。本文中的 MASCOT 相关研究受到香港中学大学 TDLEG (Teaching Development and Language Enhancement Grant) 的支持。此外,感谢香港中文大学通识教育主任李行德教授,他建议并加入我们,针对认知发展进行更为深入的文献阅读,帮助我们从理论上梳理 WL 模型及其背后的理论发展脉络。还要感谢香港中文大学前通识教育主任梁美仪教授与前通识教育基础课程署理主任赵荣莉博士,她们对 NQA 项目的领导与支持奠定了本文研究的基础。

* 吴俊,香港中文大学通识教育基础课程讲师;高莘,香港中文大学通识教育基础课程讲师;李洋娴,香港中文大学生物医学学院 2018 级本科生;廖梁,香港中文大学通识教育部郑承峰通识教育研究中心副研究员;彭金满,香港中文大学通识教育基础课程高级讲师;王永雄,香港中文大学通识教育基础课程署理主任;周笑晨,香港中文大学心理学系 2018 级本科生。

通过设计情境问题,邀请学生对自身思考复杂度进行自评并提供反馈意见。我们发现,学生的自我评价明显高于老师的叙述式质化分析结果。

关键词:反思性思考;叙述式质化分析;思考复杂度及模式

一、背景介绍

自 2012 年开始,香港中文大学(以下简称"港中大")全面推行"通识教育基础课程"(General Education Foundation Programme,简称 GFEP),在原有通识课程的基础上,加入必修的核心部分,加强对学生在阅读、讨论、写作三方面的训练,以提升学生的思考能力。"通识教育基础课程"共 6 学分,包括两门课,分别为"与人文对话"(In Dialogue with Humanity)及"与自然对话"(In Dialogue with Nature)。两门均为一学期(13 周)科目,学生一般在一年级下学期和二年级上学期修读。学生需要每周阅读指定文本,并参与小组讨论。

两门课的指定文本皆节录自经典著作。这些经典著作乃是内容具有深度、有启发性、能跨越时代以至今天仍然有相当影响力的作品。通过阅读这些指定文本,学生能对人文价值及人在大自然中的地位有所反思。这些文本跨越不同的文化和领域,其中有《论语》《庄子》《心经》《古兰经》,还有柏拉图的《理想国》《会饮篇》、亚当·斯密的《国富论》、马克思的《1844 年经济学哲学手稿》、牛顿的《自然哲学的数学原理》、达尔文的《物种起源》、卡森的《寂静的春天》和庞加莱的《科学与方法》等。

评核方式有小测验、课堂参与、论文。小测验评核学生的阅读理解能力,形式主要是多项选择题和简答题。学生也需要积极参与课堂讨论,在与其他学生的互动中建构和表达对文本以及有关课题的个人观点;并且学生需要撰写最少两篇论文。在撰写过程中,学生除了要消化文本内容,理解题目背后的课题,还要懂得扣连资讯、审视观点,建立并反省个人的看法。

通识教育基础课旨在为本科生建立共同的智性及文化基础,透过阅读经典选篇,提升他们对人类处境的感触,促进师生在这些问题上的智性对话。通过小组研讨模式,着重读写,希望帮助学生建立广泛的知识基础,推动自主学习能力和技巧的培养,为大学学习做好准备。① 通识教育基础课程的目标呼应了 21 世纪高等教育对大学生核心素养的要求(张应强、张洋磊,2017),其中批判性思考(critical thinking)②能力是其基础,并已逐渐成为高等教育的共识(高瑛、许莹,2014;陈振华,2014;张应强、张洋磊,2017)。

二、文献综述与研究方法

在批判性思考的不同面向中,我们的研究聚焦在较少人关注的反思性思考(reflective thinking)这一维度上。反思性思考最早由美国著名哲学家、教育家约翰·杜威(Dewey,1933,1938)提出。他认为,只有在面对真实的、具有争议性的问题上,人们才能真正运用反思性思考。不确定性是这类问题的核心,它们既可能源于问题本身的复杂,也可能因为当前的资料不充分,因此这些问题又被称为开放性问题(open-ended problem,也称为 ill-structured problems③)(King & Kitchener,1994)。学生在通识教育基础课程中所阅读的经典正是对各种开放性问题给出不同角度的阐述,例如,何为美好人生,如何理解人与自然的关系等。具体到学生的个人发展上,如何选择未来的职业,怎样平衡大学生活的不同方面,都属于这一类开放性问题。因此,对于反思性思考的训练,不仅能提升学生的思考能力,也有助于个人长远发展。

此外,有别于单纯的技能培养与训练,教育发展心理学更加重视个体内在的认知发展规律,关心人的认知如何在外界环境的刺激下建构对自身经验的理解及其发展过程。认知发展理论(theory of cognitive development)的创始人、瑞士心理学家皮亚杰(Piaget,1960,1970,1974)认为,儿童的认知发展具有普遍性。他将从儿童到青少年时期的认知发展

---

① 参考港中大通识教育部网页 https://www.oge.cuhk.edu.hk/index.php/tc/2011-06-24-02-56-10/2011-07-06-09-36-59/2011-07-06-09-40-14 。

② 针对 critical thinking 的中文翻译,我们意识到,"批判性思考"存在歧义,有其他学者翻译为"审辨性思考"或"明辨性思考"。但因为"批判性思考"这一翻译目前依然广泛使用,所以本文仍采用此翻译。

③ ill-structured problems 指那些无法高度完整描述、无法确定解决的问题。即便有所谓解决方案存在,专家们也对于最佳方案存在争议。

分成四个阶段,每一阶段都必经前一阶段发展而来,因而阶段顺序固定,且不同阶段之间存在质变(King & Kitchener,1994)。针对大学生的认知发展,佩里(Perry,1968,1981)指出,个体对于知识本身的认知与假设会深刻影响他的智性发展,并将这一过程分为九个连续发展的"阶段"(佩里用"位置"[positions]一词表示)(King & Kitchener,1994)。80年代,费舍尔(Fischer,1980)在皮亚杰理论的基础上进一步提出动态技能理论(dynamic skill theory),认为认知并非阶梯式地在不同阶段间线性发展。在"最佳水平"(optimal level)即个体当前认知的上限与缺乏外界支持下的"功能水平"(functional level)之间,都是个体的"发展区"(developmental range),也是教育发挥作用的区间。发展区可以横跨数个认知阶段,在适当刺激和支持下可以促进个体的技能获得(skill acquisition)与认知发展(King & Kitchener,1994,2004)。

在这些研究的基础上,针对从青少年到成年的反思性思考,帕特里夏·金和凯伦·基奇纳(King & Kitchener,1994,2004)逐步发展出一套新的反思判断模型(model of reflective judgement,简称 RJM)。RJM 侧重于杜威所说的反思性思考,从知识论假定(epistemological assumption)与论证(justification)两个维度入手,提炼出七个反思判断的发展阶段。其中的第1—3阶段属于前反思性思考阶段(pre-reflective thinking),其知识论假定仍处于绝对主义阶段,在论证上诉诸个人观点或严重依赖专家意见;4—5阶段属于准反思性阶段(quasi-reflective thinking),其知识论上表现为相对主义,论证上能有效组织证据,但要么立场先行,要么摇摆不定;最后的第6—7阶段则进入真正的反思性思考阶段(reflective thinking),在知识论上能够认识到知识是建构的,因此注重建构过程中对不同方面资料的运用及评估,并且能意识到问题的长期不确定性,从而保持开放并愿意反复审视自身观点。

结合 RJM 模型与费舍尔的动态技能理论(Fischer & Bidell,1998),苏珊·沃尔科特和辛迪·L. 林奇(Wolcott & Lynch,2006)进一步简化 RJM 并运用到实际教学中,发展出 Wolcott-Lynch 模型(简称 WL 模型),并成为叙述式质化分析(a narrative qualitative analysis)的理论基础,用以评核学生的反思性思考能力(后文中统称为"思考复杂度")。本文的研究都是基于 WL 模型,因此有必要对该模型进行简单介绍。

(一) WL 模型及思考表现模式

WL 模型将思考复杂度拆分成四个连续的发展阶段,每一个发展阶段都有其对应的标志性思考技能,从低到高分别是:识别(identifying)、探索(exploring)、优先排序(prioritizing)和预见(envisioning)(Wolcott & Lynch,2006)。

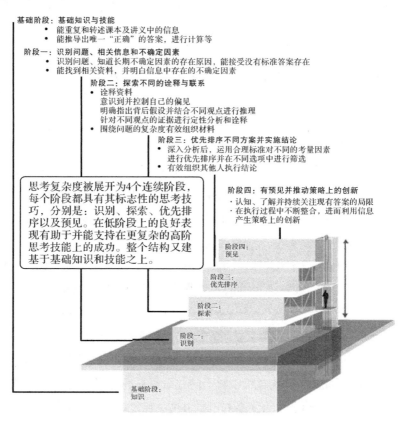

图 1　Wolcott-Lynch 模型示意图[①]

如图 1 所示,在第一阶段,"识别"指的是个体开始意识到开放式问题存在长期不确定因素,并且能接受问题没有标准答案;进入第二阶段,"探索"成为关键性思考技能,个体能够有意识地控制自己的偏见,并明确指出不同观点背后的假设,针对不同观点的证据进行定性分析与诠释,而且能有效组织各种材料;到了"优先排序"的第三阶段,个体能在深入探索的基础上,运用合理标准考量不同因素,进行优先性排序,从而在不同方案中进行筛选,并组织团队执行结论;最后的"预见"阶段,个体能够在现有方案的执行过程中不断整合,甚至产生策略上的创新,并且保持开放的态度,认知、了解并持续关注现有方案的局限。

和 RJM 一样,这些阶段是连续渐进发展的,这意味着在较低阶段思考能力上的良好表现能支持更高阶段的思考能力的实践。然而,费舍尔的动态技能理论显示,在实际情况下,思考复杂的开放式问题时会同时使用这 4 个阶段的思考技能。尽管如此,WL 模型认为,如果能在低阶段的思考能力上有更稳定和良好的表现,则更容易在高阶思维上表现出色(Wolcott & Lynch,2006)。例如,如果有学生在识别能力上展现出稳定的良好表现,那么他/她在之后的探索阶段也更容易表现得更好;反之,如果该学生的识别能力有所欠缺,那么他/她在更高阶段的思考能力上的表现一般来说也不会太好。

在 WL 模型的基础上,针对思考复杂度的不同发展阶段,苏珊·沃尔科特和辛迪·L. 林奇(2006)又总结出 5 种不同的思考表现模式(Thinking Performance Patterns),从简单到复杂分别为模式 0:充满困惑的迷思者(Confused Fact-finder);模式 1:结论先行的偏断者(Biased Jumper);模式 2:举棋不定的分析者(Perpetual Analyzer);模式 3:深思熟虑的实践者(Pragmatic Performer);模式 4:富有远见的决策者(Strategic Re-visioner)。以充满困惑的迷思者为例,迷思者在面对复杂的开放式问题时,仍然执着于追求单一的正确标准答案,因此在阶段一到四的思考能力表现上都不尽如人意。不同阶段的思考能力逐步发展,可以慢慢提升到更复杂的思考表现模式。例如,分析者已经具备良好的识别和探索的能力,能对复杂的议题进行深入分析,但筛选的能力仍未足够,因此无法在不同的选项和方案之间做出优先排序,常常显得举棋不定。表 1 总结了这 5 种不同思考表现模式的特点。

表 1　基于 WL 模型的思考表现模式

"Confused Fact-finder" 充满困惑的迷思者 表现模式 0 1—4 阶段的技能帮较弱	"Biased Jumper" 结论先行的偏断者 表现模式 1 2—4 阶段的技能较弱	"Perpetual Analyzer" 举棋不定的分析者 表现模式 2 3、4 阶段的技能较弱	"Pragmatic Performer" 深思熟虑的实践者 表现模式 3 第 4 阶段的技能较弱	"Strategic Re-Visioner" 富有远见的决策者 表现模式 4 有策略地整合 1—4 阶段的技能
整体方法：认为目标是找到单一的"正确"答案	整体方法：认为目标是堆砌证据和信息以支持结论	整体方法：认为目标是在不同角度的证据和信息的基础上建立中立、平衡的观点	整体方法：认为目标是在对不同答案客观比较的基础上建立自己扎实的观点	整体方法：认为目标是创建知识，以便将来能逐步得到更好的或更有信心的结论
常见的弱点： 0a. 不能现实地感知不确定性/疑难点 0b. 好像完全不能从讨论中意识到不同角度看问题的合理性；以为不开放讨论也有单一"答案" 0c. 坚持认为由教授、课本或者专家应该提供"标准"答案 0d. 表现出困惑或跟随失败 0e. 会忽略不合逻辑或自相矛盾的论证 0f. 不能很好地使用当前证据 0g. 不恰当地引用课文、"事实"或论据定义 0h. 基于单凭个人意见或单凭感觉就能得出结论	在表现模式 0 基础上的主要提升： 1i. 能意识到长远不确定性的存在，并意识到从多角度看问题的合理性 1ii. 可以有逻辑地使用证据来支持自己的结论 常见的弱点： 1a. 很快跳到结论 1b. 大量堆砌支持自己观点的证据，却完全忽略反面的证据 1c. 把未经证实的个人观点当有效证据使用 1d. 不能将问题细化和无法理解不同的角度 1e. 坚持认为所有的意见都是有效的，但忽略或完全不考虑和自己不同的其他观点 1f. 认为专家都有自己的偏见，试图说服别人接受自己的个人信念	在表现模式 1 基础上的主要提升： 2i. 针对问题能给出一个合乎平衡的描述，并能了解问题出现的背景 2ii. 能指出不同观点对应的问题、假设和存在的偏见 2iii. 能有意识地控制自己的偏见 2iv. 能从不同观点中选取符合逻辑且高质量的证据 常见的弱点： 2a. 无法在不同选择之间做出先排序 2b. 主观上不愿意选择某一答案并为之辩护，或者无法为答案提供充分的证据 2c. 尝试得不必要的长（对问题无法优先排序） 2d. 常常纠结于定义，以致损害课堂讨论	在表现模式 2 基础上的主要提升： 3i. 深入探讨后，有意识地对问题与资讯进行排序 3ii. 能清晰有效地支持所选择的答案，并能客观地考虑其他可能性 3iii. 在决策及执行过程中能有效吸收他人意见 常见的弱点： 3a. 结论中没有充分注意到长期的、策略性的问题 3b. 不能指出问题处理结论优先的工作	在表现模式 3 基础上的主要提升： 4i. 能有效给出优先权并在处理各种局限的过程中 4ii. 在获得更新咨询地诠释或重新诠释已有的知识主张 4iii. 展现出一种长期的、有策略性的视角 4iv. 针对问题，能同时考虑最新的可能解决方式

（© Wolcott, S. K. [January 26, 2006]. Steps for Better Thinking Performance Patterns [On-line]. 可以在下列网址下载：http://www.WolcottLynch.com。中文版本由本文作者翻译。）

(二)研究问题与方法

WL 模型为叙述式质化分析提供了理论基础并符合通识教育的目标。通识教育基础课程的教学目标并不局限于知识的获取,而更多地立足于能力的提升,包括批判性思考能力、写作及沟通表达的能力。这些能力的培养也成为现今高等教育的共识。然而,能力的发展相较于知识的获取更为缓慢,其评估也更为困难。港中大的两门通识教育基础课程都是在结果导向教学法(outcome-based approach to teaching and learning,简称 OBA)的框架下进行设计的。课程的教学效果主要通过课程教学评估(course teaching evaluation,简称 CTE)来予以评核。CTE 提供了课程效果的重要参考依据,但这种评估方式也有局限。它一方面主要依赖的是学生单方面的主观意见,另一方面将评核结果简化为几项数字,难以获得有效的反馈意见。而叙述式质化分析刚好与 CTE 主观量化的方式形成互补,通过质化分析能获得更具体直观的认识;并且可以从学生—教师的双向角度出发,更为客观地评估教学效果,进而改善课堂教学。WL 模型从发展心理学的角度提供了评估反思性思考能力的模型,结合叙述式质化分析的方法,为有效评估通识教育的教学提供了一种新的思路。在这篇文章中,我们希望呈现这一思路的整体框架,因此,本文会简单地整理过去几年运用 WL 模型进行叙述式质化分析的主要结果,针对个别具体研究的细节,将会在以后的文章中详细讨论。

港中大通识教育基础课程于 2014 到 2017 年引入并展开了第一阶段的叙述式质化分析研究,简称为 NQA 项目,文章会首先介绍这一研究阶段的主要结果。接下来,文章会讨论 NQA 项目之后的延伸性研究,大致包含两个阶段。首先是 2016—2017 学年第一学期针对 95 位学生进行的深入研究,发展出学生自评与教师测评两个研究方向。同样,我们会简单总结这两个方向的主要成果。最后,沿着学生自评的方向,我们在 2021 年设计并搭建了一个交互式自评小程序(Mobile Application for Students' Complexity of Thinking,简称 MASCOT),我们也会在文章中介绍 MASCOT 的设计与使用的初步结果。

三、研究结果

(一) NQA 项目与主要结果

叙述式质化分析是由"核心文本和课程协会"(Association for Core Texts and Courses,简称 ACTC)组织及协调各地多所大学的联合项目,旨在以叙述性,就学生的学习成果以及优化人文学科课程,开发一个定性评估的模型。港中大通识教育部为 NQA 项目组织了老师团队,并在 2014 至 2017 年期间专责进行了一系列有关研究。目标定为:1. 两门对话课程完结后,评估学生的高阶思维表现;2. 收集结果以供通识教育部检讨和改进课程,包括评估方法、教学设计,以及修订课程的目标学习成果。NQA 项目最终选定 WL 模型作为理论工具(Wolcott & Lynch,2001,2006),分析修读通识教育基础课程的学生学期论文,从而了解他们的思考复杂度及特征。

进行了几轮研究[①]之后,我们发现,学生的论文所表现出来的思考表现模式整体而言位于 WL 模型的较低阶段,超过 80% 的学生论文都集中在迷思者(20.8%)和偏断者(62.5%)这两个最为简单的表现模式上,仅有 12.5% 和 4.2% 的学生论文体现出分析者和实践者等较为复杂的表现模式(Chan, et al.,2017)。这一结果和 WL 模型针对美国大学生的分析结果及其他研究结果一致(Wolcott & Lynch,1997,2006;King & Kitchener,1994;Magolda,2004),显示在不同文化的教育体系中,大学生的认知水平是具有一定共通性的。换言之,通过 NQA 项目,我们初步确认 WL 模型对亚洲文化的大学生大体适用,并能够符合港中大通识教育基础课程的需求,用以分析学生的思考复杂度。

---

① NQA 项目的研究可以分为几个阶段,分别是尝试阶段、第一轮研究、核心小组阶段、第二轮研究,以及延伸研究。其中尝试阶段和核心小组阶段针对 WL 模型的不同评分标准进行了深入研究,选取适合的评分标准并做出调整;第一轮和第二轮运用选取的评分标准进行较大规模的分析。每一轮分析有 15—17 位老师参与,通常分成由 2 位老师组成的小组进行,小组老师分别来自"与人文对话"和"与自然对话"。每一小组的老师会共同分析数份随机抽取的学生论文,先于小组内进行讨论和沟通,之后所有老师再一起研讨。本文使用的是来自第二轮分析的最终结果。更为详细的研究过程和结果可以参考 NQA 的最终报告(Chan, et al., 2017)。

但同时,NQA 项目也反映了在通识教育基础课程上运用 WL 模型时存在的一些局限。例如,在研究初期,我们原本计划比较学生在分别修读完两门对话科目之后在认知复杂度上的变化,但结果显示学生的思考复杂度几乎维持不变。事实上,这符合 WL 与相关其他模型的研究结果,它们显示(King & Kitchener,1994;Wolcott & Lynch,2001;Magolda,2004;Wolcott & Lynch,2006)认知发展需要长时间训练,甚至需要长达 3 到 4 年的时间来发展至下一个认知阶段。因此,尽管我们知道学生的整体思考表现模式主要集中于较为低阶的迷思者与偏断者,但无法获得更为详细的思考特征来对课程进行更有针对性的调整。有鉴于此,在第二轮研究中,我们除整体思考表现模式外,还分析了评分标准内更为微观的具体思考元素(thinking components),并发现学生在不同思考元素上的表现参差,尤其在"对不确定性的阐释"和"意识到解决方案的局限性"上最弱(Chan, ct al.,2017)。这些研究发现推动了之后的进一步思考元素分析。

(二)学生自评与思考元素分析

在 NQA 研究项目结果的基础上,我们展开了进一步的研究,分别从学生和教师的角度出发,关注以下两个研究问题:

· 学生对于自身思考模式是否进行过反思,又会如何判断自身的思考能力?

· 通识教育基础课程能否帮助学生提升他们的思考复杂度,如何考察在思考能力上的教学效果?

为了回应上述两个问题,我们在 2016—2017 学年的第一个学期,对"与自然对话"的 4 个导修班(共 97 名学生)进行了研究,并结合了学生自评与老师测评两个维度。本次研究总共收到 75 份学生自评的反馈,授课教师测评了 95 位学生的思考札记和学期论文。

学生自评在第一堂课完成,在课上,老师会介绍并说明 WL 模型及相关的思考表现模式。并会进一步说明每种思考表现模式的主要特征及优缺点。每位学生参照表 1 的思考表现模式对自己进行评估,并以匿名的方式反馈给授课教师。授课教师会在学期中间收到思考札记①和期末收到学期论文②后分别进行两次测评。两次测评所使用的是和学生自评一样的表格(表 1)。对每份文章进行测评时,和学生自评一样,老师会评估该份论文所表现出来的整体的思考表现模式;除此之外,还会针对文章的表现在思考表现模式的优缺点中进行标注,指出本论文中所反映出来的学生思考能力的强项及弱点。附图 1 显示了老师测评的一个范例。

在搜集到学生自评及教师测评的数据之后,我们将二者结合进行统计分析和比较。

1. 学生自评与教师测评结果

为了提取一个快速的整体印象,表 2 列出了 NQA 项目以及本轮学生自评和两次教师测评对学生整体思考表现模式的结果。

表 2　NQA 项目、本轮学生自评以及两次教师测评的结果

	充满困惑的迷思者	结论先行的偏断者	举棋不定的分析者	深思熟虑的实践者	富有远见的决策者	总数	平均值
NQA 项目	10 (20.8%)	30 (62.5%)	6 (12.5%)	2 (4.2%)	0 (0%)	48	1.0
学生自评	5 (6.7%)	27 (36%)	27 (36)	15 (20%)	1 (1.3%)	75	1.73
期中思考札记分析	23 (24.2%)	50 (52.6%)	17 (17.9%)	5 (5.3%)	0 (0%)	95	1.04
期末学期论文分析	24 (25.3%)	51 (53.7%)	19 (20%)	1 (1.1%)	0 (0%)	95	0.97

① 所有修读"与自然对话"的学生都需要在学期中完成一篇思考札记。学生需要在理解文本的基础上,就某一开放式问题进行分析和论述,并撰写文章。

② 学生在学期结束时完成并提交学期论文。学期论文的要求和思考札记类似,但长度更长。

表2中的第二列到第六列中的数字是相应研究环节中位于该思考表现模式的学生数目(百分比)。"总数"一列是每次研究的学生数据总数。而"平均值"则是所有学生整体思维模式的统计平均。在计算平均值时,迷思者的得分是0,偏断者是1,分析者是2,实践者是3,决策者是4。平均值显示,NQA项目发现学生的平均整体思考表现模式约等于偏断者,思考札记和学期论文的教师测评结果显示也差不多,只在偏断者上下轻微浮动。此外,从学生的分布情况来看,两次教师评核与NQA项目的结果也大致相当,80%左右的学生都集中在迷思者与偏断者这两个较为简单的思考表现模式上,其中,超过50%的学生都表现出偏断者的思考表现模式。除统计分布之外,我们也跟踪了每一位学生在学期中与学期末的表现,发现74.74%的学生在前后两次的变化维持在一个WL发展阶段的范围(变化小于一个WL阶段)之内,可以视为其表现模式基本不变。这说明每个学生的思考表现在一段时间内(例如,一个学期)尽管会有动态变化,但基本模式是稳定的,支持了WL模型的合理性并与其他研究相互支持。

然而,有趣的是,回应我们关心的第一个问题,学生如何看待和判断自身的思考能力?他们的认知与老师的认知之间是否存在明显差异?表2中的学生自评结果显示,他们的自我评价明显高于老师的测评结果,整体平均位于偏断者与分析者之间,高出教师测评结果大约一个WL发展阶段。

2. 学生的思考复杂度画像

除了整体思考表现模式,我们更希望掌握学生们思考的具体特征,包括其优势与弱点;因此,在整体思考表现模式之外,我们进一步分析了每一个表现模式中的思考元素,即表1中的优点与缺点。为了之后的分析方便,我们列出并编号不同模式中的各项思考元素(包括提升项[1ii—4iv]和弱点项[0a—3b],见附表1)。汇总95位学生的分析结果,我们可以统计出学生们在文章中所呈现出来的具体思考习惯,并以字云(word cloud)的方式呈现(图2)。

图 2　学生在思考札记和学期论文中表现出来的思考元素字云图①

从上面的字云可以清楚地看到,学生们整体能够认识到开放式问题的复杂性,知道存在着看待问题的不同角度,并且能够有逻辑地运用所收集的资料,进而也可以展示出一个平衡自洽的表述,并意识到不同观点背后的假设,尝试控制自己的偏见;但是在论证方面,倾向于堆叠证据,尽管考虑到了问题的不同角度,却没有对不同角度进行充分分析,而是快速滑向结论,对问题的拆解还不够,有时会混淆个人观点与客观证据。

为了更精准地把握学生的思考特征,我们对各项思考元素进行了统计分析。基于它们在学生论文中的出现频率(定义为学生论文中表现出该思考元素的百分比),我们将所有的思考元素由高到低分为四个梯队,其中的第一梯队的提升项与弱点项的出现频率最高,分别为 52.1% 与44.6%,第二梯队的提升项与弱点项的出现频率次之,分别为 25.7% 与30% 。第三梯队与第四梯队的出现频率分别低于 10% 与 1% 。我们聚焦于一、二梯队中的思考元素,因为它们集中反映了学生思考习惯的代表性特征,从中提取出学生思考复杂度的一个大致画像,如图 3 所示。

从图 3 可见,学生的整体思考特征分布于迷思者、偏断者和分析者三类思考表现模式中,并在不同的思考元素——包括需要克服的困难和能够实现的进步——中有不同程度的表现。如前所述,根据费舍尔的动态技能理论,这幅画像可以理解为学生在思考复杂度上的发展区,是教育可以发挥作用的区间。

---

① 两张字云分别对应思考元素中的提升项(左)及弱点项(右),字体的大小反映了该思考元素的普遍性,越大越明显的字体则表示该思考元素普遍反映于学生的文章中。

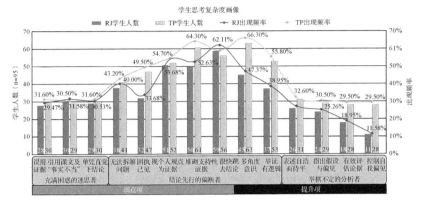

图3　学生思考复杂度画像

3. 通识教育基础课程的教学效果

通过上一节的分析和对思考元素的提取，我们在学生整体思考表现模式之外获得了一个更为具体细致的学生思考复杂度的画像。然而，我们已经知道，思考复杂度的阶段性提升需要漫长的时间，在一个学期内，无法取得实质性的进展。针对反思札记和学期论文的整体思考复杂度测评结果也支持这种说法，两次分析出来的整体思考表现模式的平均值与分布在统计上并没有明显的分别（见表2）。这进一步说明，要客观衡量课程对思考能力培养是否具有效果存在困难和挑战。为了能在一定程度上反映课程效果，我们尝试从更为微观的思考元素入手，聚焦到思考元素而非整体思考表现模式的变化上来。

为了反映学期中的变化，我们定义每个思考元素的平均值为对应的学生人数除以样本总量（n = 95），数值上等同该思考元素的出现频率。以学生最常见的弱点1a——很快跳去结论——为例，在思考札记的老师测评中，共有59个学生的文章中表现出此特征，除以学生总数95，则该思考元素的平均值为59/95＝0.62。不难理解，在此定义下的平均值与图3中的百分比相等。仍然聚焦于学生思考复杂度画像，我们可以计算每个思考元素的平均值从思考札记到学期论文的变化，如图4所示。

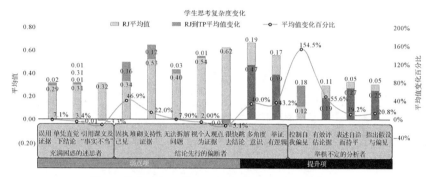

图 4　学生思考元素平均值在学期内的变化示意图

从图 4 可见,各项思考元素提升项从期中到期末都显示出增长,意味着学生的写作在这些思考元素上表现出进步。然而,除了"很快跳去结论"和"引用课文及'事实'不当"这两项弱点有轻微下调之外,绝大多数思考元素中的弱点项也出现增长,表示他们在思考札记的写作中出现的问题仍然在学期论文中延续,甚至更为明显。考虑到学期论文的难度和文章的长度都高于期中的思考札记,这一结果或许可以理解。有意思的是,如果我们仔细观察这些思考元素的平均值变化百分比(图 4 中的黑线所示),各项思考元素中的提升项升幅明显高于弱点项。平均而言,弱点项增加 0.04,增幅为 11% ;而提升项增加 0.12,增幅高达 55.6%。

基于上述分析,我们可以初步得出结论。尽管在一个学期内,我们难以看到学生思考表现模式的阶段性提升,但透过更为微观的思考元素,我们仍然可以看到课程教学对学生思考能力发展的效果。这一结论也符合费舍尔的动态技能理论。动态技能理论中位于"最佳水平"与"功能水平"之间的"发展区"可以跨越数个发展阶段(Fischer, 1980; King & Kitchener, 1994, 2004, 2015),在我们的分析中主要集中在迷思者、偏断者和分析者这三个模式中;此外,在适当的教学支援下,学生可以在发展区内实现微观层面的技能获得,逐步提升其"功能水平"的发展(Fischer, 1980; King & Kitchener, 1994, 2004, 2015)。我们的分析显示,在一个学期的时间里,学生思考复杂度的变化的确显示出通识教育基础课程能够从微观层面促进学生思考复杂度的提升。

（三）学生自评小程序 MASCOT

2016—2017 学年的研究在 WL 模型的基础上发展出学生—教师双向的思考复杂度评估机制。针对学生自评的部分，我们观察到一个有趣的现象：学生自评结果明显高于教师测评的结果，相差近一个 WL 阶段。为了确认并理解这一结果，我们沿着学生自评的方向继续拓展，设计并开发了一个交互式学生自评小程序 MASCOT。

MASCOT 的设计基于两个主要考虑：从研究的角度出发，学生自评与教师测评之间的差异值得进一步探索。2016—2017 学年采用的是一种简单直接的学生自评方式，可能存在误差。我们首先需要确认学生自评与教师测评之间的差距是客观存在的，因此需要对学生自评的过程进行优化。从教学的角度来说，我们希望思考复杂度的评估能帮助教师的课堂教学，更希望能促进学生思考能力的发展。学生思考复杂性的提升固然可以由老师启发、引导，但完成这一提升过程的归根究底是学生自己。MASCOT 可以与课堂教学相结合，在实践中推动学生对自己的思考习惯进行反思。为了回应这两方面的考虑，MASCOT 的设计主要包含了自评问卷与反馈视频两个部分。

与之前直接利用表 1 进行自评的方式不同，MASCOT 的自评问卷由 5 个情境题（scenario-based questions）构成（见附表 3 的示例）。每个情境题设置 5 个选项，分别对应 WL 思考表现模式中的一种，学生从 5 个选项中判断并选择最符合自己行为模式的一个答案。根据学生在 5 个情境下的选择，MASCOT 判断学生的思考表现模式，并提供反馈视频做进一步说明。

在学生完成自评问卷并获得自我思考表现模式的判定后，MASCOT 会导向对应模式的反馈视频。反馈视频是一个 3 分钟左右的动画，会介绍 WL 思考表现模式的整体框架，并针对该学生的具体思考表现模式的特征做出介绍，分析该模式的优缺点，并向学生建议提升至下一阶段思考表现模式的具体方向。

考虑到教学场景中的运用，在设计 MASCOT 的反馈视频时，为了增加趣味性并回避 WL 模型中抽象的、相对负面的描述,我们用烹饪来类比思考的过程:思考的素材类比做菜的食材,分析串联资料相当于处理食材的过程,立场的不同对应到对菜色的喜好,思考上的突破如同新菜色的研发。在 MASCOT 里面,WL 模型是以烹饪这个隐喻表达出来的。对应 WL 模型中的五个模式,我们在 MASCOT 中创造出五个形象,如下表所示。

表 3　MASCOT 形象与 WL 思考表现模式的对应

WL 思考表现模式	MASCOT 中的形象
充满困惑的迷思者	名厨打卡王(check-in diner)
结论先行的偏断者	偏食大胃王(picky eater)
举棋不定的分析者	营养分析师(nutrition analyst)
深思熟虑的实践者	美食工程师(master chef)
富有远见的决策者	美食艺术家(food artist)

在 2020—2021 学年的暑假以及 2021—2022 学年的第一学期,我们在通识教育基础课程中邀请学生使用 MASCOT 进行思考复杂度的自评并对结果进行了初步分析。我们一共收到 265 份学生自评的结果,其中迷思者 14(5.3%)人,偏断者 53(20%)人,分析者 43(16.2%)人,实践者 74(27.9%)人,以及决策者 81(30.6%)人。MASCOT 学生自评的平均值为 2.58,介于分析者与实践者之间,远高于之前教师测评的结果,也高出 2016—2017 学年学生自评的结果。

我们还设计了调查问卷并进行了 2 轮 6 组的焦点小组访谈(focus group interviews),进而收集学生对 MASCOT 的反馈意见,并深入了解他们进行自评的具体过程。一共有 132 位同学通过调查问卷对 MASCOT 的使用进行了反馈,结果正面。在 6 分制李特量表(Likert Scale)评估中,接近九成学生的整体评价达到 4 分及以上,更有超过六成的同学达到 5 分及以上。关于 MSACOT 的设计和相关研究细节,我们会在之后的文章中更详细地说明。

四、讨论与总结

针对思考复杂度这一批判性思考的具体维度,2014 年开始,从发展心理学的角度出发,我们利用 WL 模型,逐步发展出一套结合学生—教师双向角度的评估模型,用以评估学生的思考复杂度并考察通识教育基础课程的教学效果。这一评估模型针对的是思考能力的培养与发展。与知识获取有所不同,能力的发展周期更长,这也导致其评估更为困难。但另一方面,思考能力的提升是高等教育特别是通识教育的重要目标,如何实现有效的课程评估与反馈,是所有通识教育者面对的挑战。因此我们认为,本文提供了通识教育教学评估的一个极具潜力的新思路与新框架。

和广泛使用的课程教学评估(CTE)不同,本文的学生—教师双向评估模型,利用叙述式质化分析,提供了另一种客观定性的评价方式。CTE 是主观定量的,主要依赖学生的主观判断,并以量化方式呈现;而 WL 模型提供了定性认识学生思考能力的理论基础。引入基于 WL 模型的教师测评,我们得以用一种更为客观的角度,通过分析学生功课来提取教学成果。正如我们之前在学生自评中的发现所揭示的那样,学生的自我认知明显高于教师的判断,这也暗示了 CTE 这一评估方式的潜在局限。因此,本文的学生—教师双向评估模型可说是 CTE 的一个有益补充。再者,作为前线的通识教育者,我们认为教学评估的最终目的仍然是为了获得反馈以提升教学质量,促进学生的能力发展与成长。学生自评的环节能够与课堂教学相结合,推动学生反思并了解自我的思考表现模式与习惯,也有助于他们思考能力的进一步提升。

尽管本文的学生—教师双向评估模型提供了一种课程评估的新思路与新框架,但在研究过程中,仍然有许多挑战和问题。我们在研究中观察到的学生—教师之间存在的分歧仍需要进一步的研究。如何理解这一差异,对于教学活动而言,这意味着什么?我们希望能在后继的研究中获得更清晰的认知。在教师测评环节,为了能准确把握学生的思考特征,我们需要找到有效的思考元素进行测评,而如何寻找并筛选合适的思考元素,也值得进一步的研究。此外,我们也不能确定学生的几篇论文在多大程度上可以反映学生的思维能力。很多因素都可能会限制学生的表现。例如,假设论文题目要求学生完成一项相当于文献综述的任务,即辨识和演绎文本中的关键概念和论点。这问题本身是具有挑战性的,但学生可能没有太多空间提出批判性论点和展现更为复杂的思维能力。同时,我们也必须意识到,思考复杂度只是高阶思维能力的一个面向,还有其他很多维度没有纳入我们的考虑。要想真正理解学生的思考能力,还需要发掘其他的评估维度与方式,例如,通过深度访谈对学生的思考能力进行更深入、全面的评估。事实上,叙述式质化分析需要投入大量的时间与精力,授课教师在繁重的教学任务之余很难兼顾,要有部门的支援方能进行,甚至最好有专门的研究人员相互合作。因此,要推广似乎存在难度。尽管如此,我们仍然希望这篇文章能有益于通识教育的共同体,推动通识教育及其相关研究的发展。

参考文献

一、中文类

高瑛、许莹,2014,《西方批判性思维研究:回顾与反思》,《外语学刊》第 5
    期,第 1—6 页。

陈振华,2014,《批判性思维培养的模式之争及其启示》,《高等教育研究》
    第 9 期,第 56—63 页。

张应强、张洋磊,2017,《从科技发展新趋势看培养大学生核心素养》,《高
    等教育研究》第 12 期,第 73—80 页。

二、英文类

1. 英文专著

Dewey, John, 1933, *How We Think: A Restatement of the Relation of Reflective Thinking to the Educative Process*, Health, pp. 101-155.

Dewey, John, 1938, *Logic, The Theory of Inquiry*, Holt, Rinehart & Winston, pp. 513-535.

King, Patricia M. & Kitchener, Karen Strohm, 1994, *Developing Reflective Judgment: Understanding and Promoting Intellectual Growth and Critical Thinking in Adolescents*, Jossey-Bass Publishers, pp. 11, 21-37, 44-74, 124-147.

Perry, William G. , 1968, *Patterns of Development in Thought and Values of Students in a Liberal Arts College: A Validation of a Scheme*, Department of Health, Education, and Welfare, pp. 14-42 (Final Report, Project No. 5-0825, Contract No. SAE-8973).

2. 析出文献

Fischer, Kurt W. & Bidell, T. R. , 1998, "Dynamic development of psychological structures in action and thought", In Lerner, R. M. ed. & Damon, W. (series ed.), *Handbook of Child Psychology*, Vol. 1: *Theoretical Models of Human Development* (5th ed.), Wiley, pp. 467-561.

King, Patricia M. & Kitchener, Karen Strohm, 2015, "Cognitive Development in the Emerging Adult: The Emergence of Complex Cognitive Skills", In Arnett, Jeffery Jensen, ed. , *The Oxford Handbook of Emerging Adulthood*, Oxford University Press, Incorporated, pp. 105-125.

Perry, William G. , 1981, "Cognitive and Ethical Growth: The Making of Meaning", In Chickering, A. W. & Associates, *The Modern American College: Responding to the New Realities of Diverse Students and a Changing Society*, Jossey-Bass Publishers, pp. 78-96.

Piaget, Jean, 1960, "The General Problems of the Psychobiological Development of the Child", In Tanner, J. M. & Inhelder, B. , eds. , *Discussions on Child Development: Proceedings of the Fourth Meeting of the World Health Organization Study Group on the Psychobiological Development of the Child*, Vol. 4, Tavistock.

Piaget, Jean, 1970, "Piaget's Theory", In Mussen, P. H. , ed. , *Carmichael's Manual of Child Psychology*, Vol. 1, Wiley.

Piaget, Jean, 1974, "Stages of Intellectual Development in the Child and Adolescent", In Piaget, Jean, *The Child and Reality* (A. Rosin, trans.), Viking, pp. 49-61 (Originally published 1956).

3. 期刊文章

Fischer, Kurt. W. , 1980, "A Theory of Cognitive Development: The Control and Construction of Hierarchies of Skills", *Psychological Review*, 87(6), pp. 477-531.

King, Patricia M. & Kitchener, Karen Strohm, 2004, "Reflective Judgement: Theory and Research on the Development of Epistemic Assumptions Through Adulthood", *Educational Psychologist*, 39(1), pp. 5-18.

Magolda, Baxter, 2004, "Evolution of a Constructivist Conceptualization of Epistemological Reflection", *Educational Psychologist*, 39(1), pp. 31-42.

4. 电子文献

Chan, Hin Yan; Chiu, Julie; Gao, Xin; Lam, To Kam; Poon, Kam-moon; Wu, Jun; and Yeung, Yang, 2017, Qualitative Narrative Assessment of Two Dialogues at The Chinese University of Hong Kong, https://onedrive. live. com/? authkey = %21APo5LysSBbrC6bQ&cid = 63075B0F0814778B&id = 63075B0F0814778B%2112389&parId =63075B0F0814778B%213126&o =OneUp,pdf, Feb. 4th, 2022.

Lynch, Cindy L. & Wolcott, Susan K. , 2001, Helping Your Students Develop Critical Thinking Skills, https://ideacontent. blob. core. windows. net/content/sites/2/2020/01/IDEA_Paper_37. pdf, Feb. 5th, 2022.

Wolcott, Susan K. , 2006, College Faculty Handbook: Steps for Better Thinking: A Classroom Model for Teaching, Learning, and Assessing Higher-Order Thinking Skills, https://wolcottlynch. com/educator-resources,pdf, Feb. 4th, 2022.

附件

附图 1 提高思考能力的步骤：表现模式

表现模式 0 "Confused Fact-finder"	表现模式 1 "Biased Jumper"	表现模式 2 "Perpetual Analyzer"	表现模式 3 "Pragmatic Performer"	表现核式 4 "Strategic Re-Visioner"
整体的问题处理方法：认为目标是找到单一的"正确"答案	整体的问题处理方法：认为目标是堆砌证据和信息以支持结论	整体的问题处理方法：认为目标是在不同角度的证据间信息的基础上建立一个中立、平衡的观点	整体的问题处理方法：认为目标是任务对不同答案客观的基础上建立自己扎实的观点	整体的问题处理方法：认为目标是创建知识，以便将来能逐步得到更好的或更有信心的结论
常见的弱点： · 不能现实地感知不确定性/疑难难点 · 好像完全不明白讨论的重点，以为开放性问题也有单一"正确"答案 · 坚持认为教授、课本或者专家应该提供"标准""答案" · 表现出困惑或感到沮丧或者会使用不合逻辑或相矛盾的论证 · 不恰当地引用专家当使用证据或者支持自己的其他观点的 · 不恰当地定义"事实"或论证 · 基于未经检验感觉就得出意见或简单凭感觉就得出结论	在表现模式 0 基础上的主要提升： · 能意识到长远多角度的存在性，并意识到可以有多角度的合理性 · 可以用逻辑地使用证据来支持自己的重点 常见的弱点： · 很快跳跃到结论 · 大量堆砌证据却完全缺反面证据的使用 · 把未堆砌证实的个人观点当有效证据使用 · 不能够将问题细化和无法理解不同的角度 · 坚持认为所有的意见都是同样有效的，或者略忽视或支持不必要和自己不同的其他观点 · 认识服从于自己的偏瓦，感觉尝试服从他人接受自己的个人信念	在表现模式 1 基础上的一个自省、平衡主要提升： · 针对问题能给出一个自省、平衡描述，并能了解不同角度的背景和有效性 · 能指出不同观点对应的问题、假设和偏见 · 有意识地控制自己的偏见 · 能从不同观点中提取有效的高质量的证据 常见的弱点： · 无法长时间做出优先排序，主观上不愿意选择某一个答案并为之辩护，或者无法为答案提供充分的证据 · 尝试展示全方位的分析，以致文章写得不必要的长（对问题无法优先排序） · 常纠结到结论于定义讨论	在表现模式 2 基础上的主要提升： · 深入探讨后，有意识地对资讯进行排序对问题有效地支持所选择的答案，并能客观地思考其他的可能性 · 在决策及执行过程中能吸收他人意见 常见的弱点： · 结论的长期的、策略司长性的局限及处理"下一步"的工作 · 在决策中没有有充分注意到问题及长期的策略性的	在表现模式 3 基础上的主要提升： · 能有效给出优先权并在处理各种咨询时，随着新咨询系统地知识主体 · 展现出一种长期的、有策略性的视角 · 针对问题，能同时考虑新的可能解决方式

Student Name 学生姓名：CHUNG Pui Sze
Overall Performance Pattern 总体表现模式：Biased Jumper，较典型。

附表 1　各思考表现模式的思考元素(重要提升与主要弱点)编号及说明

重要提升			
整体思考表现模式	编码	简要描述	完整描述
结论先行的偏断者	1i	多角度意识	能意识到长远不确定性的存在,并意识到多角度看问题的合理性
	1ii	举证有逻辑	可以有逻辑地使用证据来支持自己的结论
举棋不定的分析者	2i	表述平衡自洽	针对问题能给出一个自洽、平衡的描述,并能了解问题出现的背景
	2ii	明确假设与偏见	能指出不同观点对应的问题、假设和存在的偏见
	2iii	控制偏见	有意识地控制自己的偏见
	2iv	评估证据	能从不同观点中提取符合逻辑且高质量的证据
深思熟虑的实践者	3i	调研后对资讯有意识地优先排序	深入探讨后,有意识地对问题与资讯进行排序
	3ii	说明观点并意识到其他意见	能清晰有效地支持所选择的答案,并能客观地考虑其他可能性
	3iii	有效吸收他人意见	在决策及执行过程中能有效吸收他人意见
富有远见的决策者	4i	优先排序并处理局限	能有效给出优先权并处理各种局限
	4ii	有体系并动态地诠释资讯	在获得新资讯时,能随着时间系统地诠释或重新诠释已有的知识主体
	4iii	展现长期有策略的视角	展现出一种长期的、有策略性的视角
	4iv	考虑新的角度	针对问题,能同时考虑新的可能解决方式
主要弱点			
整体思考表现模式	编码	简要描述	完整描述
充满困惑的迷思者	0a	无法感受不确定性	不能现实地感知不确定性/疑难点
	0b	追求正确答案	好像完全不明白讨论的重点;以为开放性问题也有单一"正确"答案

主要弱点			
整体思考表现模式	编码	简要描述	完整描述
充满困惑的迷思者	0c	坚持专家提供正确方案	坚持认为教授、课本,或者专家应该提供"标准"答案
	0d	困惑并挫败	表现出困惑或挫败
	0e	论证没有逻辑	会使用不合逻辑或自相矛盾的论证
	0f	误用证据	不能很好地评核或恰当使用证据
	0g	误用教材和"事实"	不恰当地引用课文、"事实"或定义
	0h	单凭直觉下结论	基于未经检验的专家意见或单凭感觉就得出结论
结论先行的偏断者	1a	跳去结论	很快跳去结论
	1b	堆砌证据	大量堆砌支持自己观点的证据却完全忽略负面的证据
	1c	视个人意见为证据	把未经证实的个人观点当作有效证据使用
	1d	无法拆解问题	不能将问题细化和无法理解不同的角度
	1e	固执己见	坚持认为所有的意见都是同样有效的,但忽略或完全不考虑和自己不同的其他观点
	1f	认为专家各有所执	认为专家都有自己的偏见,或者尝试说服别人接受自己的个人信念
举棋不定的分析者	2a	选择困难	无法在不同选择之间做出优先排序
	2b	无法优先排序	主观上不愿意选择某一个答案并为之辩护,或者无法为答案提供充分的证据
	2c	分析过于冗长周全	尝试展示全方位的分析,以致文章写得不必要的长(对问题无法优先排序)
	2d	纠结定义	常常纠结于定义,以致损害课堂讨论
深思熟虑的实践者	3a	缺乏长期策略	结论中没有充分注意到长期的、策略性的问题
	3b	忽视局限并缺乏规划	不能指出并处理结论的局限及"下一步"的工作

附表 2　MASCOT 自评问卷情景问题示例

	情境题及选项	对应 WL 思考表现模式
3	在写文章讨论开放式问题时,你会如何收集及运用资料?	
3 - A	我会先收集不同观点的资料并筛选取舍,确立自己的观点及判断标准,有主次地运用。	深思熟虑的实践者
3 - B	我会主要依赖文本、老师的讲解和课堂讨论,因其有学术上的权威性,值得信赖。	充满困惑的迷思者
3 - C	我会收集问题相关的正反意见和资料,在文章中进行分析,比较各方意见的利弊。	举棋不定的分析者
3 - D	我会先对问题确立自己的观点,再搜集相关的专家意见或证据来增加文章的说服力。	结论先行的偏断者
3 - E	不同观点都有其前提假设,在收集资料形成观点的过程中,我仍会意识到其他新的可能性。	富有远见的决策者

A Narrative Qualitative Analysis Approach to Understanding General Education and the Characteristics of Students' Reflective Thinking

Wu Jun, Gao Xin, Li Yangxian, Liao Liang,
Pang Kam Moon, Wong Wing Hung, Zhou Xiaochen

Abstract: "In Dialogue with Humanity" and "In Dialogue with Nature" are the two compulsory courses that constitute the General Education Foundation Programme (GEFP) for all undergraduates of The Chinese University of Hong Kong, with a goal to enrich students' intellectual pursuit and to enhance their thinking capabilities through reading classics. To understand and evaluate students' thinking habits and abilities, Narrative Qualitative Analysis (NQA) was introduced to GEFP in 2014. Based on the Wolcott-Lynch (WL) model, students' written assignments in the two GEFP courses were analyzed to understand their thinking complexities and characteristics. It is found that over 80% of the students are clustered within the lowest two thinking performance patterns of the WL model, namely, Confused Fact-finder (20. 8%) and Biased Jumper (62. 5%).

Based on the previous results, we further carried out a systematic study on 95 students, to analyze their two essays submitted both in the middle and at the end of the term. Through statistical analysis, the representative thinking components were extracted to reveal students' general thinking habits and to describe students' thinking patterns. Besides, it is also found that the thinking patterns of most students stay the same within one term's time without showing significant improvement. Nevertheless, improvements can still be observed by analyzing individual thinking components.

To incorporate the study results into classroom teaching, an interactive online application MASCOT has been designed and developed, with several scenario-based questions as its skeleton. Students were invited to self-evaluate their own thinking complexities using MASCOT and to give feedback. It is found that students' self-evaluation on their thinking complexities is obviously higher than teachers' assessment in NQA.

Keyword: reflective thinking; Narrative Qualitative Analysis; thinking complexity and thinking patterns

高校通识课教学效果评价研究[①]

——基于 DID 方法

谢 枫[*]

摘 要:通识课程以人为本的属性导致其教学效果在量化检验方面困难重重。本文以"大学生学习技能的培养与提升"通识课为研究对象,采用 DID 方法对该课程在提高大学生学习技能的成效方面进行严谨检验。研究表明,该课程能显著提升大学生综合学习技能和分项学习技能;教学效果的年级差异体现在时间管理和表达技能上;性别差异出现在阅读、考试和表达三方面;基本学习技能、阅读技能有显著的专业差异;DID 方法评估通识课教学效果有条件限制。

关键词:通识课;教学效果;评价;DID

引 言

通识教育因侧重人/公民属性的培养理念,已经成为现代科学技术和人类和谐发展的必要条件。在高校通识教育的构成体系中,课程始终是通识教育理念的主要载体,课程教学效果直接决定了通识教育理念的贯彻,进而影响到人才培养的质量。不同于专业课程可凭借其专业属性对教学效果进行针对性、量化的评估,通识课程以人为本的属性导致其教学效果在量化检验方面困难重重,为此,如何准确评价通识课程的教学效果不仅是高校通识教育研究的重点和难点,也是提高整个高校教育质量的关键。

---

① 本文得到 2022 年浙江省教育科学规划课题(2022SCG240)资助。本文获得 2021—2022 年度大学通识教育联盟主办、复旦大学承办"通识教育研究论文征文活动"特等奖。
* 谢枫,浙江财经大学财税学院讲师。

国内外学者高度关注高校通识教育效果评价研究,研究主要有宏观视角和微观视角。宏观视角主要基于整个通识教育的学习效果评价,微观视角则基于通识课程的教学效果评价。国外学者尤其关注后者,评价重点从教学投入到教学产出,再从教学产出逐步聚焦到教学过程,即形成性评价①。由于在实践中推广和应用,形成性评价已成为目前国外高校通识课程教学效果评价的主流思想。1985 年泰勒等提出了增值评价法②,通过对学生在课堂上学习过程、学习结果的分析,描述学生在学习上进步的"增量"来呈现教学效果的改善。增量检测包括直接测量和间接测量。相对于间接测量而言,以测验为主的直接测量能更明确地回答大学生的哪些能力得到了何种程度的发展,因此直接测量成为国外通识课程教学效果的主要评价方式,而以学生自我评估学习收获的间接测量,如问卷调查和访谈,也因学生在评估过程中的主动深度参与,而成为重要的补充评价方式。基于以上形成性评价的思想,国外学者对通识课的教学效果评价研究更多地聚焦于大学生在通识课堂上真实学习过程的记录、学习成效与教学目标间的差距以及相关反馈如何进一步指导下一步教学活动,即通过对课程教学目标的设计和细化,确定与教学目标相对应的教学效果评价方法③,并根据评价结果调整接下来的教学活动。评价方法上直接测量和间接测量兼有,具体包括问卷、测验和量表④,内容涉及分项、内容、分值、工具、题型(客观题、主观题的选择)、提高信度和效度(包括结构效度)、评分标准等。

---

① L. Allal, L. M. Lopez, "Formative Assessment of Learning: A Review of Publications", In C. S. John-Brooks, *Formative Assessment: Improving Learning in Secondary Classrooms*, OECD, 2005, pp. 241-265; Janet Looney, "Formative Assessment and Improving Learning", In Norbert M. Seel, *Encyclopedia of the Sciences of Learning*, Springer Science & Business Media, 2012, pp. 1318-1320.

② T. Taylor, "A Value-Added Student Assessment Model: Northeast Missouri State University", *Economics of Education Review*, 1985, 10(3), pp. 190-202.

③ 托马斯·A. 安吉洛,K. 帕特丽夏·克罗斯:《课堂评价技巧:大学教师手册》,唐艳芳译,浙江大学出版社 2006 年版,第 12、95 页;E. F. Barkley, C. H. Major, *Learning Assessment Techniques: A Handbook for College Faculty*, Jossey-Bass, 2016, p. 4.

④ 丹奈尔·D. 史蒂文斯,安东尼娅·J. 利维:《评价量表:快捷有效的教学评价工具(第 2 版)》,陈定刚译,华南理工大学出版社 2014 年版,第 57—73,133—145 页。

国内学者更加关注对高校通识教育整体学习效果评价的宏观研究，对通识课教学效果评价的微观研究相对较少。对通识课学习结果性评价研究较多，对形成性评价研究较少，仅有的形成性评价多聚焦在英语课堂教学上。通识教育效果的评价方式上，以直接测量为主，间接测量也开始涉及。李曼丽、张羽等选择了两所对通识教育重视程度不同、但生源相似的学校的两个大学生群体进行通识能力的增值直接测验，并针对直接测验结果，补充了参与性观察和深度访谈两种间接测量方式①。陆一对同一学校、不同年级的大学生群体进行了以间接测量为特点的通识教育效果的问卷调查②。这些通识教育效果的评价都是基于宏观视角，并没有从通识课教学效果微观视角入手，评价也多从学习结果出发，没有关注学习过程。

总体来看，国内外学者已在通识课教学效果评估应侧重学习成效的增量变化这一观点上达成共识。但研究仍存在以下不足：第一，虽然当前在学习效果测量中广泛使用统计学方法，但研究成果只能显示相关性而不能显示因果性，通识课教学效果的统计学方法相关研究不足。第二，国内学者对通识课教学效果的形成性评价和间接测量评价方式探讨得不够。基于此，本文以浙江财经大学通识课"大学生学习技能的培养与提升"为研究对象，基于间接测量评价方法，采用双重差分法(Differences-in-Differences Method，以下缩写为 DID)对该课程在提高大学生学习技能的成效方面进行严谨的科学检验。DID 既能控制样本之间不可观测的个体异质性，又能控制随时间变化的不可观测总体因素的影响，因而能得到对通识课教学效果的无偏估计。这种方法虽然也无法直接回答因果关系，但却能较为准确地识别出该通识课对学生技能水平的影响程度。本文选择 2020—2021 学年度的四个学期 108 位修读该通识课的大学生作为处理组，412 位未修读该课程的大学生作对为照组，基于处理组和对照组同学对学习技能的自我评估，对比两组同学在修读前后学习技能的综合变

---

① 李曼丽、张羽、欧阳珏：《大学生通识教育课程实施效果评价研究》，《教育发展研究》2014 年第 Z1 期，第 37—43 页。

② 陆一：《把握通识教育的真实效果："复旦大学通识教育学生调查"工具的研制与信度、效度检证》，《复旦教育论坛》2016 年第 1 期，第 23—30 页。

化和分项变化,深入评估该门课程的教学效果,并通过观察两组在通识课程开设前后关键变量的差分内差分结果的变化,参考计量模型估计系数,识别影响教学效果的关键影响因素。并为 DID 方法应用于其他通识课程教学效果和教学过程给予建议。

二、通识课教学效果评估设计思路

(一) 通识课开设背景及基本情况

为了能够客观评价通识课"大学生学习技能的培养与提升"的开设是否给大学生学习技能带来了改善,课程是否达到了良好的教学效果,需要选择恰当的方法。但在选择方法时需要了解课程基本信息、大学生学习技能内涵和学习成效影响因素等方面的内容,否则研究方法就无法准确地刻画相关变量与课程开设之间的内在逻辑关系。所以在选择研究方法之前,我们简要介绍课程以及与本文主题相关的大学生学习技能和学习收获方面的特征。

对于刚刚从高中毕业走入大学校园的学生来说,大学开放、自由的学习环境是完全不同于高中的,因此他们往往会遇到各种学习上的困惑或障碍,当学习困惑或障碍无法及时得到解决时,大学生对学习的满意度就会降低。2014 年清华大学教育研究院在全国范围内进行了"中国大学生学习与发展追踪调查"(CCSS)项目,在全国 40 所本科院校发放问卷 94395 份,回收 63454 份。调查结果显示,大学生在校期间整体的收获和成长满意度平均值为 60.02 分。[①] 刚过及格线的满意度意味着我国大学生在本科四年期间普遍遇到了较多的学习障碍和困难。事实上,不仅我国高校大学生群体普遍需要提高学习技能,国外大学生也同样需要。2016 年开课教师在美国访学期间,仔细观察并研究了美国高校在提升大学生学习技能方面的教学制度安排及活动,于 2017 年回国后在浙江财经大学开设通识课程"大学生学习技能的培养与提升"。

---

① 黄雨恒、郭菲、史静寰:《大学生满意度调查能告诉我们什么》,《北京大学教育评论》2016 年第 4 期,第 139—154,189 页。

"大学生学习技能的培养与提升"是一门立足于具体指导和帮助大学生提升自主学习能力与学习效率的课程。它通过对大学生学习中遇到的学习障碍和挫折进行具体的指导和训练,提升了大学生创新能力和自主学习能力,使之成为终身学习的受益者。教学框架主要来自美国高校使用的教材 *Learning Skills for College and Life*(David L. Watson 著),内容涉及时间管理技能、基本学习技能、阅读技能、研究技能、考试技能和表达技能六个方面。在具体的教学实施过程中,授课教师通过在线教学平台及时收集学生困惑并指导学生进行大量的课内外实践。在短期(8 周)、小班(30 人为限)师生充分互动的情况下,有针对性地、高效率地提升同学们的学习技能。经过 10 个学期的实践,本课程教学内容日渐成熟,学生对课程的认可度较高,在全校范围内积累了良好的群众基础。课程从2017 年开始面向全校学生开设,每学期开设 1—2 个班,每班不超过 30人,教学时长 8 周,通常安排在前半学期或后学期。截至目前,开课时间已有 5 年。

(二)通识课教学效果评估设计思路

一直以来,高校对课程的教学效果评估主要依据大学生对教师教学的满意度调查和各级督导组听课反馈。这两类评估方式大多以帮助学校改进教学管理工作为目的,它更关心的是学校工作的开展情况,而非大学生的学习收获和成长。如果说由教学经验丰富的教师组成的督导组可以对课程教学效果做出客观评价,那么大学生对教师教学的满意度调查则充满了主观评判。不同的人有不同的价值观,不同的大学生对不同课程的价值判断标准也是不一样的。况且大学课程的教学设计蕴涵着一些学生自身尚未感知的元素,学生在这种情况下做出的满意度评价很难说明一门课的教学效果。这样的教学效果评估结果注定有失偏颇。大学所有的教育教学工作都应指向学生的成长和发展,通识课教学效果评估也应紧紧围绕学生通过这门课程的修读所收获的成长来进行。具体到学生对课程满意度调查上,高校除了要调查学生对一门课程的教学管理满意度之外,更要调查学生通过一门课程所收获的成长和进步。学生对这类问题的判断相比于其对"教师教学质量"等问题的判断会更为准确,这种学生对自身成长和收获的判断正好可以反映出一门课的教学效果情况。"大学生学习技能的培养与提升"所使用的教材 *Learning Skills for College and Life* 提供了一份较为成熟的"your skills inventory"问卷,用于学生自我评估学习技能的情况。问卷内容涉及时间管理技能、基本学习技能、阅读技能、研究技能、考试技能和表达技能六个方面,每项技能下又细分3—7个子项目,可以全面考察学生的学习技能综合情况和分项情况。由于课程群众基础较好,修本课程的学生对问卷填写能够做到客观、真实。通过此问卷,我们可以基于学生学习技能情况的变动获取学生通过该通识课获得的成长和进步信息,进而评估该门课程的教学效果。

根据本文研究目的,要想揭示"大学生学习技能的培养与提升"通识课对大学生学习技能影响,可以采用最为简单的均值比较方法,比较课程前和课程后,选修学生学习技能的均值是否出现显著差异。如果差异显著,则可以认为本通识课的教学效果较好。但是这种均值分析方法所需要的条件极其苛刻,即要求在课程前后,其他因素保持不变,显然,这是很难做到的。大学生学习这一概念涉及的内容较广,包括学习观、学习环境感知、学习动机、学习策略、学习方式、学习满意度等领域,而本课程的教学核心,大学生学习技能,其实是这些领域内各种主客观因素、内外部环境综合作用的结果,因此,通过均值变化来识别通识课程教学效果的思路几乎是不可能实现的。即使不考虑其他因素影响,学习技能在课程前后发生的显著差异也有可能是时间因素造成的。

DID 主要应用于政策的效果评估,它的基本思想是:通过对比政策的参与者(处理组,treatment group)和非参与者(对照组,control group)在政策实施前后的变化来评估该政策的效果。如果只对同一个群体(即处理组)在政策前后进行比较,则会把政策实施期间可能存在的其他因素导致的变化当成政策的影响;如果只在政策实施后对不同群体(即处理组和对照组)进行比较,又会把不同群体在项目实施前可能存在的不可观测因素所造成的影响误当成政策实施的影响。DID 方法既能控制处理组和对照组之间不可观测但可能影响政策实施效果的因素,又能控制时间所带来的对不可观测总体因素的影响,进而做到对政策效果评估的无偏性。而且, DID 使用个体数据进行回归, 还能判断政策的影响是否具有显著统计意义。

DID 方法若应用到"大学生学习技能的培养与提升"教学效果评估上, 我们至少需要找到两类样本, 这两类样本在开课前后基本一致, 唯一的差别就是学生是否修读了该门通识课。只有做到这一点, 我们才有可能将这两类样本在课程前后所发生的差异进行对比分析。"大学生学习技能的培养与提升"的任课教师不仅承担了该通识课的教学, 也承担了专业课教学。因此, 对任课老师来说, 每个学期都有选修该通识课的学生和没选修该通识课的学生, 这便于我们在同一个时段对修该通识课的学生和未修该通识课的学生进行对比分析。

本项目选择 2020—2021 年四个学期开设的"大学生学习技能的培养与提升"课程作为评估对象, 分别在选修该通识课的学生和没选修该通识课的学生群体里同时发放问卷。这些学生群体被相应地分为处理组和对照组。问卷调查时间和调查学生数见表 1。本文第三部分的评估数据主要来自这 4 次调查。

表 1 "大学生学习技能的培养与提升"问卷调查基本信息表

	调查时间		调查人数（人）		总人数
	课程前	课程后	处理组	对照组	
第 1 次调查	2020 年 3 月 6 日	2020 年 4 月 24 日	24	136	160
第 2 次调查	2020 年 9 月 15 日	2020 年 11 月 13 日	30	139	169
第 3 次调查	2021 年 5 月 7 日	2021 年 6 月 27 日	24	54	78
第 4 次调查	2021 年 11 月 5 日	2021 年 12 月 24 日	30	83	113
总人数			108	412	520

三、基于 DID 的通识课教学效果评估

（一）评估模型设计

DID 用于课程教学评估必须满足以下基本条件，否则评估结果会出现偏差。

1. 随机分组，即样本是否接受政策影响，完全是随机的。结合本文的研究内容，学生是因选修通识课程而成为本文的处理组，还是不选修本通识课而成为对照组，必须是随机的。如果学生带着个人特征因素，比如觉得自身学习技能较差而选修这门课程，相比其他不关注学习技能因而不选这门课的学生而言，其学习技能因自身关注本来就提升得更快。此时使用 DID 方法就会高估本通识课的教学效果，进而给评估结果带来偏差。因此，从理论上来说，最理想的分组方案是学校在全校各年级、各专业的学生中随机抽取修读本通识课的学生，组成处理组，并将其他未选修的学生组建对照组。但这种完全随机分组方案在我国高校人才培养体系中是不可能实施的，因为我国高校选课制度改革的目标是充分尊重大学生个性，深入挖掘大学生学习主动性。在这一目标下，大学生可供选择的课程会日益增多，选课门槛会逐渐降低，选课自由也会越来越大，为此，对于任何一门课程来说，都不可能由学校单方面来实现完全随机分组，只可能由学生出于各种原因选修或不选修该课程，进而进入处理组或对照组。我们所能做的是让样本选择及分组尽量接近随机。"大学生学习技能的培养与提升"不属于我校核心通识课，不是必修的课程，而是全校各年级、各类专业学生可自由选择的课程。从学生选课的自由度来看，学生进入处理组具有一定的随机性。而且在我校通识课程目录里，还有一些和本课程相关的其他课程，如"沟通与写作""批判性思维""大学生学习导论""信息素养与实践""演讲与口才""高效能沟通艺术"等。在这些具有一定共性的课程群里，学生因单单选择"大学生学习技能的培养与提升"而进入处理组也具有一定的随机性。本文研究的对照组主要来自通识课授课教师同时期的专业课程学生。任课老师其专业课程的授课对象有一定的随机性，因为专业课授课对象完全由学校教务处和系主任来决定，授课

教师往往在上课时才知道专业课授课学生信息。从这个角度来看,对照组的形成也具有一定的随机性。

2. 随机事件,即实验发生时间具有随机性。结合本文研究内容,随机事件的前提就是要求课程开设具有随机性。"大学生学习技能的培养与提升"不同于其他通识课程,其教学时长为 8 周,只占据半个学期的时间,因此课程开设时间可能是在一个学期的前 8 周或后 8 周。开课时间是由任课教师和学校教务处随机决定的,从表 1 可以看出本文选择了 4 个学期的"大学生学习技能的培养与提升"课程作为评估对象,其开设时间为前两个学期的前 8 周,后两个学期的后 8 周,因此,课程开设可以认为是有一定随机性的事件。

3. 对照组不受实验变项的任何影响。"大学生学习技能的培养与提升"和专业课程是不一样的,教学目标、内容各不相同,因此专业课学生若没有选"大学生学习技能的培养与提升",可以视同对照组不受通识课程开设的影响。经调查,在 520 位参与本次调查的学生中,仅有 1 位学生在同一学期同时修读了"大学生学习技能的培养与提升"和任课教师开设的专业课。

4. 同质性,处理组与对照组样本是统计意义上的同质个体。结合本文研究,"大学生学习技能的培养与提升"处理组学生和对照组学生具有同质性。由于我校学生主要来自浙江省内,区域教育资源及水平差异带来的个体学习技能的差异较小,而且我校属于财经类院校,学生在大学期间的学习环境、方式、特征具有一定的同质性。

5. 政策实施的唯一性,即政策实施期间实验变项只出现了一次。结合本文的研究,唯一性要求课程开设期间,无论是处理组还是对照组,都没有和本通识课有关的其他项目发生,如开设高度相关的课程。结合高校课程开设的特点,中途开设新课程的可能性不大,因此唯一性是能得到保证的。而且本课程历时仅 8 周,教学时间较短,保证了教学期间政策唯一性的高概率。

综上所述,本文研究基本符合 DID 的前提假设,因此构建如下基本估计方程:

$$(1) y_{it} = \alpha + \beta L_i + \gamma T_t + \delta_{DID} L_i \times T_t + \varepsilon_{it}$$

其中,下标的 i 代表学生个体,t 代表时间;y_{it} 是本文关心的解释变量,代表个体 i 在 t 时刻的学习技能水平。根据教材 *Learning Skills for College and Life*,公式(1)中的 y_{it} 实际上包括七类学习技能水平,即综合技能水平、时间管理技能、基本学习技能、阅读技能、研究技能、考试技能和表达技能。L_i 是样本分组虚拟变量(选修该通识课的学生为处理组,赋值为 1;未选修该通识课的学生为对照组,赋值为 0)。T_t 为课程开设的虚拟变量(开课前赋值为 0,8 周课程结束后赋值为 1)。L_i 和 T_t 的系数 β 和 γ,分别是组间不可观测固定特征的差异和随时间变化的不可观测总体因素的影响;而 L_i 和 T_t 的交叉项 $L_i \times T_t$ 的系数 δ_{DID} 则是本文所关心的通识课程的教学效果。ε_{it} 是随机扰动项。

在比较该课程教学对具有不同特征(性别、年级、专业)的学生所产生的效果差异时,我们在基本估计方程中加入控制变量:

$$(2)\, y_{it} = \alpha + \beta L_i + \gamma T_t + \delta_{DID} L_i \times T_i + \tau X + \varepsilon_{it}$$

其中 X 是控制变量,主要指大学生的个人固定特征,会影响大学生的学习技能水平但和通识课开设事件无关的因素。τ 表明通识课程开设对具备该固定特征的学生和不具备该特征学生的学习技能提升差异。控制变量主要从影响大学生学习收获的个人因素和环境因素(包括家庭环境和院校环境)中选取。个人因素方面,选取性别变量;家庭环境因素方面,选取学生的家庭、社会教育背景的替代变量,即专业变量;院校环境因素方面,选取年级变量。处理组和对照组关键变量统计结果描述见表 2。

表 2 关键变量的统计结果描述

变量名称及内涵		处理组 样本量	处理组 均值 课前	课后	变化	标准差	最小值	最大值	对照组 样本量	对照组 均值 课前	课后	变化	标准差	最小值	最大值
TT	综合技能	216	71.24	78.89	7.65	12.40	0	100	824	75.76	77.24	1.48	11.96	33.33	100
TTM	时间管理技能		65.84	75.87	10.03	18.41	0	100		73.59	74.93	1.34	17.15	33.33	100
TBS	基本学习技能		71.38	79.26	7.88	14.27	0	100		76.61	78.27	1.66	13.46	33.33	100
TRS	阅读技能		69.16	76.78	7.62	15.40	0	100		73.97	76.11	2.14	16.26	33.33	100
TSS	研究技能		72.09	79.97	7.88	16.01	0	100		76.82	78.43	1.61	15.42	33.33	100
TTS	考试技能		80.14	84.38	4.24	14.71	0	100		80.62	81.15	0.53	14.26	33.33	100
TVS	表达技能		66.46	73.89	7.43	19.00	0	100		70.59	71.67	1.08	17.98	33.33	100
School	会计专业	54		0.25		0.43	0	1	187		0.23		0.42	0	1
	非会计专业	162							637						
Grade	高年级	90		0.42		0.49	0	1	508		0.62		0.49	0	1
	低年级	126							316						
Male	男	82		0.38		0.49	0	1	171		0.21		0.41	0	1
	女	134							653						

(二)通识课教学总体效果和分项效果

表3给出了"大学生学习技能的培养与提升"总体教学效果和分项教学效果的估计结果,即公式(1)中δ_{DID}的估计值。模型(1)为教学总体效果,模型(2)(3)(4)(5)(6)(7)分别为该门通识课对学生时间管理、基本学习技能、阅读技能、研究技能、考试技能和表达技能的影响。总体上看,"大学生学习技能的培养与提升"教学效果较好,不仅显著提升了大学生的综合学习技能,还显著提升了大学生各分项学习技能,尤其是时间管理技能,但对考试技能提升得较少。这一估计结果完全符合该通识课教学内容的安排。从开课前的问卷调查获知,处理组大学生的考试技能得分在所有分项学习技能中列举榜首(各分项指标详见表2),因此针对考试技能提升方面的教学内容安排得较少,而对学生学习技能得分偏低的时间管理技能和表达技能投入了较大的关注。

表 3 "大学生学习技能的培养与提升"教学总体效果估计

模型	(1) TT	(2) TTM	(3) TBS	(4) TRS	(5) TSS	(6) TTS	(7) TVS
L_i	−4.516***	−7.752***	−5.224***	−4.807***	−4.726***	−0.476	−4.128**
	(1.293)	(1.875)	(1.466)	(1.734)	(1.676)	(1.555)	(1.968)
T_t	1.485*	1.339	1.658*	2.144*	1.612	0.538	1.084
	(0.830)	(1.203)	(0.941)	(1.113)	(1.076)	(0.999)	(1.263)
$L_i * T_t$	6.158***	8.692***	6.218***	5.480**	6.261***	3.704*	6.343**
	(1.822)	(2.641)	(2.065)	(2.443)	(2.360)	(2.191)	(2.772)
_cons	75.757***	73.587***	76.608***	73.966***	76.818***	80.616***	70.587***
	(0.588)	(0.852)	(0.666)	(0.788)	(0.762)	(0.707)	(0.894)
N	1040	1040	1040	1040	1040	1040	1040

注:(1) * $p < 0.1$,** $p < 0.05$,*** $p < 0.01$;(2)括号内为标准差。

(三)通识课教学效果的年级差异

表4给出了通识课教学效果的年级差异估计结果,其中Grade系数为教学效果的年级差异估计值。Grade为年级虚拟变量,当学生参与本项目的问卷调查时所处年级为大学一年级或二年级时,赋值为0,表示低年级;当学生参与调查时所处年级为大学三年级或四年级时,赋值为1,表示高年级。从模型(1)可知,课程总体教学效果不存在显著的年级差异。同时,从模型(3)(4)(5)(6)可知,在基本学习技能、阅读技能、研究技能、考试技能方面的教学效果的年级差异也不显著。但从模型(2)和(7)可知,时间管理和表达技能方面存在显著的年级差异。也就是说,通过"大学生学习技能的培养与提升"学习,处理组的低年级学生、高年级学生在时间管理技能、表达技能提升方面显著出现了2.285分、2.691分的差异。不同于高年级学生,低年级学生刚从高中进入大学,还未完全摆脱高中的学习方式,在时间管理、积极参与课堂讨论方面经验略显不足,通识课的开设无疑能在这两个领域极大提升他们在时间管理、表达技能上的水准。

表 4 "大学生学习技能的培养与提升"教学效果的年级差异估计

模型	(1) TT	(2) TTM	(3) TBS	(4) TRS	(5) TSS	(6) TTS	(7) TVS
L_i	-4.712***	-8.197***	-5.398***	-4.865***	-4.551***	-0.763	-4.652**
	(1.301)	(1.884)	(1.475)	(1.746)	(1.687)	(1.564)	(1.976)
T_t	1.487*	1.343	1.660*	2.144*	1.610	0.541	1.089
	(0.830)	(1.201)	(0.941)	(1.114)	(1.076)	(0.998)	(1.261)
$L_i * T_t$	6.148***	8.670***	6.209***	5.477**	6.269***	3.690*	6.317**
	(1.821)	(2.636)	(2.065)	(2.444)	(2.361)	(2.189)	(2.766)
Grade	-1.003	-2.285**	-0.893	-0.298	0.893	-1.471	-2.691**
	(0.758)	(1.097)	(0.859)	(1.016)	(0.982)	(0.911)	(1.150)
_cons	76.374***	74.994***	77.157***	74.150***	76.268***	81.522***	72.243***
	(0.750)	(1.086)	(0.850)	(1.007)	(0.972)	(0.902)	(1.139)
N	1040	1040	1040	1040	1040	1040	1040

注：(1) $^{*}p < 0.1$，$^{**}p < 0.05$，$^{***}p < 0.01$；(2) 括号内为标准差。

（四）通识课教学效果的性别差异

表 5 给出了通识课教学效果的性别差异估计结果，其中 male 系数为教学效果的性别差异估计值。male 为性别虚拟变量，女性赋值为 0，男性赋值为 1。从模型（1）可知，课程总体教学效果不存在显著的性别差异。同时，从模型（2）（3）（5）可知，在时间管理、基本学习技能、研究技能方面的教学效果，性别差异也不显著。从模型（4）（6）（7）可知，在阅读技能、考试技能和表达技能方面有显著的性别差异。也就是说，通过"大学生学习技能的培养与提升"学习，处理组内男、女生在阅读技能、考试技能、表达技能提升方面显著出现了 3.375 分、1.736 分、2.436 分的差异，即男生在阅读技能、考试技能和表达技能方面的提升比女生更明显。在阅读技能性别差异方面，根据 2019 年经济合作与发展组织公布的"国际学生评价项目"（PISA）调查结果，女生的平均阅读能力明显优于男生，相差了近一年的学习时间。[①] 杨志明等学者基于某省 2015—2017 年高考、某地级市的 2020 年中考成绩大数据所做的性别差异分析结果表明，女生的高考、中考成绩普遍比男生高。[②] 这说明在我国，女生考试技能比男生要好。在表达技能性别差异上，赵建芬等学者研究表明，女生相对于男生在语言能力上的性别优势微小，但考虑到各种文化、环境、教养、社会等方面因素的影响，语言能力上的性别差异进一步加剧[③]。综上所述，由于男生阅读技能、考试技能和表达技能总体比女生要弱，所以通识课程开设的教学效果出现了较为显著的性别差异。

[①] 搜狐网站：《PISA2018，中国再回榜首！官方报告解读，成绩的背后我们还应该看到什么?》，https://www.sohu.com/a/358844116529010，2019 年 12 月 5 日。

[②] 杨志明、李沛、刘湘艺：《学业成就测试和高阶思维能力测试的性别差异分析》，《教育测量与评价》2021 年第 3 期，第 3—10 页。

[③] 赵建芬、尹丽娟、李蓓：《性别图式理论下学生语言表达能力的性别差异》，《教学与管理》2014 年第 30 期，第 85—88 页。

表 5 "大学生学习技能的培养与提升"教学效果的性别差异估计

模型	(1) TT	(2) TTM	(3) TBS	(4) TRS	(5) TSS	(6) TTS	(7) TVS
L_i	-4.717***	-8.039***	-5.168***	-5.379***	-4.566***	-0.770	-4.540**
	(1.301)	(1.886)	(1.476)	(1.739)	(1.687)	(1.564)	(1.978)
T_t	1.478*	1.328	1.660*	2.123*	1.618	0.527	1.069
	(0.830)	(1.203)	(0.941)	(1.109)	(1.076)	(0.998)	(1.262)
$L_i * T_t$	6.152***	8.683***	6.219***	5.463**	6.266***	3.695*	6.330**
	(1.821)	(2.640)	(2.066)	(2.434)	(2.361)	(2.189)	(2.769)
Male	1.187	1.695	-0.327	3.375***	-0.939	1.736*	2.436*
	(0.873)	(1.265)	(0.990)	(1.166)	(1.131)	(1.049)	(1.327)
_cons	75.514***	73.241***	76.674***	73.276***	77.010***	80.262***	70.089***
	(0.614)	(0.890)	(0.696)	(0.821)	(0.796)	(0.738)	(0.934)
N	1040	1040	1040	1040	1040	1040	1040

注:(1) * $p < 0.1$,** $p < 0.05$,*** $p < 0.01$;(2)括号内为标准差。

（五）通识课教学效果的专业差异

学生的生源地、家庭经济状况、父母受教育水平等家庭环境直接或间接地影响着学生的学习收获,如孙睿君等学者的研究结果表明,父母受教育水平的差异显著影响学生的知识技能和能力收获①。考虑到数据的可得性和我校主要面向浙江省内招生,本文以专业变量代替家庭环境这一影响因素。会计专业是我校每年高考录取分数线最高的专业,会计专业学生基本代表全校高考分数最高的学生群体。可以这么说,会计专业的学生多数来自家庭教育环境相对完善的群体。表6给出了通识课教学效果的专业差异估计结果,其中school系数为教学效果的专业差异估计值。school为专业虚拟变量,会计专业的学生赋值为1,非会计专业的学生赋值为0。从模型(1)可知,课程总体教学效果存在显著的专业差异,即会计专业的学生通过本通识课学习,相比非会计专业的学生,综合学习技能显著提升了1.558分。同时,从模型(3)(4)可知,在基本学习技能、阅读技能方面的教学效果也显著地出现了专业差异,但在时间管理、研究技能、考试技能、表达技能方面专业差异不明显。按照一般预期,会计专业的学生在基本学习技能方面应具备较高的水准,通识课对其在这方面的提升不应该出现显著的专业差异,但表6的结果和预期不相符,这可能是会计专业学生的样本过少导致的,也有可能是时间变化带来的专业差异,会计专业学生本身学习能力较强,善于从学校开设的各种其他课程中提炼学习方法并付诸实施。因此,该研究结论还需要更多经验研究的检验。

---

① 孙睿君、沈若萌、管浏斯:"大学生学习成效的影响因素研究",《国家教育行政学院学报》2012年第9期,第65—71页。

表 6　"大学生学习技能的培养与提升"教学效果的专业差异估计

模型	(1) TT	(2) TTM	(3) TBS	(4) TRS	(5) TSS	(6) TTS	(7) TVS
L_i	-4.553***	-7.756***	-5.285***	-4.863***	-4.749***	-0.475	-4.167**
	(1.292)	(1.876)	(1.462)	(1.732)	(1.676)	(1.556)	(1.968)
T_t	1.491*	1.339	1.668*	2.152*	1.616	0.538	1.090
	(0.830)	(1.204)	(0.938)	(1.112)	(1.076)	(0.999)	(1.263)
$L_i * T_t$	6.159***	8.692***	6.220***	5.483**	6.262***	3.704*	6.345**
	(1.820)	(2.642)	(2.059)	(2.439)	(2.361)	(2.192)	(2.771)
School	1.558*	0.183	2.608***	2.355**	1.000	-0.049	1.649
	(0.875)	(1.270)	(0.990)	(1.173)	(1.135)	(1.054)	(1.332)
_cons	75.401***	73.546***	76.011***	73.427***	76.589***	80.628***	70.209***
	(0.620)	(0.901)	(0.702)	(0.831)	(0.805)	(0.747)	(0.945)
N	1040	1040	1040	1040	1040	1040	1040

注:(1)* $p < 0.1$,** $p < 0.05$,*** $p < 0.01$;(2)括号内为标准差。

四、研究结论及其启示

（一）研究结论

本文第三部分对通识课"大学生学习技能的培养与提升"教学效果评估结果表明,在连续 4 个学期,每个学期 8 周的教学时间里,"大学生学习技能的培养与提升"课显著地提升了大学生的综合学习技能,教学效果较好。从各分项学习技能提升情况来看,分项学习技能也得到了显著提升,其中时间管理技能提升幅度最大,考试技能提升幅度最小。

对通识课"大学生学习技能的培养与提升"教学效果评估结果还表明,教学效果存在一定程度的年级、性格和专业差异。教学效果的年级差异主要体现在时间管理和表达技能提升这两方面,在综合学习技能提升方面没发现存在年级差异。教学效果的性别差异涉及的领域不多,主要出现在阅读技能、考试技能和表达技能三个方面。同时,该通识课不仅在综合学习技能提升上有显著的专业差异,基本学习技能、阅读技能这两个分项技能亦有显著的专业差异。

基于以上评估结果,我们可以有把握地说,通识课"大学生学习技能的培养与提升"的教学效果较好,对于提高大学生的综合学习技能有着十分明显的效果,而且这种效果具有普遍性:不仅对女生有效,对男生也有效;不仅对低年级(大一和大二)学生有效,对高年级(大三和大四)学生也有效;不仅对会计专业学生有效,对其他非会计专业学生也有效。只是这种有效程度在部分领域出现了一定的性别、年级和专业差异。

因此,该通识课程应继续坚持现有的教学内容、框架、方法及手段,并在今后的教学设计中根据选课学生的年级结构、性别结构和专业结构,对教学重点进行适当调整,以期获得更好的教学效果。

（二）运用 DID 对高校通识课教学效果评价的启示

1. DID 方法下所进行的课前、课后调查问卷不是某种形式的考试,而是一种评价通识课程教学效果的间接依据。以往的教学质量评价是基于学生对教师教学态度、投入、管理等方面做出的直接价值判断，而 DID 方法要求学生根据自身课堂参与、对学习内容的理解、学习环境、学习收获等方面体验或感受进行学习收获的自我评估，并由教学研究人员基于学生课前、课后的收获变化，对通识课程教学效果做出间接评价。学生对学习体验或感受的描述和刻画需要根据不同通识课程的具体学习内容，设置不同的调查问卷。DID 下的调查项目有别于课程考试，内容不是简单的信息类知识问题，而应根据通识课程的教学目的，设置带有一定客观性的思考类问题，如清华大学通识课"沟通与写作"设计的调查项目建议涉及对沟通和写作的理解和运用；哈佛大学"积极心理学"课程设计的调查项目建议涉及选课学生对幸福、目标、人生、困难等的认知和实践。调查问卷的问题还需要具备客观性。为了避免学校管理者或研究者根据学生提供的体验数据和描述做出偏好性的主观判断，调查选项涉及的内容应该在学界达成一定的共识，因此，DID 方法应用于教学效果评价对调查问卷的设计提出了较高的要求。

2. 运用 DID 方法进行通识课教学效果评价，须尽量做到随机调研、随机分组。DID 方法的重要假设前提之一就是随机性。随机性在课程教学效果评价上表现在两个方面：开课随机和分组随机。高校课程开设不可能具备随机性，完善的课程体系一般具有相对的稳定性和连续性。虽然开课不具备随机性，但学校对该门通识课程的评估可以做到随机，也就是说，学校教学管理部门可以随机选择若干个学期开设的通识课，运用 DID 方法进行调研，用调研随机代替开课随机。因此能使用 DID 方法进行教学效果评估的通识课，应该是具有一定的开课历史、已相对成熟的课程。随机分组是 DID 教学评估的另一个重要前提。对照组学生的随机性容易实现，但处理组学生的随机性较难保证。高校选课制度的设计初衷就是为了发挥大学生的主观能动性，大学生选择修读哪门通识课是和个人需求和认知相关的，很难做到让大学生完全随机地选择修读某门通识课。为此，我们所能做的是尽量随机地确定处理组。目前高校的通识课可分成两类：一类为通识教育核心课程，此为大学生必修通识课范围；另一类是通识教育板块课程，此为任意选修通识课范围。从随机性角度来说，板块课程更具备随机性，更适合运用 DID 方法。若修读学生较多，可以从修读学生中随机抽取一定的样本量作为处理组,以此来保证处理组的随机性。

3. 除在修读该通识课程存在差异外,两组调查学生(即处理组和对照组)在课程教学期间(一般以一个学期为单位),其和该通识课程学习收获有关的学习观念、环境、能力、方式、动机等方面应具有相似性,这一要求直接关系到 DID 方法在通识课程教学效果评价上的准确性,也是 DID 方法同质性假设前提在教学评价上的要求。通识课的选课对象往往是面向全校学生,因此处理组学生内外学习环境往往是有较大差异的。为了保持处理组和对照组在内外环境相似性,我们建议对照组学生尽量选择和处理组具有相同的专业结构、年级结构和性别结构,以避免两组学生在教学期间出现学习环境方面的较大波动。只有这样,DID 方法才能准确地识别出该通识课程对处理组学生的学习收获产生的正面或负面的影响,进而判断该门课程的教学效果。

4. 准确识别出影响学生学习收获的关键因素。学习收获是 DID 方法中关键的被解释变量,是进行教学效果评价的重要指标。大学生学习收获的变化往往是由各种客观或主观影响因子综合作用的结果,如学习能力、家庭环境、学习动机等,而通识课程的开设仅仅是其中的一个影响因子。如何识别出该影响因子对学生学习收获的贡献量,则需要将影响学习收获的其他关键因素精准识别出来。运用 DID 方法评价通识课程的教学效果,不仅需要找到影响学生学习收获的其他关键影响因素,还要能找到相关变量来反映这些影响因素。以"大学生学习技能的培养与提升"为例,影响学习收获的关键因素包括个人、家庭环境、院校学习环境等,这些关键因素需要通过相关的客观变量来反映,如个人因素可以通过性别、学习能力等变量来反映,家庭环境因素可由父母受教育程度、生源地等变量来反映,院校学习环境因素可由学校类型、所在年级、所学专业等变量来反映。因此,收集数据前,教学研究人员要深入研究影响学生学习成效的各类关键变量,并将之设计进调查问卷中,完善通识课程的 DID 教学评估模型。

5. DID 方法对通识课教学效果的评价时长不宜拉得过长,建议就在开课前以及开课后的当下进行。DID 对通识课教学效果评价是基于学生对学习收获的自我描述来进行的,而学习收获是一个各类因素综合影响的结果。为了避免更多的干扰因素影响学生的学习收获,提高 DID 方法对通识课程教学效果评价的准确性,问卷调查的时间跨度宜短不宜长。

总之,运用 DID 方法评估教学效果并不适用于所有通识课。只有满足一定程度的随机性和同质性条件的通识课才能让 DID 发挥精准评估的作用。除此之外,调查问卷设计的科学性和调查时间的及时性都会影响 DID 方法的运用效果。

结 语

通识课程的教学效果评价机制完善与否决定着我国高等教育通识课程体系是否健全,关系到人才能否全面培养与成长,影响着我国成为教育强国目标的实现,因此绝不可等闲视之。积极探索适合通识课程教学效果的科学量化评价机制极为必要。

本文以浙江财经大学 2020—2021 学年度 4 个学期开设的通识课"大学生学习技能的培养与提升"为研究对象,使用规范的计量方法,评估了该门课程的教学效果。结果表明,该课程能显著提升大学生的综合学习技能和分项学习技能。通过观察教学效果上的年级差异、性别差异和专业差异,我们识别出了影响该门课程的其他关键因素。本文最后在以小见大的基础上为 DID 方法在我国通识课程的教学效果评价中的应用提出了一些建议。由于所涉及的调查仅涵盖 4 个学期,而每个学期修读学生人数仅 30 人,所以本次研究存在样本量偏小的问题。另浙江财经大学属财经类院校,样本中的性别比例有些失衡,所得出的结论可能不够严谨。这些问题将在今后的研究中进一步优化。

An Assessment on the Course-level Learning Outcomes of College General Education: Based on DID

Xie Feng

Abstract: The learning outcomes of the general courses is difficult to be assessed with the quantitative test for the people-oriented liberal education. The study investigated "The Cultivation and Promotion of College Students' Learning Skills" and DID was used to assess the learning outcomes. The results show that the course can help students clearly enhance the comprehensive skills and the subsidiary skills; the effect of this course for students in different grades varies due to their different abilities in time management and expression; there is also gender difference in reading, testing and expressing skills; for students of different majors, there's significant difference in basic learning skills and reading skills. And there are limitations in application of DID in the learning outcomes assessment of general courses.

Keywords: general courses; the course-level learning outcomes; assessment; DID

通识中的通识

——科学人文通识教育的内涵、功能与途径

杨　辉[*]

摘　要：弥合科学教育与人文教育的割裂本是大学通识教育的核心目标，但当前通行的知识拼盘模式，难以实现科学与人文的内在融通。本文提出，科学人文通识教育，即科学哲学、科学史、科技伦理、科学社会学与科学审美的教育，恰是沟通两者的最佳桥梁。本文阐释了科学人文通识教育的内涵及功能，将其定位为"通识教育中的通识教育"，提出了打造科学人文通识课程体系、加强科学人文师资队伍、开辟跨学科第二课堂等建议。

关键词：通识教育；融通；科学人文；科学人文通识教育；科学精神

一、通识教育的文理融通困境

科学教育与人文教育的割裂是我国现行教育体制的突出问题，既不利于作为个体的人的全面成长，也严重制约着我国拔尖创新人才的培养。而科学教育与人文教育的融通本就是通识教育的核心目标，各界对通识教育解决这一问题寄予厚望。

然而，长期过度的分科化和专业化教育，导致目前的大学通识教育存在先天缺陷，难以有效解决文理融通问题。囿于通识教育管理者自身的专业主义教育背景，通识教育往往被设计成"文理知识都学一点"的拼盘模式，而很少考虑不同学科和模块的知识如何实现内在融通。教师的知识结构和思维方式也是高度专业化和单向度的，他们教授的通识课程大多只是专业知识的普及版，极少呈现与其他学科专业的内在联系。我们

---

*　杨辉，陕西师范大学哲学学院副教授，科学人文教育研究中心执行主任。

似乎寄希望于学生在学习了科学、人文、艺术等各类学科的基础性知识之后,能够自行消化和整合。然而,不同专业知识的整合,特别是跨学科知识的整合,本身是一种更为高阶的能力,要有相应的广博知识基础、联通不同知识类型的心智结构和扎实的核心素养(科学精神、科学思维、想象力、审美情趣等)。这一高阶能力并非与生俱来,而是精心教育的结果。

显然,在长期分科化、功利化教育下成长的学生并不具备这样的能力。基础教育阶段过早的文理分科以及进入大学后更细致的专业划分导致大学生的知识面狭窄化,文科生缺乏科学常识、理工科学生缺乏人文社科常识的现象普遍。在心智结构方面,功利化的教育只关注具体知识的灌输,对各门学科的本体论、知识论和方法论基础言之甚少,而不同学科恰好在深层次上互通或有共同的基底。这导致学生可能学到了很多不同学科的知识,但不能将其整合到一个框架中。由于缺少训练,大学生的科学精神、逻辑思考、批判性思维等核心素养也普遍严重匮乏。

我国的通识教育由此陷入了一个由长期分科化和专业化教育所导致的文理融通困境,管理者、教师和学生都深陷其中。如何突破这一困境,真正实现文理融通的教育目标,是通识教育亟待解决的问题。本文提出,科学人文通识教育恰是破局之利器。下文将阐述科学人文通识教育的内涵、独特功能以及它在通识教育体系中的定位,并就如何开展科学人文通识教育给出建议。

二、什么是科学人文通识教育

界定什么是科学人文通识教育,需要先弄清楚什么是科学人文,以及什么是科学人文教育。

(一)什么是"科学人文"

"科学人文"的内涵涉及科学和人文的概念,以及科学与人文的关系。科学一般指涉 STEM(science、technology、engineering、mathematics)意义上的科学,包含自然科学、技术科学、工程学科和数学。而科学的本质很复杂,一般认为,它是关于自然的系统化的知识体系,是生产此类知识的特殊活动,是一种社会建制。此外,科学还有易被忽视、但更为本质的精神或人文向度:它是一种特殊的观念系统,包含着特定的世界观、价值观、认识论和方法论。我们常用科学精神、科学思想、科学思维等概念概括科学这一维度的内涵。"人文"的概念尽管也很复杂,有很多不同的理解,但正如吴国盛教授所言,基本上都包含两方面的意思:一是"人",即关于理想的"人"、理想的"人性"的观念;一是"文",即为了培养这种理想的人(性)所设置的学科和课程。前一方面的意思往往与"人性"(humanity)等同,后一方面的意思往往与"人文学科"(humanities)等同。① 本文所指的人文学科是广义的,既包括文、史、哲等传统人文学科,还包含美术、音乐、戏剧等艺术类学科,以及社会学、政治学、经济学、管理学等社会科学。在中文语境中,人文还与文化同义,泛指人类社会的各种文化现象。②

"科学人文",并非通常所说的"科学与人文"(这一理解将科学与人文并列,暗含着两者是不同的东西),而是指"科学的人文意蕴和人性意义",意在强调科学与人文的内在关联和统一,具体包含以下三重含义。

一是作为文化的科学。人类文化包括科学与人文两级,在规范人类行为的意义上,科学文化为行为的合规律性提供基础,而人文文化则为行为的合目的性提供基础。③ "与人文文化一样,科学文化也包括形而上之'魂'和形而下之'体'两个层面,科学的精神、理念、理想和价值观属于科学文化的形而上之层面,是科学文化之'魂';而技术的、实证的、数学的或逻辑的东西属于科学文化的形而下层面,是科学文化之体。"④同属人类文化,是科学与人文共同的根基。

二是意指理想人性的科学人文主义(scientific humanism)。作为一种思潮或理念,科学人文主义最早可追溯到科学史学科的奠基人乔治·萨顿(George Sarton,1884—1956)。他在 1937 年出版的《科学史与新人文主

---

① 吴国盛:《科学与人文》,《中国社会科学》2001 年第 4 期,第 4—15 页,第 203 页。
② 参看《辞海》"人文"词条。
③ 董光璧:《关于科学人文主义的思考》,《河池师专学报(社会科学版)》2004 年第 1 期,第 7—11 页。
④ 孟建伟:《科学与人文新论》,科学出版社 2017 年版,第 235 页。

义》一书中,倡导科学的人性化和以科学为基础的"新人文主义"。① 他明确提出:"我们必须使科学人文主义化,最好是说明科学与人类其他活动的多种多样关系——科学与我们人类本性的关系。"这样做的目的不是贬低科学,而是使科学"更有意义,更为动人,更为亲切"②。国内著名科学文化学者李醒民进一步指出:"科学的本性包含着人性,科学的价值即是人的价值,科学的人文主义就是人文主义的科学化……是在保持和光大人文主义优良传统的基础上,给其注入旧人文主义所匮乏的科学要素和科学精神。"③

三是以科学为研究对象的人文学科。在自然科学与人文社会学科之间存在一个可称为"科学人文"的学科群④,主要包括科技哲学、科技史、科技伦理、科学社会学与科学审美等方向。

(二)从"科学人文主义"到"科学人文教育"

20世纪70年代,为了弥合科学教育与人文教育之间的鸿沟,科学人文主义思潮被引入教育领域。联合国教科文组织国际教育发展委员会于1972年发布《学会生存——教育世界的今天和明天》报告,把科学人文主义作为未来教育的基本目的之一。"它是人文主义的,因为它的目的主要是关心人和他的福利;它又是科学的,因为它的人文主义的内容还要通过科学对人与世界的知识领域继续不断地做出新的贡献而加以规定和充实。"⑤该报告的中译本于1996年出版,随即启发国内教育学界提出了"科学人文主义教育"或"科学—人文教育"的概念。其中的代表人

---

① 乔治·萨顿:《科学史与新人文主义》,刘恒六、刘兵、仲维光译,上海交通大学出版社2007年版。
② 乔治·萨顿:《科学的生命》,刘珺珺译,商务印书馆1987年版,第51页。
③ 李醒民:《迈向科学的人文主义和人文的科学主义》,《中国政法大学学报》2013年第4期,第5—29页,第159页。
④ 吴国盛:《从"两种文化"到"第三种文化"》,《中国图书商报·书评周刊》2003年8月1日,第2版。
⑤ 参看联合国教科文组织国际教育发展委员会编著:《学会生存——教育世界的今天和明天》,华东师范大学比较教育研究所译,教育科学出版社1996年版,第8页。该中译本将"scientific humanism"译为"科学的人道主义"。报告提出未来教育的四大基本目的:除科学人文主义外,还有培养创造性、培养承担社会责任的态度和培养完人。

物——华南师范大学扈中平教授在1998年发表的《论科学人文主义教育观》一文中提出："科学人文主义既信奉科学，又崇尚人道。它以科学为基础和手段，以人文为方向和目的，其最高目的，是要在科学与人文的相互协调和互补中促进人和社会在物质和精神两方面的和谐发展，并在此基础上不断实现人自身的解放。"①科学人文主义教育是科学人文主义哲学观在教育中的反映，"就是用科学人文主义的理念和追求，来塑造、养育内心和谐，与他人、社会、自然和谐的人。它既进行科学教育，又进行人文教育，把两者融合在一起，同时引导和满足人的两种需要和追求，促进人身心的和谐全面发展"②。科学—人文教育"既一反过去教育中的唯人性化，又一反教育中的唯科学论，避免了因轻实际而造成的空虚无用，或因轻人文而造成的道德、价值、人性的失落。它把两者有机地结合起来，在科学教育中渗透着人文精神，在人文教育中渗透着科学精神"③。这些讨论都敏锐地注意到单一科学教育和人文教育的局限，希望两者有机融合、各取其长、互补其短。但由于一直停留在理念层面，缺少实质性的教育教学实践，相关概念渐渐淡出学术视野。

近年来，面对新一轮科技革命的历史机遇以及愈发激烈的国际竞争，我们比以往任何时候都更需要拔尖创新人才，尤其是拔尖科技人才。这些人才的一个显著特征就是融通文理。将科学人文主义教育从理念变成实践愈发紧迫。2018年9月，复旦大学前校长杨玉良院士撰文指出，新时代的科学教育面临跨学科培养的必要性与高难度、知识获取的便利化和多元化、科技伦理素养的高需求等新挑战，科学教育的主要内容和形式都将发生重大变化，单纯知识传授的教育模式将不再适用。为此，他首倡"科学人文教育"这一理念，认为强化"科学人文教育"，即科学精神、科学思想和科学思维的训练，是科学教育的必然趋势和应对挑战的根本出路。"科学人文教育就是要在两种文化之间建立联系，使得人文教育与科学教育之间实现互动……还在人为地过细划分的学科之间实现贯通……有利

---

① 扈中平：《论科学人文主义教育观》，《教育研究与实验》1998年第4期，第19—23页，第71页。
② 刘朝晖：《教育的希望：科学人文主义教育》，《教育理论与实践》2001年第5期，第10—13页。
③ 董华、桑宁霞：《科学—人文教育及其实现途径》，《教育研究》2001年第12期，第43—46页。

于跨学科人才的培养。"①他提出的"科学人文"具体包括：科学哲学、数学、科学史和科学伦理。

在杨玉良院士的基础上，本文将"科学人文教育"界定为：以科学与人文作为人类文化的内在统一为基础，以科学人文主义为指导理念，以培养兼具科学素养和人文素养的完整的人为目标，以科学人文学科为主要教学内容的教育观和教育模式。科学与人文本为一体，但长期以来的实证主义科学教育，狭隘化、专业化的人文教育，割裂了科学与人文之间的深刻关联，也切断了科学精神与人文精神的关系。科学人文教育正是为矫正现有教育体系的这一弊端而提出的一种新教育理念或新教学模式，是融合科学教育与人文教育的最佳桥梁。

"科学人文教育"与前述教育学者提出的"科学人文主义教育"或"科学—人文教育"的共同点在于，都以科学人文主义为指导思想，致力于科学教育与人文教育的融合；二者的主要差别在于：一是后者旨在构建一种指导所有教育实践的整体的教育观，而科学人文教育更偏重与科学相关的人文教育；二是后者由于过于宏大、抽象而缺少实质性的教育内容，而科学人文教育则以科学人文类学科为依托，包含着丰富的教育教学实践内容。科学人文教育是对"科学人文主义教育"的具体化，不仅是一种教育理念，更是贯穿全部教育阶段、有其自身实质内涵的教育体系（如表1所示）。

表1 科学人文教育体系

教育阶段	教育对象	主要教育形式及内容	教育目标
基础教育	中小学生	HPS 教育	认识科学的本质，激发对科学的持久兴趣
高等教育	本科生	科学人文通识教育	培养大学生的科学精神和文理融通思维
		部分理工科的专业课，如学科史及学科相关伦理（生命伦理学、人工智能伦理、环境伦理等）	增加大学生对本学科专业的了解和认同，培养科研道德

① 杨玉良：《加强科学人文教育》，《科学与社会》2018 年第 3 期，第 1—4 页。

续表

教育阶段	教育对象	主要教育形式及内容	教育目标
高等教育	全体研究生	理工科公共必修课(自然辩证法、科技伦理、工程伦理等)、公共选修课	提升研究生的综合素养
	科学人文类专业研究生	科学史、科学哲学、科学社会学等专业内容	培养科学人文专业人才
职业教育	科学教师、科技记者、科技馆员等	科学史、科学哲学、科学社会学等科学人文知识;科学人文教育能力	提升科学教育与传播从业人员的职业能力
社会教育	一般公众	科学史、科学哲学等科学人文知识	提高公众科学素养,增加公众对科学的支持

(三)什么是科学人文通识教育

科学人文教育与通识教育在理念上相通。两者都强调通过知识融通教育,培养完整的人。但通识教育着眼于大融通,强调人文、社科、艺术、科技等各类学科内部的以及跨门类的融通;而科学人文教育则立足于科学的人文向度,聚焦于自然科学与人文学科的跨界融通。相较而言,通识教育的教育目标更为宏大,所涉及的知识范围更广博;而科学人文教育的教育目标更为具体,知识领域更专门。

在教育实践中,科学人文教育与通识教育有交叉重合之处。我国教育体系中的通识教育,主要以大学本科生为教育对象,承担大学生基本素养的培养功能,而专业能力的培养则由专业学院承担。本科生的通识教育也是科学人文教育的重点关注领域,它在通识教育领域的表现形式为科学人文通识教育。大学通识教育的涉及面非常广泛,至少可分为人文通识、社科通识、科技通识和艺术通识,而科学人文通识教育是其中独特又不可或缺的部分。它处于科学通识教育与人文通识教育的交叉区域,既是科学通识教育,也是人文通识教育,是桥接型的特殊通识教育。

科学人文通识教育的目标不在于让学生掌握更多具体的知识,而在于让学生理解科学的本质,使其切身体认到科学深厚的人文意蕴,进而培养学生的科学精神和文理融通思维。它不是要把学生培养成文理兼通的全才,而是为他们的全面成长提供可能性。科学人文通识教育的内容一般包括五大模块:科学史、科学哲学、科技伦理、科学社会学以及科学审美。其中,科学哲学启发学生思考科学本质上是什么样,科学史告诉学生历史上的科学是什么样,科学社会学告诉学生现实中的科学是什么样,科技伦理告诉学生科学应当是什么样,而科学审美启发学生欣赏科学之美,激发学生的科学想象力和对科学的非功利兴趣。五大模块中,科学史通识教育最为基础,能将其他四个模块有机整合起来。

必须承认,科学人文通识教育并非全新的概念,其包含的科技史、科技哲学、科技伦理、科学社会学(或 STS)教育等模块早已分别被提出和施行。然而,科学人文通识教育仍是一个具有重要理论与实践意义的综合性概念:它将业已存在但分散的科学史、科学哲学、科技伦理等教育实践整合成一幅完整的图景;它赋予科学人文主义教育具象化、可操作的内涵,将科学教育与人文教育融合的教育理念转化为教育教学实践,从而为解决科学教育与人文教育的融通这一长期的教育难题提供了新思路。

三、科学人文通识教育的独特功能及其定位

教育必须以学情作为基本出发点。从学生视角看,要做到科学与人文融通,存在四项欠缺:欠缺学习非本专业知识的动力,欠缺相应的多元知识结构,欠缺整合多元知识的核心素养,以及欠缺生生之间的跨学科交互式学习。科学人文通识教育对于弥补这些缺项发挥着独特作用。

(一)让学生深切体认到科学与人文的交融,激发文理融通的动机

科学与人文的对立和分裂,源于双方之间的不了解或误解,这在我国尤其严重。分科化和功利化的基础教育和高等教育只重视考试科目或专业相关的具体知识,而且不学习该门学科本身的历史、哲学及其与其他学

科的关系等内容,导致大学生的知识结构高度单一化,陷入专业信息茧房中。要培养文理融通素养,首先要打破这一茧房,让学生深刻认识到:学科和专业只是一种人为的划分,是人类囿于自身的认知能力从不同角度或对不同对象的认识;各类知识具有内在的共性和统一性,它们相互交叉渗透,共同构成对世界的完整认识。

通过增进学生对科学的哲学、历史、伦理、社会和审美等人文维度的理解,科学人文通识教育可以有效地破除科学与人文对立的谬论,扩展学生的视野。科学史可以揭示科学与人文本为一体,只是随着现代科学的扩张而形成区隔,而现代科学的诞生是哲学、政治、社会、宗教乃至审美情趣等诸多因素共同作用的产物。科学哲学可以揭示现代科学本身是一种哲学体系,有其特定的形而上学、知识论、价值论和方法论。科学社会学可以揭示科学并非独立于社会,而是与社会相互塑造。科技伦理教育则揭示科学为恶的可能,引导科技向善。科学审美教育则揭示了"艺术与科学是同一枚硬币的两面,它们同是源于人类活动最高尚的部分,都追求着深刻性、普遍性、永恒和卓越"[①]。总之,科学人文通识教育能向学生呈现科学、人文、社会科学和艺术等所有现在归入不同类型的知识的复杂交织关系。

在破除科学与人文对立的基础上,科学人文通识教育还能使学生认识到文理跨学科融通对于创新能力培养的重要价值,激发其内在的融通动机。以科学史通识教育为例,理工科学生可以从爱因斯坦、钱学森、李政道等科学大师身上,体认到人文艺术修养所造就的想象力对于科学创新的重要性。人文类专业的学生能从柏拉图、亚里士多德、康德、罗素、维特根斯坦、老子、朱熹等哲学大师身上,看到数学与科学训练对于哲学创新的意义。艺术类专业的学生可以从达·芬奇身上感受到科学与艺术的奇妙融合爆发出的惊人创造力。这些榜样的力量将激励学生突破专业知识的限制,主动追求文理融通。

---

① 李政道:《让科学在中国大地生根》,《科学文化评论》2004 年第 1 期,第 12—14 页。

(二) 帮助学生初步形成文理融通的多元知识架构

多学科知识结构是文理融通的基础。然而,由于高中文理分科以及进入大学后更细致的专业划分,理工科学生缺乏基本的人文常识,人文类学生缺乏基本的科技常识极为普遍。即使有些学生有比较好的文理综合基础,但在专业教育的长期驯化下非本专业知识也可能被选择性遗忘。科学人文通识教育虽然不以知识教育为主要目标,但仍然能以其特有的方式帮助学生建立最基础的多学科知识架构。

首先,科学人文通识教育携带着丰富的、最基本的文理科知识。例如科学史和科学哲学中所包含的科学知识和哲学知识,可以分别修补文科和理工科学生的知识结构短板。最关键的是,这些专业之外的知识,是从学生已经掌握的专业知识基础上延伸出来的,而不是完全游离于学生既有的知识结构之外。这样获得的知识可能只是一些外专业的常识,但异常牢固。

其次,科学人文通识教育进一步激发学生的求知欲。科学人文教育的文理交叉性决定了受教育的学生既有一定的知识基础,同时又必然存在知识短板。另外,科学人文类学科的很多发现与学生既有的常识差异极大甚至完全相反,易使其产生认知冲突。例如,常识认为"技术是对科学原理的利用",但科学史和科技哲学揭示了科学与技术在历史上长期分离,技术是一个相对独立于科学的系统;常识认为"科学理论是对经验事实的归纳",但事实上重大的科学突破都是违反当时所认定的经验事实的。科学史和科学哲学教育所提供的这些内容,会让学生产生强烈的认知冲突。当学生认识到自己的知识短板、产生认知冲突后,就能够激发好奇心,调动学习积极性,产生强烈的求知欲。在接受科学人文通识教育后,学生很可能由兴趣驱动,按图索骥,通过选修其他的通识课程或自主学习,自主建构更为健全、更为丰富的学科知识框架。

最后也是最重要的,科学人文通识教育可以使学生掌握多学科知识之间的联系,在大脑中形成"富有弹性"的知识网络,建构合理的学科结构,提高将其他学科专业的知识和方法迁移到本学科专业的能力,从而为创造力的发展打下良好的基础。

（三）将科学精神和科学思维的训练落到实处，培养融通文理的基本素养

科学精神和科学思维是科学最精华的部分，是所有人都应当具备的核心素养，无文理之分。而科学与人文最深层次的融通正在于精神和思维源头的相通。科学精神既是一种能力，也是一种品格，本身是一种宝贵的人文精神[1]，它"以追求真理作为它的发生学和逻辑的起点，并以实证精神和理性精神构成它的两大支柱。在两大支柱之上，支撑着怀疑批判精神、平权多元精神、创新冒险精神、纠错臻美精神、谦逊宽容精神"[2]。而科学思维是科学精神在思维结构和方式上的体现，包含批判性思维和创造性思维两翼。在当今智能社会，"知识的途径更加多元和便利，教育中单纯知识传授的成分必然会减少。反之，在知识传授过程中渗透科学精神和科学思想，训练正确的思维方式，培养求真探索的精神，将上升到更为重要的位置。强化科学人文的教育是一种必然的趋势"[3]。

然而，我国各阶段的教育体制仍保留着过度重视知识教育的惯性，系统性忽视科学精神和科学思维的养成。一个常见的误区就是，这些精神维度的东西是无法靠显性的课程教授的，只能靠在科研实践中耳濡目染、言传身教。隐性教育确实是科学精神和科学思维教育的重要途径，但不是唯一途径。科研实践中的科学精神和科学思维过于零散，本身须经过鉴别、反思、总结和提炼后，才更易为学生接受。更重要的是，如果只能通过科研实践才能接受科学精神与科学思维教育，那么大部分的低年级理工科本科生以及几乎全部人文艺术类学生都将被剥夺学习机会。但是，所有学生都该具备科学精神和科学思维，且越早获得效果越好。

科学人文通识教育恰好可以将抽象的科学精神和科学思维的训练变

---

① 孟建伟：《科学精神是人文精神不可分割的重要组成部分》，《自然辩证法研究》1998年第1期，第59—60页；唐斌、尹艳秋：《科学教育与人文精神——兼论科学的人文教育价值》，《教育研究》1997年第11期，第22—25页，第80页。

② 李醒民：《什么是科学精神》，《中国科学报》2014年12月26日，第6版。

③ 杨玉良：《加强科学人文教育》，《科学与社会》2018年第3期，第1—4页。

成一种显性的课堂教育,让所有大学生都获得训练机会。在科学精神教育方面,科学哲学、科技伦理学等通识课程将对科学精神进行系统的阐释,可以让学生间接学习到科学精神的精髓。科学史教育可以通过科学家的事迹和重大科学发现的过程,鲜活地传递科学精神,例如,哥白尼提出"日心说"时的冒险精神,钱学森冲破重重阻力回国效力的爱国精神等。

科学思维教育方面,科学哲学教育可以通过对分析、比较、归纳、演绎、综合和抽象等科学思维以及概念、模型、实验等科学方法进行高度的抽象概括,让理工科学生超越具体的思维和方法,建立系统的科学思维和科学方法论自觉。科学史教育可以通过复杂度较低但真实存在的科学发现案例,生动形象地呈现科学的思维方式。科学人文通识教育还为科学思维和人义思维的融合教育捉供了机会。科学哲学、科学史、科学审关教育将启发学生认识到,人文学科的联想、想象、直觉、思辨、形象化等非理性思维对于创新同样不可或缺[①],鼓励和引导学生同时兼具发达的科学思维和健全的人文思维。

(四)为人文与理工专业大学生之间的互动式学习提供平台

教育研究早已揭示,生生互动是一种非常有效且不可或缺的学习方式。相对于不对等的师生互动,生生互动使学习氛围更轻松,给学习带来更多乐趣,学习者更有主动性、更有学习动力。文理融通建立在文理沟通的基础上,沟通应先于融通。文理不同专业同学之间在课堂内外的交流和合作,给予对方不同视角和观点的冲击,是大学生形成文理融通素养的关键环节之一。

目前,我国文理学生之间实质性的专业交叉互动极为有限。大学教育一般以专业班级为基本教学单位,大学生的绝大部分教育活动(包括英语、数学、计算机、思政等公共必修课以及几乎所有专业课)都是与同专业

---

① 张之沧:《当代科学方法论的特质》,《南京师大学报(社会科学版)》2011 年第 4 期,第 6—12 页。

的同学一起完成的,缺少与其他专业同学的交互学习机会。只有通识教育课程为跨专业的交互学习提供了可能。但细究可发现,即便在通识课程教学中,文理专业学生之间的实质性互动学习仍然是极为有限的。我国大学通识教育通常规定:学生只能选修非本学科领域的通识课程,鼓励理工科学生选修人文艺术类课程,人文艺术类学生选修理工科课程。这样带来的一个结果是:在每一门选修课的课堂上,学生对这门课程涉及的学科专业的了解程度都极低;而且教师一般把通识课当成是本学科专业的入门课,着重介绍本专业的常识性知识,而不会充分考虑让学生基于他们所学的专业进行深入互动。例如,在一门中国古典文学赏析课上,虽然有众多生物学、哲学等文理专业的学生,但生物学专业的学生和哲学专业的学生不大有可能就生物学和哲学的交叉问题(例如生命的本质)进行互动交流。

而科学人文通识教育正好为人文与理工专业学生提供了交流、讨论和合作式学习的平台。科学人文类通识课程本身就自带文理交叉属性,无论哪个专业的同学都有某方面的知识基础,他们可以依托其专业进行深入的实质性交流,且课程的性质本就鼓励和引导此类跨学科交流。在这个过程中,学生既开拓了不同的专业视野,也加深了对本专业的认识。例如,上述生物学和哲学专业的同学如果选修的是科学史通识课,他们关于生物学史和生物哲学就会有很多共同的话题,教师在讲授生物学史时,可以提供某个题目(例如不同历史时期对生命本质的理解),让他们小组讨论和课堂展示。

(五)科学人文通识教育的定位:通识教育中的通识教育

为了实现科学教育与人文教育融通的目标,科学人文通识教育在我国通识教育体系中的合理定位应为:通识教育中的通识教育。理由在于:恰如基础性和连通性是通识教育有别于高等教育其他部分的最重要特征,科学人文通识教育在我国通识教育中也应当发挥类似的基础性和连通性作用。

第一,通识教育者只有自身先具备科学人文融通的意识和能力,才有可能在制度建构、课程体系设计、教学内容安排和教学方法选择中真正贯彻文理融通的理念。而在我国,通识教育者的科学人文素养并不客观,自身也需要接受某种程度和形式的科学人文教育。

第二,对学生而言,科学人文通识教育更为基础,是通往其他通识课程的阶梯。作为人文通识教育的一部分,科学人文通识教育对于理工科学生而言是立足于专业的人文教育,两者紧密结合,更易理解,也更易产生亲近感。从学习的优先级来看,科学人文素养是理工科学生应具备的人文知识的底限,是更应当优先接受的人文教育;科学人文通识教育可以激发理工科学生对人文学科的进一步兴趣,成为其通向一般人文教育的阶梯。作为科学通识教育的一部分,科学人文通识教育对丁文科学生而言也是立足于专业的科学教育。科学人文通识教育与常规的科学通识教育不冲突,不构成竞争。前者侧重于科学精神、科学思维和科学方法论的培养,后者侧重于科学知识的普及与传播,而且对于文科学生而言,前者比后者更重要。总之,无论何种专业背景,科学人文通识教育都能让受教育者体验到科学与人文的内在关联,有助于破除专业壁垒,真正融通文理。

第三,科学人文通识教育可以让通识教育课程有效地内在融通。作为一个课程模块,它可以将现有分散的人文、艺术、科技等通识课程模块连接起来,形成一个整体。科学人文教育作为一种教育理念,也应当被各门通识课程所吸纳。如此才能真正做到科学通识课程中有人文,人文通识课程中有科学。

最后必须指出,科学人文通识教育只是大学通识教育的一部分,不是要超越更不是要取代其他模块的通识教育。它只是播下文理融通的种子,而非替代文理融通本身;它只是起点,而不是终点;它只是桥梁,而非康庄大道。

四、如何开展科学人文通识教育?

科学人文通识教育虽是一个新概念,但其各个分支——科学史、科学哲学、科学社会学、科技伦理的通识教育却有着很长的历史。尤其是自

20 世纪 50 年代以来,伴随科学技术负面效应的凸显,知识界对科学技术的人文反思,以及教育界对科学教育与人文教育分裂的忧虑,科学人文相关学科相继被纳入欧美大学的通识教育体系中。国外科学人文通识教育的发展历程和经验,值得我们学习与借鉴。

(一)国外科学人文通识教育的历史与现状

早在 20 世纪 30 年代,科学史学科的主要创始人乔治·萨顿就关注到科学与人文的分裂甚至对立问题,他倡导以科学为基础的"新人文主义",认为只有科学史才能实现科学和人文的融合,主张广泛开展科学史教育。他本人也在上世纪 20 到 30 年代就面向哈佛大学各专业学生讲授科学史课程。在这个意义上,科学史天然就是通识教育,或者如吴国盛教授所说:"科学史为通识教育而生,从一开始就扮演着推动通识教育的角色。"①但科学史通识教育的真正制度化源于现代通识教育的倡导者和推行者——哈佛大学前校长科南特(J. B. Conant)。科南特高度重视科学史的通识教育功能。1945 年,在他领导下出版的《哈佛通识教育红皮书》指出:"通识教育认为,科学史是科学的一部分。科学哲学、科学元典及其社会和历史背景也是科学的一部分。既然科学包含这些要素,那么其自然科学教育对大学生活和社会生活的影响也应当把它们包含在内。自然科学课程在结构上既然包含了上述这些要素,那么,它必然对通识教育有着重要的贡献。"②正是基于上述认识,科南特率先将科学史作为独立的课程应用于通识教育。他于 1947 年在耶鲁大学出版社出版了一本专门的科学史通识教材《论理解科学:一个历史的进路》(*On Understanding Science*:*An Historical Approach*)③,还建议在哈佛开设三门专门的科学史课程,其中一门由他本人和后来成为著名科学哲学家和科学史学家的库恩(Thomas Kuhn)合作开设。

---

① 吴国盛:《科学史为通识教育而生》,《中国社会科学报》2017 年第 6 版。
② 哈佛委员会:《哈佛通识教育红皮书》,李曼丽译,北京大学出版社 2010 版,第 173—174 页。
③ 关增建:《通识教育背景下的科学史教育功能探析》,《上海交通大学学报(哲学社会科学版)》2012 年第 2 期,第 77—84 页。

1959 年 5 月,英国物理学家兼小说家斯诺发表著名的《两种文化》演讲,深刻批判了西方社会普遍存在的、由过度专业化教育导致的科学文化与人文文化的分裂问题①,由此拉开了西方学术界和教育界反思专业化与分科化教育模式、以科学与人文汇流为目标的教育改革序幕。此后,已经在西方高校普及的通识教育出现了多学科交叉、融通的新取向,通识教育的"通"逐渐体现为贯通的"通",推崇各个学科之间的联系性和一致性。② 科学史通识教育由于天然的跨学科性质以及哈佛大学的示范,很快在欧美高校广为流行。

20 世纪 60 年代,科技发展引发环境恶化、核威胁等危机,促进了学者对科学技术与社会问题的关注和研究。西方科学教育也出现了人文转向,力图解决学生只认识单一自然世界的问题,努力使学生认识科学的本质、科学与社会的复杂互塑关系以及培育学生的科学理性精神。科学哲学和科学社会学成为西方高校通识教育的重要支撑。20 世纪 80 年代以来,违背学术规范和伦理的行为日益增长,西方国家的大学陆续在通识教育和专业教育两个层面开展各类科技伦理教育。进入新世纪后,西方学者又发现艺术对于培养科学想象力和创造力不可或缺。在 STEM 教育的基础上,艺术(art)被作为一个重要的人文因素加入科学教育,形成了目前国际教育界广泛认可的 STEAM 教育理念。③

在今日的西方发达国家,科学教育已不再是一种脱离人文关怀的单纯改善物质生活的技能教育,而是关注人类社会未来健康发展的新人文主义教育。④ 科学人文教育理念已广泛渗透到西方基础教育、高等教育、职业教育等各教育领域。在欧美发达国家的高校,普遍形成了一个涵盖科学哲学、科学史、科学社会学、科技伦理、科学审美等多个维度,贯穿通识教育和专业教育的科学人文教育体系。完整、发达的科学人文通识教

---

① C. P. 斯诺:《两种文化》,陈克艰、秦小虎译,上海科学技术出版社 2003 年版。
② 李继兵:《通识教育论》,高等教育出版社 2012 年版,第 53 页。
③ 魏晓东、于冰、于海波:《美国 STEAM 教育的框架、特点及启示》,《华东师范大学学报(教育科学版)》2017 年第 4 期,第 40—46 页,第 134—135 页。
④ 万东升、魏冰:《科学教育与人文教育一体化的困境与应对策略——基于美国的经验》,《教育探索》2017 年第 1 期,第 122—125 页。

育正是西方大学拔尖创新人才培养的秘诀之一。

(二)对我国高校发展科学人文通识教育的几点建议

应当承认,西方社会的科学人文通识教育致力于解决的过度专业化和功利化教育、科学与人文对立、人的单向度等问题,在我国更为严重。为应对这些挑战,近年来,国内一流综合性大学纷纷有意识地加强科学人文教育布局。清华大学和北京大学分别于 2017 年和 2019 年成立了科学史系,复旦大学于 2019 年建立了科学哲学和逻辑学系,中国科学院大学于 2020 年恢复设立了哲学研究所,这些新成立的机构都旨在加强科学史与科学哲学通识教育。但总体而言,国内大多数高校尚未充分认识到科学人文通识教育对于拔尖创新人才培养的重要意义,相关研究与实践都处在探索阶段。科学人文通识教育对我国的通识教育既是出路也是挑战,其有效开展的前提是通识教育者自身须率先转变观念,跳出狭窄、舒适的专业天井,努力提升科学人文素养。只要思路打开,科学与人文的融通教育的形式和内容可以无限丰富。以下是三点操作性建议。

1. 课程设置与教学内容体现文理融通。一是把"科学人文"作为通识教育的一个必修课程模块,特别是要把科学通史和科学哲学纳入核心课程。二是注重课程的文理渗透,深入挖掘和呈现科学类通识课程的人文意蕴和人文类通识课程的科学意蕴。例如,复旦大学孙兴文教授主讲的通识课程"化学与中国文明"就提供了很好的经验。该课程通过探究化学与中国文明之间的关系,从青花瓷、青铜器等为人熟知的传统文化器物入手,为学生打开了科学探索的大门,深入浅出地探讨了化学与社会观念、文化发展之间千丝万缕的关联。[①] 三是针对一些新型的文理交叉学科,如认知科学、数字人文、科技与艺术,可开设导论性质的通识选修课。

2. 强化师资队伍建设。应增加科技史、科技哲学、科学社会学、科技伦理学等科学人文领域的专业师资。当前我国科技史与科技哲学学科力量较为薄弱,且人才培养重科研能力轻教学能力,相关专业人才的供给数

---

① 孙兴文:《"化学与中国文明"课程建设感想》,http://news.sohu.com/a/505530025_121124307,2022 年 7 月 10 日。

量和质量在短期内都远不能满足全国高校的需求。具有较好的科技史与科技哲学学科基础的高校,应进一步加强相关学科建设和人才培养,既为本校的科学人文通识教育提供更好的师资保障,也为全国高校的科学人文通识教育输出更多的高质量师资。对于大多数高校而言,除了引进专业师资外,更重要的是要深入挖掘、引导和培育既有的通识课程教师资源。例如,首先应鼓励理工科专业的教师学习和理解科学技术发展史尤其是本专业的历史,使之能胜任结合自身专业的科学史教学,或将科学史融入自然科学通识课中。其次,高校要通过交流、培训等多种方式,提升通识课教师的科学人文素养,提高其融通文理的教育教学能力。

3. 开拓丰富多样的跨学科第二课堂。现代专业高度细分、各门学科知识体系已无比庞杂,深入掌握一门专业知识都已不易,留给通识教育的课堂教育的空间是有限的,通识教育应当有相当的比重放在课程之外。第二课堂形式丰富多样,可以充分发挥学生的主体性和创造性。应当充分挖掘校内外各类资源,依托各二级院系、行政部门、科技馆、博物馆、校科协、团委、学生社团等各类机构,开展各类科学与人文跨界的教育活动和社会实践,给不同专业的学生提供交互式学习的机会。例如,科学哲学教育可采取讲座、读书会的形式;科技伦理教育可针对热点科技伦理问题开展辩论;科学社会学教育可请从事一线的工程师、科学家和政府官员现身说法;科技史通识教育可去博物馆、科技馆参观展览;科学审美教育可举办科幻电影赏析、科幻文学征文、科学之美摄影展和科技艺术展等。第二课堂鼓励自发、自主进行,但在早期阶段,最好由学校通识教育机构适度地规划、引导、统筹和协调,由具有相关专长的教师提供指导。

General Education in General Education: The Connotation, Function and Approach of Scientific Humanism General Education

Yang Hui

Abstract: Bridging the separation between science education and humanities education is the core goal of general education, however, the prevailing Knowledge Platter Model can hardly integrate them internally. This paper proposes the Scientific Humanism General Education, composed by education of philosophy of science, history of science, ethics of science and technology, sociology of science and aesthetic of science, as the best bridge between science and humanities. It explains the connotation and function of Scientific Humanism General Education, and positions it as "general education in general education". Advices are given to promote it, including setting up the curriculum of Scientific Humanism General Education, reinforcing the relevant faculty, opening up interdisciplinary extracurricular activities, and so on.

Keywords: general education; consilience; scientific humanism; scientific humanism general education; scientific spirit

以学生的主体性建构为目标
推进通识教育改革

张 俊*

摘 要:目前国内大学的通识教育改革方兴未艾。在理念与制度层面,通识教育面临着诸多挑战,如教育功利主义、教育权威主义、教育专业主义等制度因素的消极影响。学生同教师一样,是大学的主体。但学生的主体性不受尊重是当下通识教育改革中极为普遍的问题。通识教育改革应该以学生为中心,以树立学生的主体性为价值目标。这必须在通识教育课程、校园社会与文化生活、社会实践等通识教育活动中具体体现出来。

关键词:通识教育;大学;改革;大学生;主体性

引 言

中国的通识教育始于 20 世纪上半叶,当时有一批私立大学,尤其是教会办的文理学院,如辅仁大学、圣约翰大学等,借鉴西方通识教育经验,在全人教育方面取得了不俗的成绩。而自 20 世纪 50 年代开始,我国大学接受了苏联高度专业化和职业化的高等教育模式的改造。这种专业化的大学教学模式虽然便于为百废待兴的新中国快速培养工程技术专家和职业人才,这种工具主义的教育模式却不适应改革开放以后中国现代化的深层需求,既无法大规模培养创新型人才,同时也无法满足受教育者对于完善知识结构、拓展文化素养和提升生命境界的个体需求。所以,从 20 世纪 80 年代开始,以北京大学为首的重点高校便已开始探索本科教

---

* 张俊,湖南大学岳麓书院教授、比较宗教与文明研究中心主任。

育的改革。90年代中期,国家亦明确提出人文素质教育的主张,并在相关高校铺开试点工作。进入新世纪,以北京大学、清华大学、复旦大学、中山大学为首的国内名校相继自觉推动通识教育改革,迄今已见成效,形成数十所名校的通识教育联盟,其理念也开始被国家认可,于是渐渐形成一场全国性的大学教育改革运动。

尽管如此,中国大陆地区的通识教育只是刚刚起步,而且前途并不是一马平川。首先在理念与制度层面,通识教育就面临着极大的困难和障碍。通识教育改革不得不与流行的教育功利主义、权威主义、专业主义以及各种制度因素做斗争。其中,学生的主体性不受尊重就是当下通识教育改革中极为普遍存在的问题。通识教育改革应该以学生为中心,以树立学生的主体性为价值目标。

一、通识教育改革的制度与思想障碍

目前在国内普及大学通识教育,从教育技术、制度到思想,各个层面都存在着许多实际困难。其中技术层面的困难相对容易克服,制度和思想层面的障碍解决起来就相当艰难了。但要真正铲除通识教育的障碍,打通改革之路,还必须得深入制度和思想层面,否则中国大学的通识教育只会流于形式,成为表面文章。而如果不能实现通识教育的理想,则很难树立大学的主体性,完成高等教育的时代转型。

中国大学通识教育改革制度和思想层面的障碍主要存在于以下几个方面。

(一)教育功利主义。实用理性是中国社会的大传统,近百年来又受到西方实用主义、功利主义的影响,在中国教育体系中已经深入骨髓,不仅主宰着受教育者的头脑,也主宰着教育管理者的思维。改革开放以来,这种功利主义甚至以最极端的拜金主义形式不断侵蚀大学文化。今天的大学教育,绝大多数学生和家长的诉求是非常世俗化的,他们的目的就是获得优越的工作机会,高等教育优劣的权衡标准被简化为教育投资回报的多寡。而管理者关心的也主要是就业率、升学率、办学资源、科研经费这类功利目标。同时在高度行政化的教育体制下,教育管理部门对师资的评价标准严重偏向科研量化而非教学质量,导致教师也普遍接受了功利主义的教育态度,不肯为与专业研究前沿关系不大且又回报偏少的通识教育工作付出更多时间与精力。这种教学氛围下,没有外在功利目的的、崇尚自由的通识教育改革会面临巨大的思想阻力。这种阻力不是来自别处,恰恰是来自大学师生和管理者的功利主义思维模式。本质上,这是理想主义与功利主义的矛盾。其所导致的必然结果是大学管理者、教师和学生对于通识教育的消极敷衍甚至抵触态度。我们必须清楚了解一点,那就是没有他们的积极参与,通识教育改革不可能成功。

(二)教育权威主义。在中国文化传统中,师生关系被视为父子等级血缘伦理的自然延伸,如《泰泉乡礼》所讲:"古者士大夫居乡,则推尊以为父师,子弟从之游,而孝弟忠信之俗兴焉。"①现在虽然不再讲"天地君亲师",但"一日为帅,终生为父"的伦理训诫依旧存在,师生等级尊卑的伦理思想仍潜移默化地主宰着大多数人的头脑,故而在教育领域,权威主义的伦理思想仍然盛行。教育者(尤其是教育管理者)普遍认为大学生没有能力进行自我教育,没有能力进行自我教育规划与管理,于是甘愿充当起"超级保姆"的角色,从饮食起居、校园社团到大学课堂,甚至思想领域,都要插手。而学生也受此种教育伦理思想的影响,普遍接受对自己生活与学习的安排,罕有思考其合理性。即便私底下有异议,多数学生也不敢公开自由地表达意见(学生在课堂问答环节的普遍沉默即是此种思维方式的直接表现)。这种大学教育环境,某种程度上剥夺了学生自主教育、自我启蒙的实践机会,久而久之使其养成依附"权威者"的习惯,缺乏自主的意识,轻了说会造成大学生独立性的不足,重了说会形成未来社会精英奴性培育的温床。这种权威主义的教育环境不变,崇尚精神自由与人格独立的通识教育也举步维艰。如果通识教育改革也接受了这种权威主义的影响,将学生继续视为心智未成熟的个体对待,以一种教化者的态度居高临下设计各种核心必修课程,不顾及学生的实际情况与需求,则无疑会与通识教育的初衷相违背,走向通识教育的反面。

(三)教育专业主义。20世纪50年代以来,中国大学照搬苏联高等

① 黄佐:《泰泉乡礼》,《四库全书》第142册,上海古籍出版社1987年版,第615页。

教育模式,重专业教育,轻通识教育。另外,苏联专业主义教育模式与本土社会结构的结合,使得每个专业院系形成一个相对独立的教育机构,又逐渐形成专业主义和保护主义倾向。这种专业至上的教育方针以及各层级教育机构的利益诉求,令大学中试图超越专业藩篱和院系限制的通识教育改革变得困难重重。

二、以学生为中心的通识教育改革

中国大学及大学教育的种种现状,对于推行通识教育极为不利。尤其,"大学是所有社会机构的灵魂"①,大学溃败了,整个社会就会堕入深渊。大学教育者如果放弃理想主义的追求,后果是不堪设想的。诚如黄俊杰所言:"大学的本质在于对真理的探索,大学的生命则在于理想主义的坚持……在这样旋转乾坤的历史性时刻里,大学师生必须高举理想主义的大纛,回归教育之'促进人的主体性之觉醒'的原点,重新出发,才能为大学注入源头活水,赋予大学以新生命与新气象。"②作为现代自由教育的通识教育,恰恰是促进人的主体性的觉醒、重塑大学主体性的重要途径,它为大学也为社会培养独立而自由的生命个体。而通过这些觉醒的生命个体,我们是能够看到重建大学主体性的希望的,也能看到他们为促进社会进步输入新鲜的血液。

通识教育中所谓学生的主体性培育,具体来讲,就是充分信任大学生的自主教育规划、自主学习与自我管理的能力,使其在校园生活、社团活动、课程选择、课堂教学及社会实践中拥有更多自主选择的权利;抽象地讲,就是培养大学生的独立意识、批判精神和自由表达的思想习性,使其实现自我启蒙、自我觉醒,成为一个真正意义的现代公民和知识分子。

理想主义归理想主义,通识教育改革仍旧需要实践的力量来有效推动。如何推动自由的通识教育,借以实现学生主体性的自我建构,目前还

---

① 詹姆斯·杜德斯达:《21 世纪的大学》,刘彤、屈书杰、刘向荣译,北京大学出版社 2005 年版,第 162 页。

② 黄俊杰:《大学通识教育的理念与实践》,台湾大学出版中心 2015 年版,第 27 页。

需要深入的探讨。首先,这里要指出一个误区,即通识教育改革不只是通识课程改革。本质上,通识教育改革是一整套系统的工程计划,而且无论这项改革如何复杂,都必须以学生为中心,围绕学生主体性的自我建构展开。

本文理解的通识教育改革包含三大板块:通识教育课程;校园社会与文化生活;社会实践。这三个环节缺一不可,其制度设计都需要体现学生的主体性。同时,与通识教育改革配套的助教制、导师制、书院制也应在国内大学的制度建设中尽早提上议事日程。

下面就从重建学生主体性的视角,宏观上提出一个通识教育改革的路线方案,以供学界同仁讨论。

三、通识教育课程

无可否认,课程教育目前仍是大学教育的核心任务,所以通识教育课程设计仍是通识教育改革最重要的部分。西方两百年来的大学通识教育课程实践,主要有经典名著、共同核心、分布必修和自由选修四种课程类型。其中,自由选修非常小众化,目前只有布朗大学等少数大学采用,原因主要是现代学术科目极其庞杂,若无强有力的规划引导,这种模式极易导致学生知识系统性的欠缺。芝加哥大学开创的经典名著模式接受度也不高,主要原因是其教育模式忽视了现代学术所取得的知识成就和系统性,而且无可避免地过于精英化,对师资能力要求也比较高,难以大规模推广。窃以为以上两种模式只适合小规模文理学院的精英教育。共同核心与分布必修是目前应用最广的两种模式。笔者认为,分布必修模式最能体现当代通识教育的精神,即在有限的课时中尽量全面地拓展学生的知识视野,涵养其融会贯通的理解力,同时给予学生尽量充裕的自由选择空间,依其兴趣提高自身的能力。笔者完全同意耶鲁大学克龙曼(Anthony T. Kronman)教授的看法:随着人类知识的迅速膨胀,教育者已经不可能使学生全面掌握这些知识,即使是最聪明和最训练有素的学生也不可能在四年时间内掌握所有人类知识,哪怕是那些最浅近的要点。"如果不能,就要对知识的种类做出选择。选择研究某些东西并对某门学科予以特殊关注。其他东西就必须忽略掉。如果选择是不可避免的,那么,有谁能比学生本人更好地去做出选择呢? 有谁能比学生本人更好地知道哪个学习领域更适合于他的兴趣和天赋并可能对他为掌握这一领域而付出的辛劳给予回报?"①理想的大学课程应该主要由通识教育和专业教育两部分构成,不仅专业课程学生要有自主选择的权利,对于通识课程学生也应该有足够的自由选择权利。只有尊重学生的教育主体性,才能从根本上培养学生的自主性,包括选择的自由、实践的自由和承担的勇气,从而最终完成其主体性的自我建构。这才符合通识教育的最终目的。

目前国内一般大学的课程设置主要分为四个板块:公共必修课、公共选修课、专业必修课和专业选修课。其中,专业课程(专业必修课和选修课)通常会占到 70%左右的学分,公共必修课会占到 20%左右的学分,公共选修课只占 5%—10%的学分。对比西方许多实施通识教育的著名大学专业课程仅占 50%左右学分的实际情况,我国大学专业教育课程的学分占比明显过大,从而使得我国高等教育的专业主义特征明显。这种专业主义教育有相对独立的现有专业院系提供体制保护,同时又挟有专业教育传统的思维与制度惯性,要想短期内压缩其学分到一个相对合理的空间以便给通识教育改革腾出课时空间,是非常困难的。公共必修课——主要包括"大学英语""大学语文""体育"及思政课程——基本是法定课程,其必修性质校级层面的通识教育改革难以撼动。所以目前通识教育课程改革能够真正着力的地方其实就是被称为"素质教育"的公共选修课部分,但这部分课程学分极其有限,全国高校本科生的毕业学分要求普遍在 140 学分以上,但比较全国高校的情况,公共选修课多不过 16学分,少则仅有 6 学分。如果只依托这样少的学分课时来进行通识教育改革,并指望达到预期的全人教育目标,无异痴人说梦。所以,通识教育改革必然是同时针对专业主义和权威主义的一次教育改良运动,它涉及对现有高校课程体系的重新规划。

对于有志于大规模启动通识教育改革的学校,笔者有几条建议:

---

① 安东尼·克龙曼:《教育的终结:大学何以放弃了对人生意义的追求》,诸惠芳译,北京大学出版社 2013 年版,第 44 页。

第一,宣讲通识教育理念,统一教育者与受教育者对于全人教育的思想认识,盘活现有课程与教师资源,培育通识核心课程,积极发挥"隐性通识教育"的力量。任何改革都会触动现有利益格局,通识教育改革也不例外,它必然会招致各种阻力和反对。所以改革初期,在机构建设、师资课程建设、改革方案、理念宣讲、运作经费等前期工作准备充分之前,不宜大刀阔斧。总之,宜缓不宜急。相关高校可以安排5—10年的时间来进行改革预备工作,如成立通识教育研究中心或相关委员会,负责通识教育理念的宣讲与师资课程的建设,以及规划切合本校实际的通识教育改革方案并反复组织校内外专家论证和校内师生听证。在此过程中,应该考虑借鉴西方大学尤其是英美大学的成功经验,依托研究生的奖助体系建立助教制度,同时完善各种教学辅助制度,尤其是探索建立大学生导师制度。没有这些辅助制度,自由的通识教育赋予大学生的自主性可能会发生严重偏向。这里需要强调的是,通识教育应该是贯穿全部大学教育的,所以理论上也应该贯穿全部课堂。核心课程只是实现此种教育的直接途径。实际上,通识教育有"显性通识教育"与"隐性通识教育"之分。"显性通识教育"指的是具有实际课程载体的通识教育,如各种通识核心课程或选修课程。"隐性通识教育"指的是在非通识教育课程中贯穿通识教育的理念,以达到通识教育的目的,如自然科学课程中附加科技伦理或审美的教育。在我国专业主义盛行的高等教育环境未整体改观之前,"隐性通识教育"的实践意义尤为重大,而这需要对专业教师进行广泛的通识教育理念宣讲与引导。

第二,调整专业主义教育模式,扩展通识教育规模。这是通识教育改革必须坚实迈出去的第一步,否则通识教育将被锁进现有的"公共选修课"体系,难以翻身。各校可以根据专业性质,将专业课程逐步压缩至50%—60%的学分比例,从而使通识教育学分达到20%—30%的比例规模。只有达到这个规模,高等教育才有可能摆脱工具主义的专业教育模式,使通识教育成长为一种主体教育模式,从而对树立学生的主体性产生足够有效的影响。

第三,改进"公共必修课"的讲堂技术和内容,使其作为一个特殊的部分融入通识教育计划。"公共必修课",可以在课堂的微观内容与形式上寻求改进,使其尽可能作为国体与政体、历史与国情教育,作为公民教育与通识教育接榫。

第四,从微观层面提一条建议,即敦促所有教师转变教育身份,进行讲堂技术的革新,从一个"教化者"(educator)转变为"引导者"(facilitator),抛弃"教师中心"(teacher-centered)的陈旧模式,打造真正"学生中心"(learner-centered)的教学环境。如果这种教育模式得到普及,将从根本上改变大学教学的面貌,激发大学生求学的主动性,进而达到更好的学习效果,培养出能独立思考并有继续学习能力的人。按特里·道尔(Terry Doyle)的经验,鉴于学生已经习惯以教师为中心的教学模式,教师有必要首先向学生阐明改变学习角色和责任对于更好地学习和继续学习的重要意义;然后让学生分享教师对于教学的把控权,即让学生对于自身的学习有更多的选择和把握空间,不再一味跟着教师的指挥棒转;课堂教学要尽量让学生参与第一手的学习和研究;重点培养学生的终身学习能力。[①] 真正好的教学要达到一种境界,即学生全身心投入,主动探究,而教师则好像不存在一样。

四、校园社会与文化生活

这是大学教育极为重要的一个环节,对于培养学生主体性而言也意义重大,然而,这一点在国内长期被忽视。营造高雅而和谐的校园社会与文化生活环境,是通识教育的重要组成部分。大学作为一个"群居相切磋"的学术组织和精神团契,应该尽可能保护校园生活的多样性。

保护这种多样性最重要的是保障师生来源的多样性,如学科的多样性、思想的多样性、国籍的多样性、语言的多样性、年龄的多样性、性别的多样性等。如詹姆斯·杜德斯达(James J. Duderstadt)所讲:"在一个日益多样化的国家和世界里,大学群体的多样性在很大程度上决定了一个

---

① See Terry Doyle, *Helping Students Learn in a Learner-centered Environment: A Guide to Facilitating Learning in Higher Education*(Stylus, 2008), pp. 7-11.

大学学术活动的质量,也决定大学与社会的相关程度。"①其中,学生群体
自身的多样性可能对学生的塑造影响更为深远,因为他们之间的交往是
无处不在的,而且是师生间难得有的平等交往。这种"群居相切磋"不仅
可使学生在学术上互为补益,也可使学生习得融入社会精英群体的人际
交往技能。"学生的学习环境取决于整个学生群体的特点,学生们在课
内、课外生活中不断地相互学习与交流,分享着共同的教育经历。因此,
学生群体越具有多样性,学生就有更多的机会接受不同的思想、观点和经
验,也有更多的机会去相互交流、获得人际关系的技巧,并消除彼此的隔
阂,结交更广泛的朋友。"②

为了营造这样的校园环境,大学教育当局有必要借鉴英美私立大学
和中国传统书院建立现代住宿书院(residential colleges)制度,同时尽量
放开学生社团组织的行政管理,让社团的自律性得以充分发挥,并给予社
团活动经费、场地、外联等方面支持与协助。让学生在校园生活中,充分
发挥作为一个学校主体自我管理者的角色,作为一个自由的社会个体参
与群体生活并相互学习,从而完成对主体性的自我建构。

五、社会实践

大学常常被比作"象牙塔",是某种独立于世俗社会的精神桃花源。
当然,对大学的这种解释的确道出了大学的某种本质。但大学不是修道
院,它从来不是也永远不会是一个封闭的机构或群体。可以说,大学,尤
其是以巴黎大学为代表的西欧大学,本身就是从修道院学校或主教座堂
学校中分化出来的一种世俗学校。所以本质上大学是为世俗社会培养人
才的教育场所,尽管它享有一定的精神的超越性和实体的独立性。

大学,不仅不能与社会隔离开来,反而应该积极地融入社会、参与社
会、引导社会。所以,这就要求大学教育与社会实际密切关联。这种关

① 詹姆斯·杜德斯达:《21世纪的大学》,刘彤、屈书杰、刘向荣译,北京大学出版社2005年版,
  第184页。
② 詹姆斯·杜德斯达:《21世纪的大学》,刘彤、屈书杰、刘向荣译,北京大学出版社2005年版,
  第162—163页。

联,除了课程设置必须要积极反映社会需求,最重要的就是要让学生在校期间充分开展社会实践,提升对社会与自我的认识,将社会实践与大学课程学习紧密联系在一起。《斯坦福大学2025计划》所设计的"开环大学"(Open-loop University)改革便是这种教育理念最新的实践。这种自定节奏的学习(self-paced learning)充分尊重了学生作为受教育者的主体性,将大学与社会实践乃至受教育者的一生紧紧地关联在一起。毫不夸张地讲,这种教育模式是目前最能体现自由教育精神的改革模式。国内大学的教育改革当然还未能企及如此前沿的位置,但目前的通识教育改革应该充分考虑社会实践环节,将其作为通识教育有机的组成部分。因为只有理解社会、能快速融入社会并能最终按照大学理想主义精神引导社会的学生,才能证明大学教育的成功。

社会实践,可以帮助学生尽早蜕变为独立而自由的社会个体,这是通识教育的目标。因此通识教育改革应该重视学生的社会实践,为其提供制度保障,制定相应的各种实践计划为学生提供咨询、引导和协助。

结　语

通识教育的核心目的,就在于为现代社会培育独立而自由的心灵,建立新时代人的主体性,完成其自我人格的塑造与思想的解放。如通识教育专家黄俊杰所言:"所谓'通识教育'就是一种建立人的主体性并与客体情境建立互为主体性关系的教育,也就是一种完成'人之觉醒'的教育。"①"人的觉醒",现代社会又称为"启蒙"。启蒙的本质,依德国古典哲学奠基者康德的说法,"是人类脱离自己所加之于自己的不成熟状态"。所谓"不成熟状态",就是"不经别人的引导,就对运用自己的理智无能为力"的心灵状态。② 本质上,人的这种不成熟状态不在于理智的缺乏,而在于意志的软弱,过分依赖权威而缺乏运用自己理智的勇气和决心。因此,康德认为这种不成熟归根结底是社会个体加之于自己心灵的

---

① 黄俊杰:《大学通识教育的理念与实践》,台湾大学出版中心2015年版,第35页。
② 康德:《历史理性批判文集》,何兆武译,商务印书馆1990年版,第22页。

一种依附性的精神状态。所以,人只有鼓起勇气运用自己的理智,才能获得主体的启蒙与觉醒,从而成为现代社会所需要的独立而自由的理性个体。通识教育要培养这样的社会实践主体,按照康德的理论,最终是要培养独立而自由地运用自己理智摆脱强者指引(包括教师的指引)的精神主体。在这种启蒙教育文化语境中,学校和教师指导、规范青年人的权威或特权将受到不言自明的限制。现代大学生,作为启蒙或觉醒的社会实践主体,其主体性的建构本质属于自我建构,而非外在塑造。所以,今天的教育改革,制定任何通识教育方案,无论出于何种目的,都要警惕"单边主义"和"空想主义",尤其不能越俎代庖,不能迷信权威主义式教育规划,而忽视学生对于自由受教权的需求,忽视学生自我主体性建构的合理性。

Improving the Reformation of General Education: The Construction of Student's Subjectivity as the Goal

Zhang Jun

Abstract: At present, the general education reform of domestic universities is in the ascendant. At the conceptual and institutional levels, general education faces many challenges, such as the negative impacts of educational utilitarianism, educational authoritarianism, and professionalism. Like teachers, students are the main body of the university. But the lack of respect for students' subjectivity is a very common problem in the current general education reform. The reform of general education should be student-centered, with the goal of establishing the subjectivity of students as the value goal. This must be embodied in general education activities such as general education courses, campus social and cultural life, and social practice.

Keywords: general education; university; reformation; college student; subjectivity

应用型高校通识教育的使命与未来

——2022年"应用型高校通识教育专题论坛"综述

刘迟晓霏　黄　鑫*

摘　要: 随着通识教育理念的发展与普及,通识教育在国内已逐渐进入多元化发展时代。近年来,国内应用型高校纷纷立足自身的办学定位与目标,尝试探索出适合本校的通识教育发展路径,已收获不少成果,但仍面临许多共同的问题与挑战。2022年"应用型高校通识教育专题论坛"由大学通识教育联盟主办、联盟成员高校西安欧亚学院承办,围绕"应用型高校通识教育的使命与未来"主题进行深入研讨与交流,集中讨论了国内高校发展通识教育面临的共同问题、应用型高校在通识教育建设中的探索与实践、应用型高校通识教育的管理之道、应用型高校通识教育的课程实践、如何进行通识教育与专业教育融合等。

关键词: 通识教育;应用型高校;通识教育改革

　　近年来,随着通识教育理念在国内受到越来越多的认可,国内研究型高校与应用型高校纷纷加入通识教育改革的队伍中。其中,各个应用型高校立足自身独特的办学定位与目标,尝试探索符合自身特色的通识教育的路径。当下,各个类型的应用型高校通识教育改革情况如何?通识教育体系搭建中有哪些值得推广的经验措施?未来发展还面临哪些困境与挑战?2022年5月27日—28日,由大学通识教育联盟主办、联盟成员高校西安欧亚学院承办的"应用型高校通识教育专题论坛"以线上多平台直播的方式举办。本届论坛邀请到清华大学新雅书院讲席教授、中国大学通识教育联盟秘书长甘阳教授,西安欧亚学院创办人、董事长胡建波教授,哥伦比亚大学中国教育研究中心副主任程贺南研究员,浙江科技学

---

* 刘迟晓霏,西安欧亚学院讲师;黄鑫,西安欧亚学院通识教育学院副院长。

院副校长冯军研究员,复旦大学通识教育中心主任孙向晨教授等通识教育领域知名专家学者参会发言。在为期两天的线上论坛直播中,来自 12 所高校的专家学者进行分享,超过 50 所高校的通识教育同仁云端参会,互动讨论交流国内高校通识教育的建设经验,探讨应用型高校通识教育的未来发展之路。

一、国内研究型高校与应用型高校通识教育发展面临的共同问题

清华大学新雅书院讲席教授、中国大学通识教育联盟秘书长甘阳教授在开幕致辞中提出,中国国土广袤,各个地区的差异都非常大,各个学校的历史、传统、资源也不尽相同。通识教育虽然有共通的理念,但是各个学校需要根据自身实际情况去探索适合的发展方式。因此,中国大学的通识教育必须走多样化的道路。中国大学通识教育联盟发起单位虽然以研究型大学为主,但是国内一些应用型高校多年来也在持续探索通识教育,并形成丰富成果。尽管不同高校的通识教育发展道路具有多样性,但无论是研究型大学还是应用型大学都面临一些共性问题。

(一)搭建通识教育教师团队

任何一个大学,不论采取何种通识教育方案或方式,首先要形成通识教育的教师团队。因为无论是通识教育还是专业教育,能否做好主要取决于教师。如果仅靠校长或教务处的推进而不能唤起教师热情,通识教育推行效果一定会受到很大影响,好的通识教育能够随着时间发展将教师团队凝聚成一个感情共同体。例如复旦大学通识教育中心团结了很多教师,他们来自不同专业,但是经常有机会在一起交流,提供许多好的主意和建议。部分学校做得不如人意,往往是因为把通识教育的推行仅仅看成行政性的自上而下的推行,结果只能是各个院系承接相应课程,缺乏一种自下而上的热情。教师只有高度的认同,并以高度的热情投入通识教育事业,才能在学校中产生通识教育的成果。

（二）获得学生认同

基于中国大学的结构,如何凝聚学校的学生并使他们认同通识教育,对很多大学来说都是具有挑战性的问题。在中国,无论是研究型大学还是应用型大学,学生入校之初就被划分了院系,是高度专业化的,这与国外情况非常不同。例如美国的大学,入校不划分专业、院系,所有学生都只是属于大学的本科生。英国的大学生虽然划分了专业,但是他们和院系没有关系,而是生活在各个不同的 college。这样的情况下,本科生与院系的关系越淡化、越疏远,通识教育就相对越容易发展。而国内的现状是,本科生入校即由专业院系管理。这样的结果就是学生必然高度认同,甚至仅仅认同专业课程,而对不是本院系所开设的课程认同度较低。

面对这种情况,如何提高学生对通识教育课程和相关活动的认同是一个很大的难题,需要中国大学付出巨大的努力。近些年比较普遍的探索是在大学内部设立书院或通识教育学院,除了大家比较熟悉的,像北大元培学院、清华新雅书院、中大博雅学院等,联盟成员青岛大学成立的浮山书院也是一个特别成功的案例。青岛大学成立浮山书院已经有十多年的历史,书院学生在专业上虽然仍归属于不同院系,但学院提供给学生超越院系的视野和生活方式,使得通识教育更容易推进。当然这种探索不是唯一的途径,仍需要在课堂、课程、活动上发力,创造学生跨院系的学习结构。如果不能实现这一目标,就会使通识教育流于形式,哪怕学校具有创新思路,也很难被学生接受和认同。

（三）激起学生学习热情

受到时代背景的影响,大学通识教育现阶段所面临的问题与之前相比有比较大的区别。推行通识教育前期的重点主要集中在建设高质量课程方面,采取小班教学、经典阅读等形式都是为了把控课堂质量和学习效果。但是今天大学当中存在着比较突出的"内卷化"的问题,无论是应用型大学还是研究型大学,这都是非常大的挑战。如果学生已经厌倦学习,学校还只是强调通过通识教育去扩展知识、加强专业训练,往往会适得其反。近年来,许多学校有了新的做法,开始在劳动教育和艺术教育上发力。中央和教育部近期开始强调劳动教育,中山大学博雅学院和清华大学新雅书院很早就已经开始建设相关课程。从实践效果来看,学生非常喜欢这些课程。这一代的学生比较缺乏生活经验,而且同学之间的关系往往也比较疏远,劳动教育能够极大地促进学生之间的互动和联系,促进学生和社会的联系,让学生去认识真实的中国社会、乡村、工厂。如果能够利用中央和教育部倡导的这次改革,而不仅仅把它视作完成"规定动作",可能会取得比较好的效果。艺术教育更是如此,能够缓解学生学习焦虑,使身心得到更全面的发展;学生进而也会对学校活动有比较高的认同。

二、在实践中总结经验:应用型高校通识教育改革路径探索

(一)吸收与借鉴国内外优秀通识教育发展经验

通识教育应当与 21 世纪人才培养相融合。哥伦比亚大学中国教育研究中心副主任程贺南研究员在报告中提出,美国通识教育理念源于自由教育(liberal art education)的传统和理念,在通识教育中提倡"在做中学"、创新思维、解决实际问题、强调民主的理念及"以学生为中心"的进步主义教育方法。哥伦比亚大学通识教育实践模式体现在哥伦比亚大学核心课程,课程分为文学、哲学、历史学、音乐、艺术、科学六个模块。基于跨学科的课程本质,开阔学生视野,培养多元人才。依据联合国教科文组织提出的最新要求,21 世纪人才必须具备基础技能、数字化技能、可迁移技能、创业技能、工作相关技能等综合能力。应用型通识教育的发展与21 世纪人才培养能力需求十分契合。其中,学会探知、学会行动、学会成为、学会共存等全球框架下的可迁移技能,能够为应用型高校通识教育的发展提供指导方向。

复旦大学通识教育中心主任孙向晨教授在论坛中分享了复旦大学通识教育的发展历程与现状,以及复旦大学通识教育核心课程建设举措,为参会的高校发展通识教育提供参考。复旦大学通识核心课程围绕"人格、

视野、能力"三个层面,建设文史经典与文化传承、哲学智慧与批判性思维、文明对话与世界视野、社会研究与当代中国、科学探索与技术创新、生态环境与生命关怀、艺术创作与审美体验七个课程模块,开设 50 个基本课程单元约 180 门通识核心课程。孙向晨教授将复旦大学通识教育核心课程建设举措概括为五个要点:1)建好每一门课程;2)打造通识教师共同体;3)学好每一门课程;4)学术与行政紧密协作;5)通识教育成果"溢出"。基于对应用型高校通识教育发展的调研,应用型高校在发展通识教育时须在实践过程中凝聚共识,"谋定而动";充分调动优质师资,促进教师自我提升,打造教师共同体;把握好通识课程体系的宽度与深度;建设"硬核"课程,提升学生学习成效;打造通识校园文化,使学生明确通识教育对自我成长的意义。

(二)依据本校特色建设通识教育体系

西安欧亚学院董事长胡建波教授在论坛中围绕"理论指导与目标导向、课程为本与协同育人、从做中学与过程评价、在地国际与环境育人、教师发展与学习支持"五个特点,对欧亚通识教育 10 年探索经验进行分享。10 年来,西安欧亚学院坚持"以学生为中心"的教育理念,深耕迭代通识课程体系。以学生发展为中心、以学生学习为中心、以学习效果为中心,专注培养学生通识能力,搭建知识结构,养成思维习惯。在课程改革方面,率先开设针对性通识能力培养课程——欧亚通识 DNA 课程,并且突破传统课程的局限性,充分利用校园环境,增强思政类、体育类等课程学习任务的社会性及学生参与性,引导学生主动学习,全面提升学生综合能力。在通识课程学习基础上,学校大力促进非课程学习活动开展与非正式学习环境建设,加强学生社区、学生社团联系,将课内课外学习相融合,鼓励学生"以练促学""在做中学"。

浙江科技学院副校长冯军研究员在分享伊始谈到,应用型高校通识教育发展首先应当贴合应用型大学发展的基本逻辑,并且符合应用型人才核心素养基本特征——高素质与全面发展。在此基础上,处理好通识教育与专业教育融合、能力塑造与全面发展统一、课堂教学与课外育人贯通、课程建设与教师能力提升四个关键问题。浙江科技学院立足浙江,面向经济社会发展的新形势,围绕应用型办学定位,着重打造具有浙江精神的创新创业人才、具有工匠精神的工程实践人才、具有国际素养的国际化人才。学校经过多年的探索与实践,建立起"五结合""三体系""三平台"的通识教育架构,以培养适应未来发展需要,实践能力强,创新能力优,具备国际竞争力和社会责任的高素质复合应用型人才为目标。

在"应用型高校通识教育的管理之道"分论坛的报告中,东莞理工学院通识教育中心副主任许燕转,四川外国语大学教务处长刘玉梅,重庆移通学院通识教学部主任皮若兰,晋中信息学院校长助理陈春苗等多位国内应用型高校的通识教育管理者分享了本校基于各方实际情况与院校属性,在校内开展特色通识教育的改革探索之路。东莞理工学院践行"贯通、宽广、厚实、透彻、能力、智慧"的通识教育理念,目前已经建设成熟通识教育课程体系、活动体系、教材体系,形成了以课程体系为中心的综合改革体系。四川外国语大学探索出通识教育与"新文科"建设相融合的通识教育发展路径,推动传统文科学校在转型中发展,以满足人才培养质量与社会需求。重庆移通学院格外重视通识课程建设,学校明晰通识培养目标、完善通识课程体系,建设六个板块核心通识课,为学生提供高效能、互动式、体验式的课程。晋中信息学院则借助荣誉学生选拔制、书院寄宿制、全程导师制等特色制度,发挥小班化、国际化、多元化等优势,全面培养学生通识能力。

通识课程是通识教育在学校内实施的重要载体。如何建设一门高质量的通识课程,依据所属地区、学校专业、学生教师之间的差异性,有着不同的解答。在应用型高校通识教育课程实践分论坛中,武汉商学院通识教育学院院长兼党委书记高静,西华大学核心通识课程"写作与沟通"课程组成员李学玲,深圳职业技术学院"创新思维"课程建设主持人吴维,西安欧亚学院"写作与表达"负责人卢卓元等多位应用型通识课程研究与实践专家学者分享了高质量通识课程建设的实践与思考。武汉商学院结合学校商科专业特色,确定通识课程教学模块,整合通识教育人才资源,开展通识教育文化活动,搭建通识教育信息化体系,提升应用型高校通识文化影响力,推动应用型高校通识教育建设。西华大学核心通识课程"写作与沟通"则努力探索混合式教学模式,结合过程性考核,以线上线下相结合的方式,提升在线上学习的真实性,提高学生学习质量。全国高校创新就业金课、深圳职业技术学院"创新思维"课程,在课程建设中重视结合真实企业需求、学生学情背景、企业教师教学能力等,探索出敏捷化创新通识课程开发模式。西安欧亚学院"写作与表达"课程依托设计思维,为学生制定个性化的课程学习与非课程学习方案。基于学生想法、课程目标、专业要求完成课程的主要设计,整合资源平台,帮助学生综合提高通识能力。

三、应用型高校通识教育的发展现状与未来

论坛结束后进入圆桌会议环节,西安欧亚学院通识教育学院副院长黄鑫作为会议主持人,邀请多位通识教育领域专家学者就国内应用型高校通识教育发展中面临的具体问题展开深入交流与探讨。

(一)应用型高校通识教育发展现状与问题

西安交通大学杨建科教授指出,地方应用型高校通识教育改革的实践与创新,需结合本校特色和人才培养定位。当前,各个学校基本上都能认同通识教育的理念,并在学校人才培养中大力推动通识教育实践,而且都形成了较好的顶层设计和组织保障体系,建成了一批特色通识课程及第二课堂活动,但是在内涵建设、师资队伍建设上,还应持续发力。

西安欧亚学院孙建荣教授围绕通识教育及通识课程的建设提出了值得每一位高等教育工作者思考的现实问题。通识教育是中国高等教育的重要组成部分,构建中国特色高等教育模式必须以中国特色通识教育模式为基础。而对于应用型高校来说,在进行本校通识教育建设时,如何更好地衔接国家通识教育整体规律和自身通识教育实施设计的特点,是非常重要的。疫情常态化的当下,我国进行了大规模的信息技术教学。从通识教育角度出发,信息技术和通识教育之间的有效结合能为学生带来何种价值,也是许多教育工作者越来越关注的议题。

通识教育在一所学校的推广普及,必定离不开学生知识能力体系的整体设计以及通识教育与专业教育的和谐关系。北京理工大学庞海芍教授提出,在建立通识能力培养体系时,应当在老师、学生和用人单位中探索能够确定学生知识与能力需求的主体,帮助学校找准对学生来说最有价值的知识。同时,在学校整体教育体系中,如何区分专业教育与通识教育的边界、体现通识教育的特殊性仍是应用型大学开展通识教育需要思考与解决的现实问题。通识课程是通识教育在高校内开展的重要载体之一。复旦大学刘丽华副教授提出,随着通识课程数量越来越多,需要避免通识教育"泛化"的问题,即伴随课程数量的增加课程质量下降。学校在设计通识课程体系时应注重课程的代表性和相关性,推进通识教育的理念在每一门课程中的落地,借助通识课程"以点介入"的形式,真正实现对学生能力的培养。

(二)通识教育与专业教育融合的具体路径

"通专融合"模式以淡化通专界限、打破通专壁垒为特点,已成为国内高等教育的未来趋势。然而在具体实施过程中,通识教育与专业教育的融合路径与标准仍然是当下研究的重点问题。

孙建荣教授提出,要基于"应用型高校"与"普及化教育"这两个大背景分析和定义"通专融合"。首先,对于通识教育和专业课之间关系的界定,取决于学校的自身定位及其在教育体系中所处的位置。通常而言,公立院校通专融合的规划与实施须严格遵照国家要求,而民办院校的实践空间相较而言会略为宽松。其次,孙教授提出,通识教育中"通"与"识"的内涵并不是恒定不变的。从"通"即广泛性的角度来说,教学的量和深度通常会有所牺牲,但可以转而采用别的渠道进行补偿,让通识课程承担部分特殊任务,例如通过课程思政的途径在每门课里进行价值观教育。从"识"的角度出发,通识教育可能会发生与内容、期待有关的变化,即对应用型大学学生学习力和结果的评价和相关指标的变化。社会、学校对通识教育及专业教育的期待,可能会大于学生本身的需求。

庞海芍教授指出,目前国内高校的通识教育与专业教育已经渐渐由

"平衡期"进入了"融合期"。庞教授总结出三条通专融合的具体路径:第一,课程思政能够成为一条良好的通专融合道路,如将"如何做人"的教育融入所有课程之中;第二,部分高校尝试的"互为通识"制度。对同一门课程进行双编码,将专业课程变为其他专业的通识课;第三,通过完善制度推动通专融合。例如国内部分高校实行大类招生、书院制,借助灵活的专业选择及专业转换,使学生在大学中能够接触不同专业的知识,自然形成知识迁移的通识能力。未来,中国需要解决通专融合、通专结合,还是需要实行"通识教育基础上的专业教育"。

(三)应用型高校通识教育的使命与未来

应用型高校通识教育发展存在共性与个性的问题。西安交通大学杨建科教授指出,应用型高校须考虑自身特点,在实践普适性的通识教育的同时,针对本校人才培养的具体目标和问题,开展具有针对性的通识教育。

北京理工大学庞海芍教授与复旦大学刘丽华副教授再次强调课程发展对通识教育的重要性。两位专家指出,通识课程体系的完善与课程本身的高质量同样重要。教师需要在一门门的课程中下足功夫,提升教学吸引力和学生投入度。通识教育在校内外地位的提升,一定离不开师生内心层面真正的认可。

高校通识教育最核心的价值应体现在学生身上。西安欧亚学院孙建荣教授总结道,从高校通识教育"共性"的角度出发,其本质是培养学生"健身、健脑、健行"的通识素养;从"特性"的角度出发,高校通识教育应将学生培养为"负责任"的人,至于"责任"的内涵,则取决于每个学校的不同定位和具体社会要求等因素。

小　结

随着中国高等教育进入普及化阶段,我国越来越多的应用型高校开始探索自身的通识教育模式。本质上,这是应用型高校在人才培养的过程中,对大学精神及价值的反思与回归。由此看来,通识教育在人的发展中所起到的重要作用,已经越来越受到重视与肯定。而各参会高校的分享,也体现出其对经典通识教育的继承与创新。同时,在诸多专家的讨论中,关于教师队伍的建设、通专融合的可操作性、课程质量的重要性等问题,也触及了我国通识教育发展中的共性问题。

对于我国应用型高校来说,通识教育的探索仍处于刚刚起步的阶段,还有一些问题值得关注。首先,在全球疫情大爆发、AI 技术高速发展、知识经济时代到来的今天,西方世界对于通识教育的定义和发展也面临着新的变化和挑战。因此,理清通识教育的根本价值,并提出符合当代社会发展的人才培养目标,是推进本校通识教育变革的首要举措。其次,每所高校的通识教育实践,都离不开自身资源、地域和文化的限制。有效地进行教育创新,走出自身的发展之路,是建设有我国特色通识教育模式的有效措施。最后,应重视对通识教育效果评测的研究。通过有效的测量方式,判断各校的教育实践是否实现了应有的目标,既可以避免通识教育被泛化,又可以在实证的基础上,推进下一轮的教育实践。

我国应用型高校的通识教育发展,离不开更多院校的参与、实践和分享。期待更多的高校加入对于我国应用型高校通识教育实践的讨论和交流中,发现并解决其中的真问题,探索出符合自身特色的教育之路。

The Mission and Future of General Education in Application-oriented University: An Overview of the 2022 General Education Special Forum in Application-Oriented University

Liuchi Xiaofei   Huang Xin

Abstract: With the development and popularization of the concept of general education, general education has gradually entered the era of diversified development in China. In recent years, based on their own positions and goals, application-oriented universities have tried to explore the path of general education suitable for their own schools and have achieved many achievements. However, they still face many common problems and challenges. 2022 " General Education Special Forum in Application-oriented University" conducted discussions on the theme of "The Mission and Future of General Education in Application-oriented University", focusing on the common problems faced by Application-oriented Universities in the development of general education.

Keywords: general education; application-oriented university; general education reform

通识教育与专业训练的张力与再平衡

——以北京大学元培学院政经哲项目
教学计划改革为例

赵宇飞*

摘　要:本文参照笔者的求学经验,梳理了北京大学元培学院政经哲项目新旧教学计划的差异,及其背后体现的对通识教育与跨学科训练的不同理解。在此基础上,本文认为通识教育与跨学科训练绝不等于简单机械地堆砌各专业的课程,而是应在仔细挑选课程和设计培养方案的前提下,给予学生自主探索的空间,实现通识教育与专业训练的再平衡。

关键词:政经哲;通识教育;专业训练

在北京大学过去二十多年的通识教育改革①中,笔者本科时所在的元培学院无疑是最重要的标杆之一。元培学院脱胎于 2001 年创立的元培计划实验班,学院给予了学生自由转换专业、自由选课、自主选择提前或延期毕业等方面的探索权限。而在元培学院中,笔者曾经就读的"政治

---

* 赵宇飞,本科毕业于北京大学元培学院(政治学、经济学与哲学方向),硕士毕业于芝加哥大学(政治理论专业),目前博士就读于波士顿学院政治学系(政治哲学专业)。主要研究兴趣为启蒙运动时代的法国政治思想。

① 根据甘阳教授 2006 年在《通识教育在中国大学是否可能》这篇演讲中的说法,国内大学尝试通识教育的方式分为两种,即始于 1999 年且在北大、清华等校加以探索的"通选课"模式,以及始于 2005 年且在复旦大学实验的本科第一年不分专业院系的模式。若以此为标准,那么北京大学的通识教育改革至今已有 23 年的历史。

学、经济学与哲学”方向(以下简称“政经哲”)作为院内第一个跨学科培养项目,从诞生之初,就带有极强的通识教育色彩。

从历史上看,政经哲最初设立于 20 世纪 20 年代的牛津大学。面临着一战之后世界秩序的风云变化,牛津大学认为,以古典语言训练和经典文本考究为基础的传统人文培养模式,要应对剧烈的时代变迁,已捉襟见肘。于是,牛津大学在保留了哲学和政治思想方面训练的同时,又加入了政治科学和经济学的训练,组成了最初的政经哲项目。[1]

在 2008 年设立政经哲项目后,元培学院的培养方案沿袭了类似于牛津大学政经哲项目的拼盘式框架,要求政经哲方向的学生在本科低年级时,同时必修哲学、政治学和经济学这三个学科中的专业基础课程(例如“宗教学导论”“政治学概论”“经济学原理”等)。进入本科高年级后,学生需要分流,从哲学、政治学和经济学中任选其一作为专业。[2] 不过,需要注意的是,在政经哲项目过去十多年的实践中,培养方案经历了多次调整。而在各次大大小小的调整中,又以 2014 年版培养方案的调整力度最大,这次修订奠定了如今政经哲项目培养方案的基本格局。笔者恰逢 2014 年进入北京大学元培学院,因此也是新版培养方案的第一届学生。本文将首先梳理政经哲方向培养方案和课程设置上的变迁,然后结合个人经历,考察上述变迁背后所体现出的通识教育与专业训练之间的张力,以及北京大学元培学院政经哲方向课程设置多年来的探索对于通识教育和跨学科培养的实践的启发。

一、旧版教学计划的课程设置(2008 级至 2013 级)

在 2014 年政经哲方向的教学计划改革中,元培学院曾邀请各相关专业的教授及往届学生召开座谈会,吸取各方面的反馈意见,进而对该方向

---

[1]　关于牛津大学政经哲项目的情况,可参考元培学院院长李猛教授的讨论。见李猛:《政经哲的元培经验:专业化研究与跨学科教育》,《大学与学科》2021 年第 4 期,第 24—33 页。

[2]　注意,这并不意味着学生在分流后不再属于政经哲方向。分流后,学生分属于政经哲方向哲学专业、政经哲方向政治学专业、政经哲方向经济学专业,其所受的训练和要上的课程仍与直接选择哲学专业、政治学专业或经济学专业的学生有明显的不同。

的培养方案做了较大规模的调整。在改革之前的旧版教学计划①中,政经哲方向的课程设置分为五个主要模块,共计 142 学分。②

(1)全校必修课(26 学分):与全校要求基本统一,包括大学英语、体育、文科计算机、军事理论以及思想道德修养与法律基础等思政课程。

(2)专业必修课(64 学分):政经哲方向的学生都必修的课程。

(3)专业选修课(36 学分):包括 22—26 学分的本专业课程(分流到三个专业的学生分别选择本专业的课程),以及 10—14 学分的大类平台课(可从法学院、社会学系、国际关系学院等院系的课程中选择)。

(4)本科素质教育通选课(10 学分):与全校要求基本统一。

(5)毕业论文(6 学分):与全校要求基本统一。

可以看到,除了与全校本科生要求基本相统一的"全校必修课""通选课"和"毕业论文"这三个模块,政经哲方向的旧版教学计划中对于"专业必修课"的学分要求极高,在总学分要求中占到了半壁江山。这样导致的结果是,即便某位同学在本科高年级时分流到了政经哲方向哲学专业,这位同学仍然必须上"专业必修课"中要求的"线性代数""概率统计""中国经济专题"等经济学课程和"政治经济学导论""比较政治学概论"等政治学课程。如果将这份政经哲教学计划中的课程要求与政治学、经济学、哲学这三个专业分别的教学计划相比较,前者的"专业必修课"基本相当于这三个专业各自绝大多数专业基础课程的加总。这也是为什么旧版教学计划中的"专业必修课"占到如此多的学分。

要完成这些必修课程,学生无疑需要投入大量的精力。在 2014 年教学计划改革之前,有不少政经哲方向的学生直到大三时仍然尚未完成"专业必修课"中 60 多学分的要求。在学生的层面上,这样的安排就造成了

---

① 请参见《北京大学元培学院政治、经济与哲学专业教学计划(草案)》,见:https://wenku.baidu.com/view/5c6b114bfad6195f312ba6f0.html,2022 年 9 月 15 日。

② 政经哲方向的学生从哲学、政治学和经济学中任选其一作为专业。因为各个专业的学分要求略有不同,所以不同专业的学生所要完成的各模块学分数也有所不同。

一个困难:在进入本科高年级后,同学们都已选定分流方向,同时对于自己未来打算从事的学术领域或工作领域有了一定的规划,但此时仍然需要选修大量其他专业的课程,甚至是自己不甚感兴趣或不擅长的其他专业的高阶课程。如果此时退出政经哲方向,直接选择对应的专业,那么就需要面临巨大的沉没成本,并且不见得能按时完成对应专业培养方案的课程要求,很有可能需要延期毕业。而如果继续留在政经哲方向,那么就要被迫从本可以投入本专业的时间中挪出相当一部分,来应付政经哲中其他两门学科的课程。而为了在满足政经哲方向毕业要求的同时,在本专业领域也获得足够多的学术训练,不少同学不得不在培养方案要求的范围之外又选修了大量本专业的课程,以至于毕业时四年所修的总学分数远超项目要求的 142 学分,有些能达到 160 多学分,甚至在个别极端情况下达到 170 多学分。对于学生而言,超额选修课程无疑意味着超额的课业压力和负担。

不难发现,政经哲方向旧版教学计划的课程设置所导致的这些困难,本质上仍然体现了通识教育和专业教育之间的张力。虽然政经哲方向旧版教学计划也相当强调通识教育和跨学科培养的取向,但由于就业压力和学生自身兴趣的发展,在进入本科高年级后,强化通识教育的努力很快就会与专业训练的要求产生矛盾。如果不想顾此失彼,学生为了同时满足通识教育和专业训练这两边的要求,就不得不以"自我压榨"的方式,超额选修大量的课程,承受超过北大同年级其他方向学生的巨大身心压力。

二、课程设置的改革(2014 级至今)

以北京大学教务部官网公布的 2016 级教学计划为例[①],在调整后的教学计划中,政经哲方向的课程设置分为了五个主要模块,共计 130 学分。

---

① 请参考《北京大学本科教学计划(2016 版)文科卷》,http://www.dean.pku.edu.cn/userfiles/upload/download/201804242015094157.pdf,2022 年 9 月 15 日,第 517—519 页。

（1）公共必修课程（25—31 学分）：与全校要求基本统一，包括大学英语、体育、文科计算机、军事理论以及思想道德修养与法律基础等思政课程。

（2）基础课程（12 学分）：包括"微积分"（相当于其他院系的"高等数学 C"）①、"应用统计学"、三门学科的研讨班。政经哲方向的学生均为必修。

（3）专业核心课程（28 学分）：除必修的毕业论文外，政治学、经济学、哲学各有数门课程，每门学科不少于 8 学分，总计不少于 28 学分。

（4）限选课程（35 学分）：从三十多门指定课程中任选 35 学分（分流到经济学的学生必选"计量经济学""线性代数"和"概率统计"这三门课）。

（5）通识与自主选修课程（至少 30 学分）。

与旧版教学计划中的课程设置相比较不难发现，改革后的政经哲方向课程更加宽松，给予学生的选课自由空间也更大了。具体而言，笔者将新版课程设置所做的调整总结为如下几个方面：

第一，"专业必修课"要求大幅缩减。该模块原先有 60 多学分，现在缩减为了共计 40 学分的"基础课程"和"专业核心课程"，并且这 40 学分中的许多课程（如三门学科的研讨班）也都可以通过课程替代的方式，用自己希望选修的其他课程来替代。这意味着，政经哲方向的学生在选定分流方向后，所必须修习的其他两个专业的课程大幅减少了。例如，如果分流到政经哲方向的政治学专业或哲学专业，那么在旧版教学计划中仍然必修至少八门经济学课程（包括经济类院系开设的数学课），而在新版教学计划中则只需要选修微积分、经济学研讨班、经济学原理这三门，以及中级微观经济学和中级宏观经济学中的任意一门，相当于必修课程的数量减半了。

---

① 在近年来进一步的教学计划改革中，数学课方面的要求又再次下调为了高等数学 D。请参考《北京大学本科培养方案（2021）文科卷》，http://www.dean.pku.edu.cn/userfiles/upload/download/20210902100427626826.pdf，2022 年 9 月 15 日，第 538—541 页。

第二,"限选课程"中引入了许多其他专业的课程。例如,法学院的"宪法学""法理学""西方法律思想史"等课程,历史学系的"中国古代史(上/下)""古希腊罗马史""中世纪欧洲史"等课程,社会学系的"中国社会""发展社会学""国外社会学学说(上/下)"等课程,中文系的"古代汉语(上/下)"等课程等。

第三,总学分数缩减。原先政经哲方向需要 142 学分才能毕业,新版教学计划中缩减至 130 学分。

在笔者看来,新版教学计划所做的各方面调整,在很大程度上可以视为对于旧版教学计划中存在的各种问题的回应。根据调整后的课程设置,政经哲项目的学生只要合理安排各学期所选的课程,就基本可以在高年级专业分流前完成必修课内容,进而在分流后有充分的自由度选修分流专业的课程或其他感兴趣的课程。以个人的经历为例,在本科前三个学期中,笔者就已经完成了"公共必修课程""基础课程"和"专业核心课程"这三个模块中的大部分课程。而从大二第二学期开始,笔者基本确定了政治哲学专业(尤其是政治思想史)作为未来的研究方向,开始更为密集地选修与此领域相关的各专业的课程,而不必将时间和精力分散到其他必修模块的课程上。比如说,在大二第二学期选修的九门课程中,就有至少七门来自多个不同院系的课程与笔者的研究方向也较为相关,分别为:哲学系的"伦理学导论"(李猛老师开设)、"基督教伦理学导论"(陈斯一老师开设)、"中世纪政治思想"(吴飞老师开设)和"科学通史"(吴国盛老师开设),社会学系的"国外社会学学说(上)"(李康老师开设)和"中国社会思想史"(周飞舟老师开设),以及历史学系的"古希腊罗马政治思想"(张新刚老师开设)。这样的选课模式(及其带给笔者的学术训练)显然只可能在新版教学计划中才能比较方便地实现,因为旧版教学计划在不超额选课的情况下,实际上并没有赋予学生足够的选课自由。

另外,新版教学计划也明显减轻了政经哲方向学生的学分压力。一方面,由于总学分数的要求缩减了十几学分,平均而言,每位同学每学期大约可以少选一门课。另一方面,由于学生不再需要在高年级仍然设法勉强兼顾政经哲其他两个专业的课程要求和自身的专业兴趣,因此也就没有必要超额选课,承受远超教学计划学分要求的课业负担。相应地,学生投入到每门课程的时间和精力也更充足了,这无疑有利于学生根据自身的兴趣和需要,更好地消化和吸收各门课程的内容。

三、通识教育与专业训练的张力与再平衡

从上述分析可以看到,北京大学元培学院政经哲项目的新旧教学计划差别相当大,并且两版教学计划实际上代表了两种不同的通识教育和跨学科培养的思路。旧版教学计划较为机械地将政治学、经济学、哲学这三个学科各自的专业基础课程汇总到一起,放入了政经哲方向的课程设置中。这样的安排当然有一定的优势。第一,学生可以对这二个学科都能有相对深入的了解,而非只知其皮毛。以个人为例,虽然笔者本科毕业于政经哲方向,但所受的经济学训练仅能允许笔者以较为粗糙的经济学思维方式来分析社会问题,而无法使用更为精细的定量方法和经济学模型,这些"短板"当然主要是由于笔者在本科时没有接触过较为高阶的经济学课程。第二,对于增强政经哲专业的学生共同体的凝聚力而言,旧版教学计划的模式也在无意中提供了相当大的助力。由于大学四年中有超过一半的课程是共同必修的课程,因此直到高年级时,分流到三个专业的同学仍然能够有许多互相交流的机会,这有助于本方向学生共同体的维系。对于这一点,笔者也有切身的体会。在前几个学期,本级政经哲方向的同学有较多共同的必修课,交流相对密切。而到了高年级后,政经哲方向内部就较为明显地分化成了不同的小圈子,并且小圈子内往往主要是来自同一分流方向的同学。

但不容忽视的是,旧版教学计划中的弊病也是相当明显的,并且能够非常集中地体现出跨学科训练与专业训练之间的张力。如上文所述,旧版教学计划中体现的跨学科训练较为机械,没有能够给予学生足够的自由和空间让其自主选课和自主探索,也没有留出足够的学分数量来让学生在分流后深入学习本专业的更高阶课程。与此同时,政治学、经济学和哲学这三个专业之间在方法论和研究视角等方面的差异(乃至矛盾),也让旧版教学计划之下政经哲方向的学生在"面对着三种思维的闪转腾挪

之时",几乎有"精神分裂之感"。① 这显然也是没有得到妥善安排的跨学科训练所导致的副作用。

面对这些张力和矛盾,改革后的新版教学计划采用了明显不同的设计思路。在主要沿袭自牛津大学政经哲项目的旧版教学计划中,政治学、经济学和哲学这三个专业各自的主体地位都很突出,呈现三足鼎立之势。新版教学计划则在很大程度上弱化了这三个专业本身的主体地位,并且与此同时加入了其他各个人文社科专业作为补充。在笔者看来,新版教学计划之下的政经哲项目,比旧版教学计划更接近于广义上的人文社科通识教育,也更加淡化了专业训练的色彩。在学生的实际选课安排中,也能体现出这一点。仍然以笔者为例,本科阶段笔者在经济类院系仅选过五门课②,而在社会学系选修过的课远不止五门,在历史学系选修及旁听过的课程也不止五门。其实,在新版教学计划之下,任何一位政经哲方向的同学所选修的三个名义上的主要专业外的某个人文社科院系的课程数量,都可以非常容易地超过所选分流专业之外的那两个名义上的主要专业的课程数量。

但需要注意的是,虽然新版教学计划采取了加强广义上的人文社科通识教育和弱化三个名义上的主要专业的思路,但这并不意味着新版教学计划下的政经哲方向完全放弃了专业教育。相反,在笔者看来,新版教学计划实现了通识教育和专业训练之间的一种特殊的再平衡,并且这种再平衡非常注重学生的自由安排和自主探索。笔者在本科毕业之后,先后在芝加哥大学和波士顿学院攻读政治哲学方面的学位,未来也打算继续从事该领域的研究。这除了在北大期间受到了李强、李猛、吴增定等各位名师的熏陶外,在极大程度上也得益于政经哲教学计划的改革。在本科阶段的前几个学期中,笔者逐步意识到这个领域的学问的乐趣,而政经哲方向新版教学计划也为笔者在人文社科各领域自主探索提供了相当大的自由度。因此,笔者这才有余裕在各个人文社科院系选课,构建起一套

---

① 请参见《大道政经哲——PPE 的过去、现在与未来》,收录于北大政经哲学生自编:《政经哲手册》,2013 年,引用的句子见第 89 页。

② 事实上,根据 2021 年的政经哲方向教学计划,如果学生不分流到经济学专业,仅需要选 4 门经济类院系的课程。

属于自己的知识框架(这套知识框架中,除了狭义上的政治哲学外,也包括宗教学、伦理学、社会理论、西方历史等在当代学科建制中分散在不同专业之下的学问),而非将精力平均分散在政治学、经济学和哲学这三个专业上。

四、启发与局限性

从政经哲方向教学计划改革的经验可以发现,通识教育和跨学科培养绝不等于简单地将不同学科的课程汇总到一起,然后让学生全部修习一遍。这种较为机械的方案很有可能会适得其反:学生既不能实现学科间的融会贯通,又不能有余裕来深入地自由探索某一个学科或领域。相反,更为有效的通识教育和跨学科培养应该激励起学生的自主性的同时,给予学生足够的空间让学生自由探索,聚焦自己的志趣。

当然,元培学院政经哲方向新版教学计划的改革之所以能够相对成功,离不开北京大学这个母体。相比于传统意义上高度专业化的学科训练,人文社科通识教育对于高校的综合实力提出了更高的要求。北大在人文社科各个专业上的学科优势和传承积累,使得政经哲方向在制定新版教学计划时,可以根据往届学生的体验和评价,挑选出各个院系中质量上乘的课程,纳入课程池子中。如果高校在相关的个别专业上有较明显的短板,那么在运用这套方案时或许就会面临一定的局限性。

Tension and Rebalance between General Education and Professional Training: The Reform of the Curriculum of the PPE Program at Yuanpei College (Peking University) as an Example

Zhao Yufei

Abstract: With reference to the author's personal learning experience, this paper compares the differences between the old and new curricula of the PPE Program at Yuanpei College (Peking University) as well as the different understandings of general education and interdisciplinary training behind these differences. On this basis, this paper argues that general education and interdisciplinary training are by no means the same as simply piling up the courses of various majors. Instead, courses in the curriculum should be carefully selected and the curriculum should be carefully designed so as to give students the space for independent exploration and achieve a rebalance between general education and professional training.

Keywords: PPE; general education; professional training

美育与人文

——新雅通识教育一侧

刘宇薇[*]

摘 要:本文基于作者在清华大学新雅书院的本科学习经历,希望通过回顾"艺术的启示""花鸟画基础""山水画的士人世界"三门美育课程,探讨美育在通识教育中的独特意义:一方面唤醒学生感受和想象的潜力;另一方面帮助学生进行真诚的自我认知,为明确自己未来的专业与人生选择,提供一处反思与自我化育的场所。在此基础上,文章尝试为通识教育中美育的发展提供一些想法和建议。

关键词:美育;人文;通识教育

自2015年伊始,清华大学新雅书院的艺术教育便成为通识课程体系中重要的一部分。从最初设立的通识课程"艺术的启示""意大利文艺复兴艺术""建筑与城市文化",到面向全体新雅学生的 CDIE(新雅书院内设专业,智能工程与创意设计)专业实践课"色彩基础"与"素描基础"等,再逐渐扩展至艺术中的偏认知性的课程,如"世界电影十六讲"与"山水画的士人世界",以及偏实践性课程,如"中国花鸟画基础"和"中国山水画基础临摹",课程范围逐渐涵盖绘画、雕塑、建筑、电影等多种艺术门类,在中西方艺术领域中不断丰富和深化。

由于完全接受通识教育的时间只有一年,外加专业学习节奏的紧凑,对艺术感兴趣的新雅学生大多会在四年的本科生涯中选修1至3门艺术类课程,每门课程2或3学分。作为已经选修过3门艺术课程的新雅学生,我从中获得最真切的体验,首先是艺术类的课程并不求数量上的多和题材上的新鲜,重要的是能够具有真实的内在启发性,以艺术的方式唤醒

---

* 刘宇薇,清华大学新雅书院本科生,本科专业方向为政治学、经济学与哲学。

人感受和想象的潜力——这是艺术课区别于所有知识性专业课的特点。而想要达到这样的效果,必然极其依赖于艺术教育者的教授和引导方式。其次是艺术教育内嵌于通识教育之中,美育作用于人文的化成。艺术对于帮助新雅学生进行真诚的自我认知、明确自己未来的专业与人生选择,提供了一处反思与自我化育的场所。

我想首先以自己上过的三门课程——"艺术的启示""花鸟画基础"与"山水画的士人世界"——来记录上述感触产生的缘由。探讨艺术如何在创作中激发学生内心深处的情感与更加自由的想象,同时沉淀和净化学生的心灵,使之能够面对自然与文化的历史境遇流变进行自我反思和定位。在这些记录中我发现,不同课堂的启发虽然各有侧重,但美育在通识教育中产生的意义有根本且深刻的共通之处。最后,我希望通过回顾自身的经历,为通识教育中美育的发展提供一些想法和建议。

2018 年秋季,我们第一节"艺术的启示"课安排在清华大学的艺术博物馆。那是由李睦教授带着我们一起"看画""读画"的第一课。我至今仍然印象深刻的是李老师为我们讲解塞尚的一幅风景画。我们围在那幅小画旁边,因为每个人站在不同的角度,看到的画并不完全一样,我们对此感到纳闷和惊异。但有趣的是,塞尚正是一个擅长捕捉事物不同的侧面、不同的光影,而后以自己独特的方式将他眼中多面的事物呈现出来的一个画家。当时李老师启发我们:为什么塞尚的苹果能够和过去的人所画出来的苹果不一样? 那是因为塞尚的苹果是透过他的眼睛看到的。他将自己"发现"的光感、色彩、形态赋予了那个苹果,所以那个苹果不"像"一个苹果,而"是"独一无二的塞尚的苹果。塞尚的苹果,改变了西方过去一整套绘画和观看的方式。

那天整个画展以艺术史的线索陈列着一件件艺术品,但我们的第一次课却并不是在讲艺术史,也不是在讲绘画的技巧,比如油画应该如何上色、如何透视……我们学习的是一种观看或感知的方式。尽管这种观看方式转变的背后可能正是西方美术史的重大变革,老师却并不会首先以"知识"的方式讲述,而是诉诸"感受"上的启发。我们很多人由此才惊醒:"感觉"并不是飘忽不定的、空虚的东西,而恰恰是最需要真诚、最需要付诸努力才可能实现的自我认识。

我们的第一节课有一个任务——老师让每个人找到一幅最吸引自己的画,仔细地观看它,和它对话、交流,为它写作、表达。当时我们花了很长的时间走过博物馆里的每一幅画,直到看尽一遍,才出发去寻找和自己的心灵最相通的一幅。这一行动的前提是不要运用太强烈的逻辑思维,不要运用太多的经验来指引。选择一幅画,是凭借直觉、色彩、形态这些艺术当中的抽象元素。如果说艺术能够承载自己的哲学,那是因为它也有自己的一整套语言。它和我们日常生活中所运用的逻辑语言并不相同,却构成了自己丰富的一套系统。这样一套系统和我们的生活好像是镜子的关系。我们需要艺术,是因为有的时候,我们从惯用的话语当中并不能够看到自己,甚至不能够描述自己。我们只有站在另外一个维度、另外一个空间、另外一种流动的情绪里面,才能够反过来关照自己的生活,"看见"我们自己。

最终我选择的是夏加尔一幅关于马戏团的小画。我坐在美术馆的地上思考:这样一幅几近童真的绘画,为什么比那些更严肃或更复杂的画作更加吸引我?通过一点点去"读"这幅画,我慢慢发现,夏加尔是一个甘心让色彩极度饱和的画家,每一种颜色的使用都天真烂漫,没有经过太多的调和。他径直选定了某种颜色,用它铺上大面积的画布,在一片天然的蓝色当中加上明媚而亮丽的黄和红。夏加尔的人物和动物的形象,不成熟,但足够生动,他们在夏加尔的世界里不被强烈的秩序所束缚,享受着空间与时间的不确定性。在这里,所有的一切都可以流动,又在流动中彼此包容:红色的公鸡和黄色的马在天空中飞翔、雪中的房屋倾斜、恋人徜徉在林中……我选择的那个画家、那件作品,可能是我最想选择的那个"自己"。日后很多次,当处于自己最本真的状态、疲惫地卸下所有伪装的时候,我还会无数次、无数次地回想起那一片纯真的蓝色,仿佛徜徉在心灵的海域。

李睦老师的课堂包括"听、说、读、写、画"五个部分。"听"指的是听课,但并不仅仅是为了考勤。在每堂课前,李睦老师会将本堂课的提纲发下去,让同学们进行预习。这样"听课"就意味着学生会带着自己的问题和思考,在课堂上老师的讲授中发现自己的理解与老师的理解有何不同、与其他的同学有何不同。这些相互的差异和启发,会在课堂上被及时地记录、及时地回应。"说"是学生的小组讨论，但讨论中最重要也最容易缺失的往往是聆听。能够在对话中不断捕捉有效的信息、不断发现新问题，才是我们在讨论中最希望培养的能力。如此培养出来的思维是敏捷而富有创造力的。"读"如同我在上文描述自己"阅读"一幅画的体验，在真正独立面对一件艺术作品时，与它进行心灵的对话，最终获得自己对于这件艺术作品的理解和认知。在此基础上，李老师会在每次课上为大家推荐一位艺术家或一本著作，由"触动"开始，引发"思考"。"写"指的是课堂笔记和最后的一篇写作，老师希望的是同学们能够记录下自己被课堂上的某一点触动，能够由此表达出自己的灵感和心声。最后的"画"是指课堂上的实践创作。创作的形式是多样的：有时是木刻版画、有时是水彩写生、有时是关上灯闭着眼睛画，有时是听着音乐画……画画在这里不是一种技能的训练，而是为听见自己内心的声音寻找一种体验。

在大三下学期，也就是 2021 年的春季，我选修了"中国花鸟画基础"这门课。当时自己课业压力比较大，但是每个星期五拿着宣纸、笔和墨走到地下教室，一边听老师上课，一边慢慢地开始磨墨，随后可能花上三个小时甚至更长的时间去面对一片叶子、一朵花、一个动物的眼睛，我进入一种绝对安静、绝对沉静的状态。花鸟画创作对我来说，是一个专注和静心的过程，能把人非常纷乱的思绪收束到一个很小的焦点，收束到每一笔、每一次渲染和每一次琢磨之上。这是一种很严谨而又很美的状态，也是和我从前尝试的"肆意"的绘画不一样的体会。但这静心之中也有静的"肆意"。

花鸟画唤起了我对中国画的好奇，因此我在接下来的学期选修了渠敬东老师为新雅开设的课程"山水画的士人世界"。这门课更偏向从文化的角度来谈论绘画。渠老师认为，中国士人从山水绘画中开出了一片自己的精神世界："在现代世界里，不能只有政治、社会和经济构成的总体史，还要有一种存在于人的内心之中的自然王国，用作平衡和矫正。"[1]因此，相较于直观性、实践性的艺术课堂，这是一门反思性更强的课。随着

---

[1] 渠敬东：《山水天地间：郭熙〈早春图〉中的世界观》，生活·读书·新知三联书店 2021 年版，第 151 页。

课程推进,我们不断询问:"艺术"究竟在生活中占据什么样的位置? 承担着什么样的角色? 绘画仅仅是一门技艺吗? 老师引领我们思考,艺术家的绘画之所以具有风格、具有性格、具有他的眼光和他眼光中独一无二的美,是因为它承载了一个主体、一个人的眼界、思考与智慧。从宋朝开始的文人画,其精神维度的彰显尤为明显,一幅画是一个人的精神世界。因此,虽然这门课程是在中国的文化内部而非西方的绘画技艺传统中讨论绘画,但是它向我传递的艺术却具有普遍的意义。它展现出绘画之为艺术,其中的丰盈和生动。真正好的艺术是一个人所有的积淀,是一个人生活的风貌,是他自身所有的价值观念的映射,所以绘画艺术是一个极为丰满、极为深邃的空间。通过这一门课程,我们也努力尝试带着这样的反思,重新"建设"我们自己的生活和生命空间。

如果能够为通识教育中的美育提供一些反思,我认为可能有如下方面。

第一,艺术课程需要一定的"强度",但应当区别或不局限于知识的"强度"。霍顿(Carol D. Holden)曾在探讨美国的美育与通识教育时写到,当前艺术教育的难题之一是:"为普通学生而设计的美育课,本质上几乎全部是认知性的(侧重知识和概念输入),而普遍未包含创造性或表达性的活动(侧重创意与情感输出)。"①但是这样往往会远离"艺术"与"创造"本身。在我所经历过的通识美育中,我认为两方面几乎同样重要,二者需要良好且智慧地配合起来。在这个方面,学生们可能更需要教师的引导。"艺术的启示"课堂需要在八周内,每周进行一次艺术作品的创作;"中国花鸟画基础"需要在八周内呈现出两幅完整的作品;"山水画的士人世界"需要辅之以画论和文论的阅读。认知性与表达性的活动可以有侧重,但总体来说,当输入和输出达到一定程度之后,艺术之中独特的创作活力才能够被充分激发。

第二,艺术课程应当主要传授艺术的原理与对艺术的基础性认知,由此出发才可进行艺术技艺的教学。李睦老师曾在他的著作《知道的和想

---

① Carol D. Holden, "Aesthetic Education, Aesthetic Literacy, and the Arts in General Education: Curriculum Issues", *Art Education*, Vol. 31, 1978, pp. 23-29.

到的》中指出"有术没美"和"有美没术"两种偏颇,并写道:"所谓的'有术没美与有美没术',也就意味着'有术才有美,有美才有术'。'美'代表着和谐,'术'代表着通往和谐的努力,而和谐的目的既不是对技能的流连与陶醉,也不是对审美的沉溺与幻想。"[①]通识教育中的人文社科课程并不像培养人文社科研究生那样,需要专业的研究与写作技能,但是必须培养每一位学生在表达上的严谨性与思想深度。相似地,通识教育中的美育也并不意在培养艺术家,而是培养具有敏锐的感受力、自由的想象力和创作勇气的主体。

第三,艺术课程需要提供及时的讨论空间,可以配合创作与认知活动安排讨论课堂。这一点在我上课时还未明显发现,但学生之间其实已经自主地展开了交流,并且碰撞和收获都极大。我在大一选修李睦老师的"艺术的启示"后,又在大四的上学期幸运地参加了李睦老师、黄裕生老师和罗薇老师合开的"艺术、哲学与科学"研讨课。经过自己艺术教育的积累和这个实验性的新课堂对讨论的全新开放后,我比过去更体会到"交流"和"碰撞"在美育中的不可或缺。在通识教育的环境中,不同学科背景的同学们提出的问题往往天真,甚至令人惊诧。我想,这或许反而将我们带回到艺术的源头,带回"惊异"与"发问",带回创造本身。在艺术中,现代心灵中敏感的部分常常最容易受触动。艺术作为通识教育的一部分,同时也是人格培养的一部分。人格的培养在书院制的自我认识与相互交流之下,将得到更真诚的沟通和更真切的成长。

---

① 李睦:《知道的和想到的》,人民美术出版社 2005 年版,第 6 页。

Aesthetic Education and Humanity: A Glance of General Education in Xinya College

Liu Yuwei

Abstract: Based on the author's undergraduate study experience in Xinya College of Tsinghua University, this article hopes to explore the unique significance of aesthetic education in general education by reviewing three courses: "Inspiration from Art", "Basics of Flower-and-Bird Painting" and "The World of Scholars in Landscape Painting". On the one hand, it awakens the potential of students' sensibility and imagination. On the other hand, it helps students to have a sincere self-awareness, and provides a place for reflection and self-education, which enables them to think about their future majors and life choices. Based on these, the article attempts to provide some ideas and suggestions for the development of aesthetic education in general education.

Keywords: aesthetic education; humanity; general education

学习共同体:我的博雅记忆

吴冠泽*

摘 要:中山大学博雅学院的特点是"学习共同体"。博雅学子通过课下的日常交流和学术交流营造了友善互助的学习氛围,通过课上的定期讨论培养了倾听与表达的习惯,通过与教师的沟通获取了宝贵的学术与生活指南。它们不仅有助于建造跨学科沟通的桥梁,奠定人文社科领域的共同知识基础;而且丰富了博雅学子的学习和生活,有助于博雅学子融入社会,承担更多的责任并做出更大的贡献。

关键词:学术共同体;中山大学博雅学院

如果有一天,我将博雅学院带给我的知识全数遗忘,那最后一点无法磨灭的痕迹,一定是"学习共同体"。每一位老师和同学对博雅的认知都有不同的侧重点:博雅是一个可以安心、静心读书的地方,是一个培养大学问家、大思想家的学院;通识教育致力于拓宽同学们的人文社科视野,希望促成人之为人的完满与整全。博雅四年的学术训练是一个庞大的体系,以至于没有任何一个词语或意象能够准确地形容它。但当时光飞逝,离别来临之时,还是"学习共同体"一词最能唤起我深刻的博雅回忆。

一、交流与温暖:博雅的师生学习共同体

大一大二的两年里,我们 2018 级的 30 名本科生接受着几乎一模一样的课程,它们隶属于学院的"核心文本与核心课程体系"这个通识课程群,尝试为我们建立一个贯通古今中西的学术背景。两年下来,除了公共必修课外,全班 30 人几乎每周都会在同一时间、同一地点坐下听讲。一

---

* 吴冠泽,中山大学博雅学院(人文高等研究院、通识教育部)大四法学专业本科生,大一就读于中山大学中山医学院临床医学(五年制)专业。

起上课、一起住宿、一起活动等多种因素叠加,滋润了一方理想的土壤,让学习中的友爱共同体生根发芽。下课后,只要有一名同学去找老师问题,大家就会围拢过来旁听。宿舍里,我们互相分享学习资料,互相询问诗词格律课上,每个人给自己起的"字"有什么寓意。记得在大一入学的拉丁语课上,好友袁鹏丰①和谢之昂②很轻松地学会了古典拉丁语中字母 r 要发的大舌音(齿龈颤音),但我自己一直没有学会。每次拉丁语课程结束,一起走回广寒宫宿舍,他俩都免不了要调侃一下我僵硬的舌头,然后正经地发出一串大舌音。我一边目瞪口呆,一边跟着学习舌头的动作,但总是失败。他们会跟我分享,舌头要放在哪里,发音的感觉是什么。朋友们的激将法和定时提醒,一次次点燃我学习的热情。他们的热心帮助和实时反馈指引了我如何前进。交流、分享与互助的习惯逐渐形成,贯穿了许多博雅学子的本科时光。大一下学期,110 宿舍购置了投影仪,每两周请一名班里同学针对自己感兴趣的话题制作 PPT,开分享会。大三时,博雅本科生自发组织的读书会不下六七场,书目包含《三国演义》《水浒传》以及弥尔顿的《失乐园》英文原著。大四下学期,同学们会互相交换毕业论文,听取来自不同专业、不同学科方向的反馈与建议。在博雅,学习从来不是一个人的单打独斗,而是几十个人构成一个有呼吸的生命体,一起钻研,一起成长。

我们来自不同的学院,拥有不尽相同的知识背景和兴趣爱好。但我们来到博雅,怀揣着共同的对知识的渴求、对思考的热爱和对正义的向往。自高中以来,我一直觉得生活和学习的界限不必太过分明。在博雅,追求知性的生活,在读书的基础上保持对万事万物的好奇,实际已经模糊了这条界限,学术的灵光经常在日常的交流中闪现。

住在广寒宫的博雅学子是生活共同体,更是一个个无处不在的学习共同体。大二的一个晚上,我无意中敲开了 2016 级师兄们的宿舍门,开启了一次彻夜长谈。我们从九点聊到凌晨一点,湖北的师兄拿出了珍藏的老酒,潮汕的师兄拿出了家乡的膀饼。话题一次又一次地推进,从博雅

---

① 2018 级博雅学院哲学方向本科生,作者舍友。
② 2018 级博雅学院社会学方向本科生,作者挚友。

课程到博雅师生、博雅生活、问题意识,到各自的思想危机以及挣扎拯救,最后到各自的处境以及理想的生活。整个聊天像是柏拉图笔下的苏格拉底式对话,思考的乐趣被展现得酣畅淋漓。临近结束,师兄叹道:"最后,我接受了我是现代人这个事实。"他随后的解释犹如醍醐灌顶,让我猛然反思自己的状态:经常陷入过往,遗憾于过去的遗憾。那一刻,我终于理解了泰戈尔的诗句:"如果你因失去了太阳而流泪,那么你也将失去群星。"切莫在过往中寻找虚妄的完美和幻想,现实的境遇已然如此。成绩如是,学识如是,生活亦如是。后来听到傅锡洪老师①讲授王阳明"人须在事上磨"一句、肖文明老师②讲授社会学中的"现代性"一词时,这场聊天和顿悟又浮出水面,带给我不一样的理解与收获。如同肖老师概括的那样:"博雅学子这个标签,意味着对真正知性生活的偏好和尊重。当那些真诚的读书人来到这个居所的时候,会碰到不少和你拥有共同气质的同路人,正是这种气质让你感到亲切和自在。"

同学之间,不仅有课下的"民间"交流,还有课上的"官方"交流。多数博雅核心课程,例如关于《史记》《资治通鉴》、柏拉图和古典社会理论等,都会开设每学期 3—5 次的讨论课。30 名同学分成数个小组,由研究生助教带领展开讨论。讨论的地点多数是在教室,时而也会在 241 栋学生活动室。老师们会提前告知讨论话题③,让我们阅读文本、整理思路。这个学习共同体充满了多样性,大家对讨论课的态度各不相同。有人喜欢讨论前夜突击阅读,临时抱佛脚;有人喜欢提前半周准备,循序渐进,把

---

① 中山大学博雅学院副教授,研究方向为中国哲学史、宋明儒学、朱子学、阳明学等,曾为 2018 级本科生开设专业必修课程"宋明儒学"。傅老师的讲授深入浅出、近思切己,颇得同学们喜爱。

② 中山大学博雅学院副教授,研究方向为文化社会学、社会学理论、政治社会学、中国的现代转型等,曾为 2018 级本科生开设专业必修课程"古典社会理论"。他的讲授富于理论、震撼人心。毕业合照当天,一名同班女同学特意感谢肖文明老师,因他所讲的内容"支撑着她度过最糟糕最黑暗的时光"。

③ 例如大一下学期,吴宁老师讲授的"先秦诸子"课程的一次讨论课,主题为"亲亲相隐"。老师发放了 40 页阅读材料,包括《论语集释》《孟子正义》《韩非子》等书中的相关内容,还有柏拉图《游叙弗伦》的相关选段。老师给出了三个具体的讨论问题:(1)何谓"亲亲相隐"?何谓"直躬"?(2)亲亲相隐会产生什么后果?(3)如果亲亲相隐与其他原则发生冲突,你将如何决断?

自己主要的思路整合在文档里；有人并不熟悉文献，但总能结合自己的其他知识，开辟一条思考的新路。刚开学时，我只有在充分准备和思考后才敢发言，对于不熟悉、没想好的问题，我都不敢主动举手，怕讲错卡顿，贻笑大方。至今都记得《资治通鉴》的讨论课上，我误把"马日磾"读成"马日禅"，引来四个组员的哄堂大笑。不发言时，我喜欢记录每一个人发言的大致要点，写下自己为数不多的灵光闪现。半年后我突然意识到，并不是只有准备充足才能发言。那些随性随想的话语是讨论的必要润滑剂，甚至就是讨论的本身及其意义。一个求真好奇的小小学习共同体，期待的是思想与情感的碰撞。也正是这些以经典文本为主干、以个人理解为枝叶的话语，打破了各个学科方向之间的壁垒。由于其他繁重的课业，我们不一定能在讨论课前阅读足量的文献，做好辩论赛式的准备。讨论课或许未能达到理想的深度，但它培育了一种重要的学术交流习惯。博雅学子乐于围绕一本书或一个话题展开讨论，分享自己的所思所感。不同的学科进路、话语体系和问题意识交聚汇集，时而催生出"Eureka"般的灵感爆发，时而催生出子期伯牙般的学术相逢。这种对话蕴含着震撼心灵的力量，能够为学术生活倾注更多的激情。

在博雅，学生与老师形成了友爱的学习共同体。老师们不仅在上课时倾囊相授，课下还每周定时开设 office hour，欢迎每一位同学来提问、聊天。问题不局限于课堂知识，还包括与学科方向、博雅生活、与人生选择相关的疑惑。大一上学期，班上仕吴宁老师[1]约了班里几乎每一名同学聊天谈心，或是校园漫步，或是饭馆聚餐。我与吴老师的聊天约在北门外的珠江边。那时刚开学一个月，也是我第一次走江边绿道——此后四年里，我曾在此反反复复，因着各种不同的缘由，走过千千万万遍。吴老师告诉我南校园和江边的历史，教我如何阅读、如何规划时间、如何转变思维，适应大学生活。一个半小时的聊天下来，我对康乐园有了更深的认同，对崭新的大学生活有了更多的期待。大二时，教授我们宋明儒学的傅老师视力不佳，我们便轮流接送老师，往返公寓和教室。路上的时间就可

---

[1]　中山大学博雅学院副教授，研究方向为中国哲学、易学、伦理学等，曾为 2018 级本科生开设专业必修课程"先秦诸子与两汉经学"。

以跟老师单独聊天。我记得有一次问起老师,学术生活会不会枯燥乏味。老师的答案让我一惊:"本科的时候,我对做学术也没有那么强的兴趣,花了很多时间在学生工作上面。后来读博士的时候,我慢慢发现学术是一件很有意思的事。我真的感觉到,读书、提问题、寻找答案是一件很快乐的事。一些看似佶屈聱牙的哲学问题,实际上是很切己的。现在我每天起床后,坐在电脑前面读书写字,我觉得这就是我喜爱的事业,是我理想的生活。如果要说学术生命的话,大概也是从那个时候算起吧。"这番回答如今想来,仍然让我振聋发聩。它也正是我理想的生活啊!我无数次幻想着自己沉溺于学习,沉溺于知识的乐趣,一直期待着过上知性的、清醒的生活,如同博雅人最常引用的一句话,"一直走向上的道路"。虽然这条道路至今曲折蜿蜒,但我总能记起傅老师的话语和神色,以此标定理想的未来。

这个学习的共同体里,没有什么时候是一潭死水,没有人在闭门造车,一切都是流动而活泼的。有如郁郁葱葱的康乐园里,时间流动快要一个世纪;有如温暖庄严的广寒宫上,白云来去已经四个春秋。大四时,我参加了班里的读书会,七个人一起阅读艺术史著作《风景与记忆》。经历了为期一年的专业教育熏陶,大家分别从文学、法学、历史学、哲学甚至生态学的角度发言,互相理解追问,不亦乐乎。博雅训练我们阅读经典,以原典原文为纲。杨砚老师[①]早已道出个中意义:"研习伟大著作的目的并不是获取专业知识,而是培养一种思考、对话的理解能力。在伟大著作的开放意义之下,我们学习从不同角度理解细节、把握整体。我们对自己、对群体、对社会、对世界的认识变得深厚。"博雅为我们奠定了人文社科领域的基础,建造了学科金字塔的共同塔基。如同甘阳老师的期待一般:"博雅学院首要的目的并不是培养专家,虽然专家也是我们的努力目标所在,但我们首先希望能够有一个真正的人文精神的培养,然后在这个基础上再培养专家。"我因此而得以接近其他学科,得以思考它们的研究方式,得以管窥它们的研究视角。

---

① 曾任中山大学博雅学院讲师,研究方向为早期基督教,罗马研究等,曾为 2018 级本科生开设专业必修课程"奥古斯丁"。

二、迷茫与执着：共同体内外的世界

四年的时光如白驹过隙，如今我即将毕业，走出博雅共同体，面对专业化的教育和原子化的个体。迷茫不可避免地袭来：博雅教会了我什么？我该带着什么离开？面对全新的处境，我又如何实现调整、过渡与融合？

反思自己的博雅生活，我得以"温故而知新"。通识教育因其去专业化的特性，往往显得不够实用；友爱的共同体在这个纷繁复杂的时代，往往显得过于理想。或许人之为人的需求大多是现实且功利的，但作为生而有智慧的人类，我们总是有更复杂的欲求。走进广州的乡村，我会忘记四书五经和拉丁文，但会好奇村里的宗祠和祠堂上的壁画，会观察老房子里富有时代特色的字体和标语，会认真观察街上行人的姿态和表情。走边律师事务所，我多了一次探索世界、丰富自我的机会。我发现楼下的早餐小摊总是在 9 点 20 分收摊，摊主总会乐意多给我一份豆浆和炒粉，我也总会执着地多给两块钱。遇到不会写的起诉书、撤诉书，我会礼貌地向律师前辈们请教，他们也愿意倾囊相授。黑格尔说："一个深广的心灵总是把兴趣的领域扩展到无数事物上去。继续拓展你们的兴趣爱好，因为它们会为你们发现和指引未来努力的方向，增加生命的丰富性，还可摆脱日常的沉闷。"虽然涉世未深，我总怀着一种理想主义的固执，坚定地认为经典的滋养能助我找到安身立命之所；相信丰沛的友爱能成为真实生活的不竭动力。

甘阳老师曾引用涂尔干的"道德教育"理论："教育的本质就是道德教育，因为任何一个共同体，总是以共同体对最高道德理想人格的理解来教育自己的小孩，培养共同体的未来公民。"马克思笔下的共产主义社会，总比霍布斯笔下人人为敌的社会更加理想。在一个人人追求自我整全与自我实现的时代，在一个由富强走向文雅的时代，友爱、合作与共赢是不可或缺的。如果一个友爱共同体因其"脱离现实"而受到指责，被评价为象牙塔里的乌托邦，那想必不是因为这里过于温馨融合，而是外面过于分崩离析。然而，博雅绝不意味着自恃清高，绝不意味着以无用的闲暇和思辨的习惯来评判忙碌的劳作和真实的世界。我们喜欢说"博雅一家"，而家的社会职能之一就是培养适合社会的公民。家庭给了孩子无限的温暖,引导其形成习惯,教育其辨别善恶,为其描摹理想生活的蓝图。孩子终将脱离这个共同体,走入社会,在摸爬滚打中找到自己的一席之地。作为我们的精神家园,博雅同样鼓励我们迈向学术的或非学术的广阔天地,鼓励我们成为社会的润滑剂,而非时代的撕裂者。这个共同体所期待的,并非世浊我清、高人一等、不屑一顾的傲气,而是更多的阅读、更多的思考、更多的对话和更多的付出。

以学术为志业者,必在学术中求得某种满足。身处博雅,我感受到切身的沉浸与暖意;临近离别,我感受到不息的脚步和余温。回想起四年前那个孤注一掷,从中山医学院转来博雅的自己,我终于可以说出一句:"走在向上的道路上,我不负期待,我不曾后悔。"

博雅共同体成就了我,我愿不停地追求那微小却真实的成就以报。

A Learning Community: My Memories of Boya College

Wu Guanze

Abstract: The characteristic of Boya (Liberal Arts) College, Sun Yat-Sen University is "learning community". Students of Boya College can build a friendly and mutually helpful learning atmosphere through daily and academic communications after class, cultivate the habit of listening and expressing through regular discussions in class, and obtain valuable guides to academic and life through communication with their teachers. These help to build a bridge of interdisciplinary communication and lay a common knowledge base in the field of humanities and social sciences. What's more, they contribute to enriching the life of Boya students, help them meet the demands of society, take on more responsibilities and make greater contributions.

Keywords: a learning community; Boya (Liberal Arts) College at Sun Yat-Sen University

学生视角下的北京大学通识教育改革[①]

王嘉璐[*]

摘　要:通识教育承载了大学教育的根本目标,即培养完整的人。北京大学是国内通识教育实践的先行者,2020 年,该校对通识教育培养方案进行了大刀阔斧的改革,对通识教育的门类设置进行了逻辑上的调整,并引入了通识核心课。调查显示,改革后的通识教育体系在规模、丰富程度以及体系合理性上都得到了广泛认可。但顶层设计在学生群体中存在接受障碍,考核仍有功利性和工具性导向,课程评估结果的运用和反馈未能及时反哺教学等问题仍有待解决。

关键词:通识教育;北京大学;改革

一、问题的提出

自 1995 年原国家教委(今教育部)在华中科技大学召开"文化素质教育试点工作会"起,通识教育成为高等教育改革一项重点内容的时间不过二十年。相比于新中国成立之初就已经着手建立的高等教育专业教育体制,通识教育相关理念和实践仍然处于稚幼状态。如何克服路径依赖问题,顺利将发源于美国的通识教育移植到中国大学,并使之与本国历史文化脉络和已有的专业教育道路相融合,是近二十年来各大高校孜孜以求的目标。

北京大学作为国内通识教育改革的先行者,其发端于 1981 年"文理科学生互选一两门专业课"的通识教育体系在过去四十多年中历经多次

---

①　本文脱胎于北京大学第 30 届"挑战杯"同名课题,特此感谢马瑞云、马一凡和王玙戈三位同学在前期采访和问卷调查中的大力支持。

*　王嘉璐,北京大学外国语学院德语系 2018 级本科生。

变革。2020 年,北京大学对已有的通识教育格局进行了大刀阔斧的改革,其基本举措可以概括为:(1)将"习近平新时代中国特色社会主义思想概论"纳入思想政治理论课;(2)"通选课"改称"通识教育课",在学分要求(12 分)不变的情况下,课程领域划分由原先的"六类"(即"数学与自然科学类""社会科学类""哲学与心理学类""历史学类""语言学、文学、艺术与美育类""社会可持续发展类")改为"四个系列"("人类文明及其传统系列""现代社会及其问题系列""艺术与人文系列"和"数学、自然与技术系列")①;(3)要求学生在通识教育总学分中"至少修读一门通识核心课"②。此次改革的成效是否尽如人意? 相关经验在其他高校的适用性如何? 其中是否又暴露出一些新的问题? 北京大学通识教育的未来发展方向又在哪里? 一系列的问题值得研究。

就已有的围绕北京大学通识教育展开的研究而言,主要分为两个角度:一是从历时性的角度考察通识教育的概念、理论及制度模式变革,如邹儒楠回溯至北大通选课前身"文理互选课"的设立,以通识教育和专业教育的关系演变为红线,梳理了北大通选课的发展脉络,指出北大通识教育改革的重点和难点在于在哈佛模式与芝加哥模式中寻找到平衡点以及摆正政治理论课和公选课在通识教育中的位置。③ 二是将北京大学的制度模式与国内外通识教育有所成就的高校进行比较,其中大部分的文献对标了哈佛大学的通识教育。

相关研究汗牛充栋,但总的来说还存在以下几点不足:(1)研究主体较为单一,一般只关注学校的顶层制度设计,而较少从学生和教师这两大主体出发关注通识教育的实施效果。一直以来,对通识教育理念的赞同和对课程现状的批评在大学中共存着,形成了鲜明的反差。不关注实施的效果很难全面展现北京大学通识教育实践中三方力量综合作用的过

---

① 北京大学:《北京大学通识教育核心课程简介》,http://www.dean.pku.edu.cn/web/rules_info.php? id=160,2022 年 5 月 15 日。

② 北京大学:《北京大学通识教育课程管理办法(试行)》,http://www.dean.pku.edu.cn/web/rules_info.php? id=164,2022 年 5 月 15 日。

③ 邹儒楠、丁洁琼、曹宇:《北京大学通选课的历史演变与发展》,《中国大学教学》2019 年第 4 期,第 81—86 页。

程。（2）从研究内容来看,大部分研究关注到的是北京大学的元培学院,这只是北京大学通识教育实践的一部分内容,而真正面向广大本科生实行的是另一种通识教育模式。即使是关注到了后者的个别研究,也停留于改革之前的通识教育方案,对 2020 年北京大学开展的通识教育体系改革这一最新动态的研究较为少见。在此背景下,本课题组尝试对北京大学通识教育改革现状进行调查,重点从学生的视角观察课程选择、课程参与、课程评估、课程考核等多个环节的实践状况,兼顾授课教师和教务两大主体的观点。本文尝试在总结北京大学通识教育改革经验成果的基础上,揭示现有模式中可能存在的问题,并结合国内外同类大学实践通识教育的成功经验,提出可能的解决思路,以期能与学界前辈共同讨论。

二、研究过程与方法

本文脱胎于北京大学第 30 届"挑战杯"同名课题,4 名来自北京大学不同学院、不同年级的本科生组成课题组,并在北京大学教育学院沈文钦副教授的指导下开展相关研究。为更加清晰地从学生的视角展现北京大学通识教育实践情况,本课题组首先采用了问卷调查法做研究准备。调查主要采用分层抽样和简单随机抽样相结合的方法。由于 2020 年通识教育改革的主要目标对象是大一和大二学生,因而本次学生卷的调查对象主要是北京大学本科一、二年级各专业学生,兼顾高年级学生和研究生,调查样本涉及北京大学所开设的全部学科门类。共发放问卷 400 份,回收 400 份,回收率为 100%;其中有效问卷 373 份,有效率为 93.25%。男生共 131 人,占有效样本的 35.12%;女生 242 人,占有效样本的 64.88%。大一学生 89 人,占有效样本的 23.86%;大二学生 149 人,占有效样本的 39.95%;大三学生 52 人,占有效样本的 13.94%;大四学生 52 人,占有效样本的 13.94%;研究生及以上 31 人,占有效样本的 8.31%。

随后,本课题组对 10 位已有多年丰富通识课程教学经验的教师进行了深度的采访,其中既有年轻有为的青年教师,也有荣获北京大学教学卓越奖的老教授。为尽可能覆盖北京大学的院系学部设置,本文采用目的性抽样方法,抽取来自物理学院、生命科学学院、城市与环境学院、心理与认知科学学院、信息科学技术学院、艺术学院、外国语学院、政府管理学院、新闻与传播学院和经济学院的老师各一位。在访谈过程中,采用半开放型访谈方式和录音、观察的一手资料收集方式,后期共整理采访稿4万余字。最后,本课题组对北京大学教务处一位多年负责通识教育的老师进行了采访,与其探讨了最初的制度设计,并就实践过程中出现的一些问题进行了讨论。下文将具体讨论北京大学通识教育改革的成效及这一过程中有待解决的一些问题。

三、北京大学通识课改革成效

(一)通识教育规模与丰富程度

北京大学作为国内最早实行通识教育实践的高校之一,几十年来在通识教育课程的建设过程中不断探索、改革、创新,业已形成体系完备、门类丰富的通识教育课程体系。以2020年春季学期为例,北京大学共开设292门通识教育课程(包含通识核心课)。其中系列Ⅰ"人类文明及其传统"包含82门课程,系列Ⅱ"现代社会及其问题"包含100门课程,系列Ⅲ"艺术与人文"包含54门课程,系列Ⅳ"数学、自然与技术"包含56门课程。总体来看,得益于北京大学自身丰富和广泛的学科设置,其通识教育的规模与丰富程度都处于全国领先的水平。从本次问卷调查所得的数据中也可以看出,目前绝大部分学生非常或比较赞成这一观点,从学生的视角肯定了北京大学在通识教育课程建设方面的成就(如图1所示)。

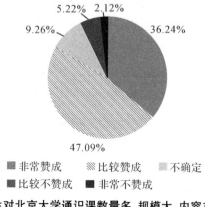

图1　学生对北京大学通识课数量多、规模大、内容丰富的评价

（二）通识课分类调整的效果

根据《北京大学通识教育课程管理办法（试行）》，自 2020 版培养方案开始，北京大学对通识课程系列划分做出了重大改革。过去的"六类"分类方式主要基于与院系对接问题的考量，从命名方式即可看出，学科与专业导向仍然较为明显。而就通识教育的本质而言，它应当从人类生命的主体出发，探索心灵、解放精神，打破现有的专业教育大背景下学生见木不见林的状况，使得学生获得明晰整全、完备深刻的人类知识与文化体系，这也是本次改革调整分类的主要原因之一。从落实情况来看，六类通选课改革为四类通选课后，同学们的选课体验有所提高。具体而言，六成以上的学生认为现行的四类通识课分类清晰，并表示知道各个门类的区别是什么（如图 2 所示）。相应的授课教师在受访中也对此次通识课分类调整表示赞同，认为重新调整后的分类更触及通识教育的核心，更宏大，也更涉及本质问题。

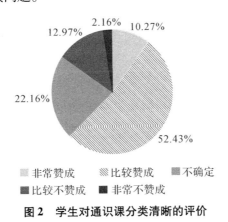

图 2　学生对通识课分类清晰的评价

（三）通识核心课建设效果

通过教务部组织建设、教师自主申报和专家组认定，北京大学每年会在全校现有开设课程中遴选课程质量较高、符合通识教育核心课程建设目标的课程，认定为通识核心课。2018 年《北京大学关于加强通识课程建设的意见》中提到，通识核心课应具有如下建设要求："课程注重经典阅读、小班讨论、课程写作训练、实践等环节:通过阅读培养良好阅读经典的能力,通过讲授实现广泛系统的知识获取,通过讨论使学生了解批判性的思维方法应用,通过写作锻炼提升学生综合的表达能力,通过实践和过程性学习体会发现创造的乐趣,培养沟通能力与合作精神。"[1]

从数据可以看出,通识核心课自设立之日起就已经树立起了自己的特征与标志。受访学生从自身上课经验出发,指出通识核心课注重对学生问题探究能力的培养,对学生提出的要求也更高。部分通识核心课还采用了大班授课和小班讨论相结合的教学方式,促进学生在了解的基础上理解,在理解的基础上反思。

经典阅读的引入是通识核心课的另一显著特征。"国学经典讲论""《汉书》导读""文艺复兴经典名著选读""古希腊罗马历史经典""尼采《查拉图斯特拉如是说》"等以经典文本为教学主要内容的通识课,在此次改革中都被升格为通识核心课,其意义在于,通过这些经过了岁月的淘洗与沉淀、承载着人类社会宝贵财富的文本,唤醒学生个体对人类过去某种经验的感知,使其对人类社会一以贯之的某些问题形成基本的认识,以更好地应对这个充满变化与挑战的世界。在授课的过程中,学生的主体性得到了体现。教师仅仅作为引导者带领学生进入多元广阔的知识世界,而学生才是讨论和思考的主体。这样的授课方式不仅有助于学生理解经典的各家解读,也有利于激发学生对经典的兴趣,锻炼他们的逻辑思维能力和语言表达能力。师生之间进退有序的互动则有利于营造一个轻松平等的课堂氛围,是对过往"满堂灌"的教学形式和所谓教师话语霸权的彻底反叛。

---

[1] 北京大学:《北京大学关于加强通识课程建设的意见》,http://www. dean. pku. edu. cn/web/rules_info.php? id=38,2022 年 5 月 15 日。

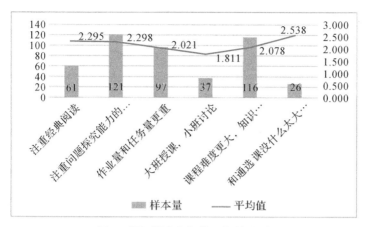

图3 通识课和通识核心课的差别

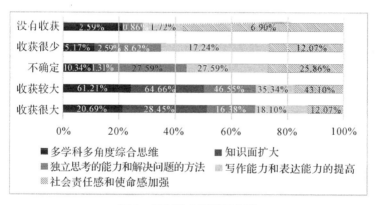

图4 通识核心课学习收获

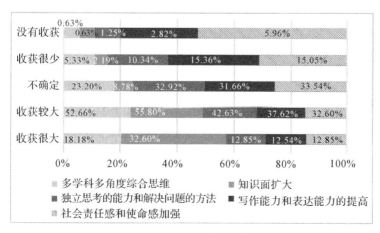

图5 通识课学习收获

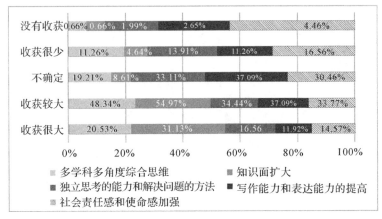

图6 公选课学习收获

四、三方博弈下的通识教育

(一)顶层设计在学生群体中的接受障碍

我国台湾著名学者黄坤锦教授指出:"让每个本科生知晓通识教育的重要性,特别是知晓通识课程在整体课程方案中的比重、价值与意义,是帮助学生建立对通识课程的良好认识、形成正确的学习态度、养成良好的学习习惯的重要路径。"①本课题组在调查中发现,在北京大学学生群体中,可能存在较为普遍的通识教育认知错误和认知不足的问题。

首先,绝大部分学生对通识教育的基本目标认识不清。调查显示(见图7),53.70%的学生将通识教育概念简单地理解为跨学科教育,认为其主要目的是讲授其他学科的知识,传递其他学科的思维方式。另有12.43%和13.23%的学生分别认为,通识教育是讲授基础知识的导论课和培养公民的适应性课程。这三种观点的共性在于,强调通识课程的工具性和知识性,而没有关注通识教育最为核心的"塑造人格"的问题,这也与北京大学设立通识课以立德树人的基本要旨产生了明

---

① 吕林海、汪霞:《我国研究型大学通识课程实施的学生满意度调研》,《江苏高教》2013 年第 3 期,第 66—69 页。

显的偏离。恰恰是由于对通识教育的目标缺乏认知,导致接受本次调查的全部学生中仅有 9.25% 的学生正确选择了北京大学通识教育体系中包含的所有课程。

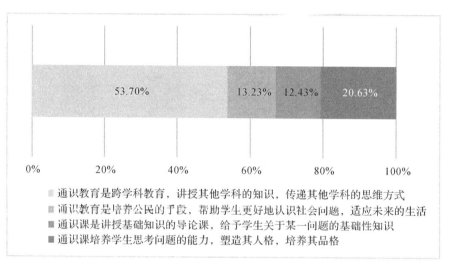

图7　对通识教育的定义辨析

其次,绝大部分学生认为,通识课和专业课之间应当泾渭分明,前者的课程要求应该明显低于后者(见图 8)。这种将通识教育视为专业教育的对立面的看法,导致学生理所当然地认为在通识课上不需要花费太多的时间,教师也不应该在这些课程上讲授深刻的知识或布置较多的作业。数据显示,绝大多数学生每周用于学习通识课的时间不到 1 小时,近三成学生几乎不在阅读文献方面花费时间。在采访过程中,教师们持有不同的观点。教师普遍认识到了通识教育的特殊性,因此在设计教学内容时会更注重呈现相关领域的核心问题,注重讲述思维逻辑和知识框架,而略去专业学生所需要的理论推导等内容,但这并不意味着课程要求的降低。教师与学生在通识课认知上的错误是导致教学质量降低、学生收获未达预期的一大原因。

本文认为,顶层设计在学生群体中存在接受障碍的原因或许与以下几点相关:第一,沟通和宣传渠道不够畅通。近年来,学校教务部一直致力于打开与学生的沟通渠道,通过发选课手册、发布微信公众号推文等方

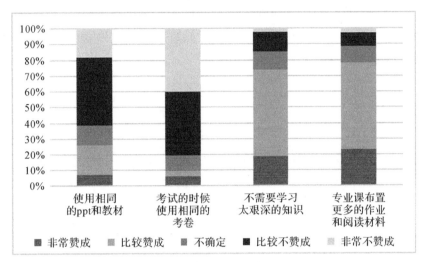

图 8　相同主题的通识课与专业课应有哪些异同

式,向学生介绍通识教育的相关理念,但是成果仍远未达到预期,学生在选课时"一头雾水"的情况仍然普遍存在,改革前后都有 30% 左右的学生表示自己在选课时没有得到很好的选课指导(见图 9、10)。

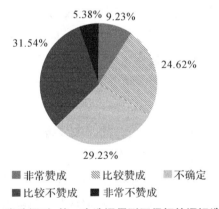

图 9　六类选课时,第一次选课得到了很好的通识选课指导

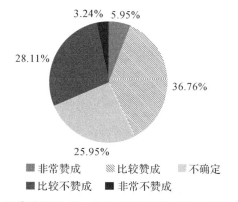

3.24% 5.95%

28.11%

36.76%

25.95%

■非常赞成 ▧比较赞成 ▨不确定
■比较不赞成 ■非常不赞成

图10　四类选课时,第一次选课得到了很好的通识选课指导

第二,北京大学通识课的学分占比偏低。这可能给予学生一种先入为主的暗示,即学生不需要重视通识教育。尤其是当绝大部分学生认识不到哪些课程属于通识教育范畴时,很容易落入"通识教育就是12分的通选课"的观念陷阱,而一般北京大学本科阶段的毕业学分要求在140分左右,通识教育顷刻间就成了专业课的附属和补充。对比哈佛大学、斯坦福大学等世界一流高校,它们的通识教育学分占比一般在总学分的30%以上。黄坤锦认为,这说明了当下高等教育结构的畸形,课程学理包含知、情、意三个方面,知识的传授主要依靠专业教育,而后两方面的实现则主要依靠通识教育。[①] 再加之高考改革前,中国在高中阶段就已经实行了文理分流,学生接受的知识本身就是片面的,通识教育实际上不得不承担一些基础性和补救性的工作。任重道远的通识教育被压缩至现行的学分规模,容易让学生产生误解。

第三,通识教育课程设计的适切性和系统性不足。北京大学开设的通识教育课程历年来在课程评估中都广受学生好评,教学质量高且教学内容丰富。但是仍然有一部分同学在修习过程中遇到意义感不足的问题,根本原因在于,学生在选课的时候没有一个一以贯之的原则和思路,几乎是盲目地在通识课程列表中选择课程,不知道如何系统地排布自己

①　黄坤锦:《大学通识教育的基本理念和课程规划》,《北京大学教育评论》2006 年第 3 期,第26—37,198 页。

的课程链条,最终形成了一种拼盘式的、缺乏知识连贯性和关联性的通识课程结构。这一方面是宣传和指导不足带来的问题,另一方面也暴露出在各大高校广泛开设的所谓的"分布必修型"通识教育课程的固有弊端。其基本形式是,将人类知识划分为若干个领域,每个领域列出一张可供选择的课程清单,要求学生在若干个领域中分别选择几门课程。① 在这种充满任意性的选课逻辑指导下,学生很难感受到通识教育的意义。

第四,我国一流大学通识教育仍处于"就通识教育谈通识教育"的阶段,没有涉及通识教育与专业教育关系的调整,更少考虑二者的有机融合。② 这首先体现在大学四年"分段而治"的课程安排次序上,学生通常在大学的前两年就已经急匆匆完成了通识教育的相关课程,接受通识教育和专业教育的时间完全割裂开来了。大三、大四的学生只专注于自己的专业课,完全将前两年接受通识教育的经历抛在了脑后,这样的通识教育对学生来说,不仅不能体现出应有的进阶性和统整性,不能帮助学生在这个信息爆炸的时代将各种芜杂的信息统合成有用的知识,反而是一种负担和赘余。

(二)通识课考核难题

通识课考核历来是一个难题,正如学者李曼丽指出:"通识教育评价是评价项目中最难的一种,因为它成分分散,缺少明确的焦点。"③通识教育自身具备一种与考试相抵触的气质,因其关注重点并非学生的知识性获得,而是学生在学习过程中思维的养成和人格的塑造,其成效往往在短时间内无法清晰显现也难以测量,因而任何以分数裁决通识教育效果的尝试都可能以失败告终。但出于鞭策学生认真修习通识课的目的,北京大学的通识课仍然广泛地实行分数制度,而且和专业课一样有着较为严格的 40% 的优秀率限制。在采访中,许多老师表示,相比较严格的分数

---

① 杜祖贻:《通识教育究竟是什么——〈后工业时代的通识教育实践〉序》,《北京大学教育评论》2005 年第 4 期,第 86 页。

② 别敦荣、齐恬雨:《论我国一流大学通识教育改革》,《江苏高教》2018 年第 1 期,第 4—12 页。

③ 李曼丽、张羽、欧阳珏:《大学生通识能力评估问卷研制》,《清华大学教育研究》2012 年第 4 期,第 11—16 页。

限制,他们更希望采用一种"温和"的考核方式。教师们更希望学生学习到的是方法和思维,体验到上课过程中的美妙,对于知识点的要求则明显要退居二线。事与愿违的是,通过对于北大学生选课动机的问卷调查,本课题组发现,相当一部分学生认为分数有最高优先度(见图11)。这意味着,学生在选课时不能完全按照通识课开阔视野、丰富人格的目的和自己的兴趣来选课。仅作为一种评判工具而出现的分数在学生决策过程中扮演了越来越重要的角色,这可能会助长功利主义在大学的盛行。

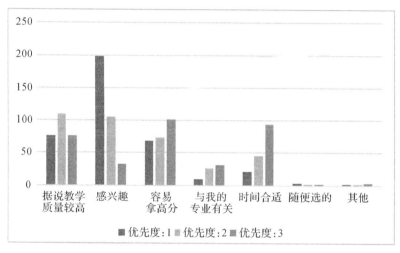

图11　选修通识课时优先考虑的因素

　　而教师为了满足学校提出的优秀率的要求,不得不设置诸多考核环节与方式。这固然顺应了近年来高校课程建设过程中越来越重视多元化评价体系的潮流,是对以往期末成绩"一锤定音"的考核方式的一种改进,但仍然透露出浓重的实用性和工具性色彩。一方面,一些受访教师坦言,设置诸多考核方式不仅对于学生,对于老师来说也是一种负担。在设计的过程中,教师容易偏离最初的课程目标和开课初衷:最初为了鼓励学生思考而设置的加分政策,反而导致了"内卷"程度的加重,教师被迫成为另一场分数竞赛的规则制定者。另一方面,尤其对于人文社科而言,即便是叠加了许多考核方式,也不一定就能很好地拉开学生的分数差距。来自各个专业和学科背景的学生齐聚一堂,提出的观点和思想各有千秋,本身就没有所谓的"标准答案"。加之过往教育经历的不同,一些学生在上课之前就已经对相关问题有了深刻的认识,而另一些则没有,教师如果简单以学生思想的深刻程度来评判分数而忽视了个体在学习过程中付出的努力和取得的进步,实际上是罔顾了公平的原则,也容易挫伤学生的学习积极性。

(三)教师群体的噤声与失语

教师作为一种职业,自诞生之日起就背负着教育人类的使命。在讲台上讲述知识、演绎思维过程,这些似乎都是大学教师这一职业的应有之义。然而在科研决定大学教师地位的今天,受"科研至上、发表至上"这一无形指挥棒的影响,教师的职称评定、职务晋升、薪资调整等,均由出版的专著数量、出版社的等级、发表论文的数量、刊物的级别、所获奖励的级别等可以明确量化和等级化的因素决定,教学研究和教学质量由于难以量化,常常处于被忽视的地位。尽管学校规定了每位教师应当开设的课程数量和时长,但是相比于专业课教学,通识课与科研之间的关系较为松散。许多老师在受访过程中也表示,尽管通识课上的学生可以给予自己全然不同于专业课学生的全新视角,并激励自己去探索未知的领域,促进教师群体的自我完善和自我实现,但是从科研成果转化效率来看,开设通识课并不能直接推进自己的研究工作。因此,许多教师不愿意投入更多的时间和精力到通识课程的教学中,在课堂上照本宣科,在课堂外远离学生,走入自己的书斋之中。

而对于那些愿意在通识课堂上发声的教师,学校给予的制度空间和包容度似乎也不够充足。许多教师肯定了学校对通识课授课教师的制度支持和经济支持,但仍然认为学校对通识课程的限制较多,最突出的表现在课程设计和考试方式的确定上,从上文提到的40%优秀率的设定可见一斑。教师在自己的课堂上被剥夺了一定的话语权,成绩评判和课程设计都必须在一定的框架内进行。这其中固然有保证通识教育质量的考量,但从另一个角度来看,保证教学质量的方法不一定要以施加限制的方式呈现,落实课程评估、扩大和畅通师生之间沟通的渠道或许才是促进教学及时更新与变化的良策。

近年来,北京大学建立了网上课程评估系统,不断细化评估内容,增加评估次数,综合运用学生课程评估、日常反馈等评价方式,加强过程性评估和结果性评估的结合。通识课作为北京大学本科教育的重要组成部分,自然也在课程评估的范围之内。除了学生每学期进行的课程评估,教务部还会定期委托专家对北京大学通识教育的课程质量进行评估,结合两份数据,综合提出意见和建议。这一多主体的评价体系本身已经较为完善,但是从评价结果的运用和反馈来看,或许还存在三个问题:一是学生端的评价有时情绪化色彩较为浓厚,不能客观有效地对课程进行评估;二是这一评价过程基本是作为兜底机制存在,即只有当评估结果极度低于预期时,教师才会有改革课程的紧迫性,这样的情况实际上是比较罕见的;三是教师在这一评价过程中主要是作为被评判的对象,而较少有作为评价主体参与其中的机会,这就阻断了教师自我反思和自我改进的路径。在授课受限和评估体系不完善的双重影响下,教师既不知道也不能开展所谓的创新性实践,这一定程度上会导致通识课程的固化和僵化。

五、建议与总结

对于个体发展而言,大学是个体成人的关键阶段。谋生的专业技能固然是大学教育的一大内容,但充分地唤起个体完整成人的意识,是个体成为专业人才的基础和必要前提。在当下这样一个瞬息万变的时代,固定技能和有限知识的习得已经不能作为个体生存的保障和依靠了,个体作为专业人才能达的境界越来越多地仰赖一个人作为人能达到的境界,进一步完善和深化大学通识教育的重要性不言而喻。在过去的几十年改革中,北京大学始终秉持着灵活务实的态度,恪守通识教育的基本理念,有条不紊地开展通识教育建设。然而,通识教育的本土化过程仍然任重道远,将其完美嵌入中国高等教育的范畴不可能一蹴而就,就现阶段北京大学开展的通识教育实践而言,本课题组尝试提出以下若干条建议:

1. 进一步加强对通识课程的宣传。学校可以在现有的院系设置基础上选拔各院系的通识教育联络人,负责在新生见面会上向学生介绍北京大学通识课程的目标、内涵与体系,并在日常工作中负责通识课程相关的咨询和建议工作。对已有的选课手册和培养计划进行重新排布，在保持基本内容不变的情况下，加强对通识课程的宣传，将思政课、大学英语课程、体育课等公共必修课统一至"通识教育"的名下，以与专业教育形成"共分天下"的格局。

2. 制定更有逻辑、更有层次性的通识课选课清单。现有的通识课选课手册由于篇幅限制，一般只包含课程名称、课程编号等基本信息，学生无法从中了解到课程的核心设计和目标。选课网站上的信息较为完备，但是也时有信息空缺等情况的出现。学校可以在进一步完善选课信息的基础上，鼓励授课教师用若干个关键词概括自己的课程要旨，以便学生可以在选课时按照一定的逻辑进行选课。此外，还可以仿照哈佛大学的选课网站对课程难度进行评级，这样一方面可以扩大通识课程的数量和广度，将一些修习要求较高的课程纳入通识课的范畴以供选择，另一方面也可以鼓励学生将通识课程的学分均匀分布在大学四年中，而不是在前几年就草草修读完毕。

3. 在考核方式上给予教师更多的自由权限。考虑到通识课程考核的复杂性，学校可以开放部分权限给授课教师，由教师选择是通过 PF 制度、等级制还是分数制进行评价。就具体的考核方式而言，也不必局限于论文、期末考试等传统方式，而是可以考虑借鉴美国大学通识教育评价中常用的一种方法，即所谓的课程嵌入式评价法。这一模式在时间上贯穿整个学期，在空间上延展至课堂内外，可以用于考察教与学的双向作用力。其基本要旨是由教师在学期初确定分层级的课程目标与课程计划，并制定各个目标的评分准则和评分环节，例如通过多项选择题、简答题、论文、研究课题等。[①] 在授课的过程中，教师就已经开展了相应的评估，这有助于教师及时得到反馈并调整自己的教学内容和节奏。学期结束后，由教师整理和提交相应的材料，并对教学效果做出简略思考。

4. 优化激励和反馈机制，吸引更多更优秀的教师加入通识课程的教学。第一，在经费支持上，学校可进一步加大对通识课程任课教师的支持

---

① 史彩计：《美国大学通识教育评价的一种方法：课程嵌入式评价法》，《复旦教育论坛》2007 年第 2 期，第 44—47 页。

力度,鼓励教师在课堂上进行创新。第二,在职务晋升、教学奖励上,加大向担任通识课程任课教师的倾斜力度,尤其是对于那些教学质量得到高度认可的教师。第三,将通识课程的评估体系从现有的评估体系中剥离出来,结合育人目标重新制定更为详细和适配通识教育的评估标准,并在学期结束后,以通识教育委员会的名义召开总结会议,向老师指出授课过程中存在的共性问题,并将相应的数据和报告发送给老师,以便其能及时有效地调整自己下学期的授课策略。

总而言之,通识教育的实践是一个三方博弈的过程,学校、教师和学生都密切参与其中并产生着影响。找寻通识教育变革背后的逻辑并判断三个主体能在其中扮演的角色,有助于促进问题真正的解决。此次通识教育改革最突出的变化就是通识课门类的减少和通识核心课的建设,前者体现了北京大学通识教育实践过程中打破固有的学科架构,将学生置于一个更为广阔的环境中,使其直面当下亟待解决的以及长期存在的问题。而后者的设立主要是为了发挥榜样作用,带动所有通识课质量的提升。事实证明,此次改革取得了良好的效果,但这一成果的背后仍然存在一系列问题有待解决。

本课题组从学生中心视角出发,展现学生在通识课程学习过程中存在的困惑与问题,但受限于研究周期较短的现实情况,仅能针对发现的问题提出若干可能的原因分析与假设。在此基础上提出的建议是否具有实效还有待验证。本课题组希望以此文抛砖引玉,唤起学界对通识教育实践中学生学习现状的关注,并以此为基础来调整通识教育的制度逻辑。

通识教育是一个庞大复杂的问题,围绕其展开的理论之争数不胜数,当理论转化为实践时又面临着各种现实阻碍,仔细聆听各方的意见并适时做出调整,才能促进通识教育的发展。

The Reform of General Education at Peking University in 2020: From a Student's Perspective

Wang Jialu

Abstract: General education carries the fundamental goal of university education, which is to cultivate complete people. Peking University is a pioneer in the practice of general education in China. In 2020, the school carried out a drastic reform of the general education training program, made logical adjustments to the category setting of general education, and introduced the core courses of general education. The survey shows that the reformed general education system has been widely recognized in terms of size, richness and rationality. However, some problems still remain to be addressed. There are obstacles in the acceptance of top-level design among students, the examination of students still has a utilitarian and instrumental orientation, and the results of course assessment fail to feedback teaching in a timely manner.

Keywords: general education; Peking University; reform

他山之石

日本大学通识教育的现状、课题及展望：
基于一位大学教师的视角

牧野笃[*]

 摘　要:目前,在日本,以往的大学教育已经陷入无法回应社会经济发展需求的困境。其主要原因在于专业教育和通识教育的二分法结构。其背后存在着日本大学重视"实用性"的后发国家型学术观念。经过探讨,笔者认为问题不在于其内容的二分法,而在于其教学方法。本文提出在专业教育中实现通识教育效果的方法,并指出有必要将专业教育从"做什么"(what)和"如何做"(how)的专业教育改造为"永远不断地问为何做"(why)的专业教育。
 关键词:通识教育;专业教育;后发国家型教育;"修养";"社会我";AAR 循环

前言:问题所在

 目前,在日本及中国等东亚国家的大学里时常会见到关于通识教育的讨论或实践。这种现象表明,当社会经济发展到了一定水准并开始摸索新的发展模式,学校教育制度依然专注于高度专业化来培养推动社会经济发展的人才,这一制度就已经与社会经济要求脱节并陷入无法回应

* 牧野笃,日本东京大学教育学院教授。

社会发展需求的困境。这就意味着,通识教育本身不仅仅是大学教育的问题,还是包含大学在内的整个学校教育制度的问题。

教育原本就是由外而内地开发每一个孩子的潜力,并培养他们成为对社会负责的人及社会公民。比如,苏格拉底的产婆术,就是通过"对话"开发人的潜质,使年轻的不知者知其所知。另外,孔子因材施教的启发式教学思想等古代的教学实践都告诉我们教育的功能:教育就是以社会为载体,由上一代至下一代的永续传承的人的实践活动。

据原意来说,"教"字本身意味着年长者将"文字"传授给年少者,这一传授贯穿世代的延续,即人们将文字和文化的传授活动作为可持续的实践可以超越时代被继承下去,并且这种实践在创造社会的过程中,形成社会发展本身的永续性的核心动力。在这一过程中,每一个年少者的特征和个性与"文"(由社会所继承下来的文字和文化)融合后再创造出新的"文",而这些年少者将被培养成社会的主体,并创造出多元价值共生的社会。

但是,进入近代后,亚洲地区尤其是东亚地区国家受到了西方的冲击,东亚国家中的日本被迫接受西方资本主义国家的人和社会的观念,并尝试追赶欧美先进国家。西方一些理论将人视为劳动力和购买力这种均等划一的普遍存在,以及能够从外部培养其"力"的可操作性存在。换言之,西方认为人是可以从外部施以压力促其形成"力"的,并且人也是可以与其他人进行交换和代替的均质划一的、集体性的、可标准化的存在。再者,西方认为社会就是由这种均质划一的、标准的人所构成的均质划一的市场,认为社会是均质划一的谋求"量的扩大"的社会。

基于这种对人和社会的观念,国家为了推动经济发展所需要的劳动力和购买力的培养并统一国内市场,创建了培养"这类人"的学校教育制度,即培养近代国家国民的国民教育制度,也是近代学校教育制度。在这一制度中,教育通过从外部灌输特定语言、特定价值以及特定知识,培养并批量将儿童塑造成标准化人才。

为了将这种人才培养模式合理化,近代国家就将所谓科学的教学法和根据自然科学的方法论编制成教学内容——学科分类以及教学课程。尤其在日本,学校教育制度的目的就是从早期开始、根据这种教学内容和教学法将儿童培养成标准化和专业化的人才,以推动社会经济的发展,追赶西方先进国家。大学就是这种学制中的最高学府。

日本可以说是最成功地通过这种学校教育制度建设、培养标准化人才,进而推动社会经济高速发展的国家。确实,日本自明治维新以后,就从法国和美国引进了国民教育制度,即学校教育制度,并在日本国内普及基础教育制度,以培养全国性的以及标准化的国民和推动经济发展的人才。与此同时,从德国和美国引进了高等教育制度,日本开始着手创建研究型学院制度,培养高级专业性人才。可以说,日本是在"实用性"较强的基础教育制度的基础上,创建了"专业性"很强的研究型学校的制度,从而培养了大量的实用型劳动力和少数承担科学研究的专业人才,以推动整个国家的经济发展,并回避被殖民化的危机。其口号是"脱亚入欧",其结果也是众所周知的。

第二次世界大战战败后,日本推动了学校教育改革,将以往的多轨制学校体系,包括以实用主义为主的基础教育及研究性强的高等教育分开的制度,改革为单轨制并一贯制的学校教育体系。但是,当时的社会还是以"量的扩大"为主的资本主义市场经济社会,对人和社会的观念也没有变化。在这种社会状况下,新的单轨制而且一贯制的学校教育制度,从小学到大学,都很自然地成为了根据社会经济发展的需要来培养和分配人才的机构,即学历社会的制造工具。当时的学校教育制度与二战前的学校制度相比,可以说成为更有效、更合理地培养和分配人才的机构,推动了日本社会的高速经济发展。以学校教育牵引经济发展为背景,二战后不久,从1955年到1973年的18年间,日本一直呈现出经济高速发展状态,被称为"战后奇迹",日本也被称为"世界第二大经济大国"。

撰写《日本第一》的美国学者傅高义(Ezra Feivel Vogel)等亚洲研究专家都指出,日本战后经济发展的奥秘在于学校教育的优越性。[①]

日本学校教育的所谓成功,直接导致了社会的"学校"化。这就意味

---

① エズラ F. ヴォーゲル:《ジャパン アズ ナンバーワン:アメリカへの教訓》,広中和歌子、木本彰子訳,TBSブリタニカ,1979 年(Ezra F. Vogel, *Japan as Number One: Lessons for America*, Harvard University Press, 1979)。

着,除了明显的学历社会的出现,升学竞争的激烈化等以外,还表现出学校教育制度的核心价值,即对人和社会的观念、均质划一而且标准化地将人视为可代替的集体工具性的观念,在社会流行开来。整个社会形成单一的集体主义的价值观念,成为不尊重个性、好像工厂一样的、专注发展经济的社会。

日本经济高速发展时期到1973年就结束了,之后日本社会经历了20世纪80年代中期的稳定发展时期以及80年代末至90年代初的泡沫经济的阶段。随着这一经济发展状况的转变,日本从均质划一并单一价值的工业化社会转变为以质的多样化为主而且价值多元的信息化和消费化社会。

随着这种经济结构的转变,日本国内出现了对以往大学教育的批判性言论,开始主张大学教育的改革,要求大学培养能够适应信息化社会所需要的价值观念多样化的、具有创造力的人才。这种人才被称为开发型人才或创造型人才。这些新的言论和观点指出,创造型人才的核心已经不是专业性,而是随着社会经济结构转变主动适应并改造自己思想结构的机动性,于是,通识教育的重要性得以被强调。

新言论的出现表明,为了追赶欧美先进资本主义国家而建设的近代学校教育制度以及其制度的核心观念,即对人和社会的观念,开始趋于功能不全。尤其是对学校教育顶点即高等教育的批判,也反映出以往的学校教育已经面临着诸多不可忽视的问题。但是,我认为这种批判学校教育的新言论在其对人和社会的观念及由这些观念产生的大学教育观,也将面临不可避免的问题。

下面,我将以日本大学通识教育为例,基于一名大学教师的视角,指出日本大学教育所面临的问题和大学通识教育的现状及其课题,并探讨其将来的展望,以供大家参考。

一、日本大学通识教育的位置:无法从专业分化体系摆脱出来的教学和研究实践

(一)现状

日本自1991年的"大学设置基准弹性化"实施以后,高等教育发生巨大变化。在以前的日本大学学制里,四年(医药系是六年)本科中前两年为通识教育阶段,后两年为专业教育阶段,分别被称为通识教育课程(或一般教育课程)和专业教育课程。学生入学之后,不能直接上专业课程,而是要学习全校统一的通识教育课程,即进行通识教育学习后,再攻读各个专业学部(院系)的专业课程。通识教育课程包括由一般教学科目即人文、社会、自然科学三个领域所组成的基础课程、外语(两个语种)课程以及保健体育课程。

经过上述的"大学设置基准弹性化"的实施,每所大学独自进行教学改革,结果导致日本国内大学陆续削减、改组或取消通识教育课程,学生从一、二年级开始学专业课程,在三、四年级时学习通识教育科目。当时,很多大学纷纷将以往的课程结构改革为将通识教育和专业教育互相渗透的课程结构。其中,有代表性的是东京工业大学。东京工业大学是日本著名的国立工科研究型大学,在推进通识教育课程改革的过程中,也尝试改革研究生院教学结构。除了在学士课程里推动通识教学和专业教学的互相渗透以外,他们在硕士研究生院和博士研究生院的教学课程里也增加了通识科目,以防止培育出"高级书呆子"式的研究者和专业人才,而是试图培养既有修养又具有高度专业性的理工科研究人员。东京工业大学的教学课程如图1所示。

东京工业大学虽然是工科研究型大学,但一直致力于通过通识教育的改革以达到自身人才培育模式的改变,如创办通识教育研究学院、招聘人文社会科学的研究者、开发小型研讨会式的教学法以改革校内教学等,最近又着手开发"利他学"等跨学科的新型科学领域。

当今日本大学通识教育的典型例子：东京工业大学

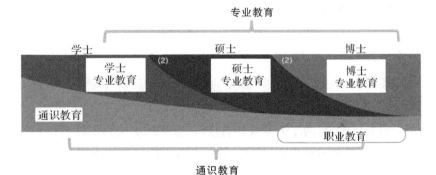

图1 东京工业大学通识教育课程的配置

（图片来源：https://www.niad.ac.jp/n_kenkyukai/data/no13_291201_shiryou04.pdf）

图2表示的是地方政府建设的大学之一——大阪府立大学的教学课程结构。与东京工业大学一样，专业课程和通识课程都始于一年级，而到四年级还可以继续学习通识课程。图3所示的是私立日本大学的教学课程结构。日本大学的教学课程与东京工业大学和大阪府立大学的一样，要求学生从一年级开始学专业课程，而通识课程的学习贯穿了一至四年级，目的是促进专业课程和通识课程的融合。

可以说，目前日本国内的大学，除了一两所（其中之一是笔者所属的东京大学）之外，几乎所有大学都取消了以往的通识教育课程（大学一、二年级），让新生从入学时就开始学习专业课程，并要求学生到三、四年级后，在专业课程比重增多的情况下，继续学习以人文、社会、自然科学为主的、各个领域的"通识教育课程"（通常由一般教育科目、两门外语以及保健体育科目构成）。

大学教学课程改革反映的是社会对大学人才培养方向的需求而推进的措施，即社会希望大学培养具有广泛知识和涵养的专业性人才。也可以说，在新时代社会里，又通又专的人才需求日益激增。在社会经济结构从以往工业化社会转变为信息化和大众消费社会的进程中，大学也要回应新时代的人才需求。

大阪府立大学通识教育和专业教育之间的关系

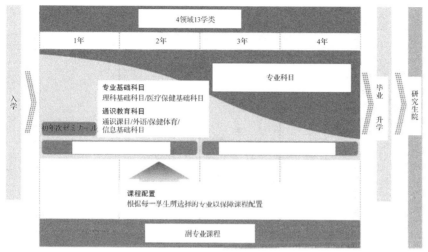

图2　大阪府立大学通识教育课程配置

（图片来源：https://www.osakafuu.ac.jp/campus_life/education/system/）

私立日本大学的通识教育和专业教育的结构

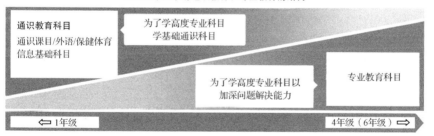

图3　日本大学通识教育课程配置

（图片来源：https://www.nihonu.ac.jp/education_strategy/effort/feature/）

（二）重视培育实用型专业人才的大学：二战前的大学教学结构

那么，日本大学通识教育制度是如何确立的？

图4是日本明治维新后（1867年），追赶欧美先进国家的过程中构建的国家学校教育体系的示意图。众所周知，受欧美国家冲击，日本向欧美先进国家学习了近代化尤其是工业化，由此踏上追赶欧美之路，并推动以西方国家为典范的国家建设。在学习西方先进国家的过程中，日本关注

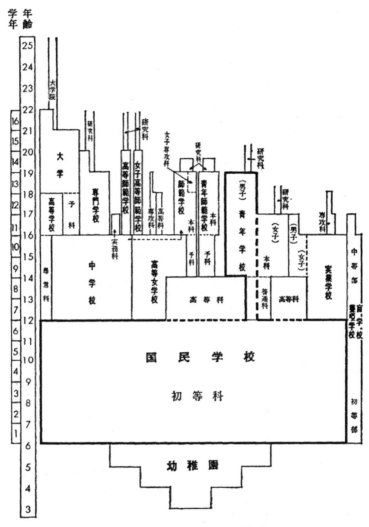

图 4　日本 1941 年的旧制学校体系

(图片来源：https://www. mext. go. jp/b_menu/hakushc/html/others/detail/1318188. htm)

的是肩负国家建设和经济发展的人才的培养,以及培养人才的国家机构,也就是近代学校制度的建设。

日本明治政府为了建立中央集权制国家,首先废除了群雄割据的封建制度,将各个领主所支配的领土和民众统合起来,构成了巨大的国内市场,并着力将广大民众培养成为国民和推动工业化的劳动力,开启了建设保障全体国民接受基础教育的学校教育体系的序幕。日本政府早在明治维新后的第五年即 1872 年,就开始建设近代国民教育制度即学校教育制度。该制度最初参考法国的学校教育制度,之后引入美国的实用主义学校教育制度,将两者结合并建设成日本基础教育即国民教育制度。

随着国内经济发展,日本继续建设上级学校,在四年制基础教育学校即寻常小学之上建设高等小学;在中等教育阶段,除了男女分校的中学和女子学校以外,职业学校、师范学校以及高等师范学校等陆续兴办起来。

再者,在基础教育阶段之上建设高等教育阶段的大学和专门学校,主要是为了发挥培养高度开发人才、行政管理人才以及研究型人才等功能。日本的基础教育制度主要参考法国和美国,而高等教育制度主要参考德国的大学和法国的专门学校。其最终形态的学校体系如图 4 所示,小学为基础义务教育,全体适龄儿童和少年必须接受基础教育①,到中等教育阶段,采取复杂的多轨制学校体系。高等教育也开始应社会对高层次人才的需求,根据各学科领域,开始建设具有较强专业性的专业学校,之后将多所学校统合为一所大学,原来的专业学校变成大学里的"学部"(相当于中国的院系)。日本的大学就是通过这种形式成立的。大学创设的目标指向是具有较强专业性的高等教育机构。但是,由各专业学校合并成的大学,外表上是一所大学,但是实际上是被专业分化逻辑支配的"学部"的集合体,各学部有其研究独立性和教学的权限,秉持互相不干涉的基本组织原则。可以说,初建期的大学只是有人学的外壳,其内核是互相不干涉的各个"学部"的联合体。

实际上,当今的日本大学的组织形态也是采取根据专业"学科分类"结构体系,即学医在医学部、学工在工学部、学理在理学部、学农在农学部、学商在商学部、学法在法学部、学文在文学部等。这些学部都是根据学科分门别类、互相不干涉、互相独立的。

如图 4 所示,日本当时的学校教育体系在自下而上的基础教育学校和培养高层次人才的高等学校之间存在较大的割裂。大学就是根据科学学科分类承担高层次人才培养的科学研究机构。这种充满学术色彩的学校并非承担提高修养和塑造人格等功能的机构。或者说,在旧制度的学校体系中,提高

---

① 当时,受教育是国民三大义务之一。三大义务是纳税、服兵役及受教育。

修养和塑造人格等教育在进入高等教育阶段以前必须结束,这种教育是由基础教育阶段中的道德、伦理课程以及中等教育阶段的职业教育课程来承担的。

根据以上内容,可将二战前日本大学教育的特征概括如下:

1. 后发国家型的大学:这类大学是将19世纪后半期西欧大学作为典范,为建设近代工业化国家,主要承担高层次技术人才和高层次行政管理人才的培养,以推动殖产兴业、文明开化等政策,追赶欧美先进国家的机构。

2. 重视实用型专业:虽然参考了西欧的学校教育制度尤其是大学制度,但是日本的大学所吸收的只是其中的实用性,几乎忽视了其实用性的基础修养类教育,如哲学、伦理学、美学、修辞学等人文基础学科。结果导致社会对实用型专业的推崇,“实用性”逐渐成为社会发展的基准。

3. 根据学科分类的教学和研究组织:大学的教学和研究组织即学部(院系),如上所述是根据学术体系中的“学科分类”形成的。例如,1918年颁布的有关大学的法律《大学令》就将学部分为法、文、商、工、医、理、农等,各个学科的建设以这个一级分类为基准,以图促进具有较强专业性的高层次人才培养。

以上是二战前日本大学在其组织逻辑上的特征。可以说,在其结构体系中无法施行通识教育。再加上,这种学校体系的建设和课程结构的形成与日本建设近代工业化国家、经济上追赶欧美等先进国家的国家发展目标互为表里,致使“实用性”被束之于人格修养的陶冶之上。即,当时的社会将“实用性”视为主要社会价值的教育观和学术观,迫使专业教育走上了实用主义和功利主义的道路,在社会上形成了专业教育位于通识教育之上的观念,束缚了人们的思考。

(三)接纳通识教育的大学:二战后的大学

1945年,日本战败,在美国的压倒性影响之下,日本国内发动了从“军国主义和全体主义”的国家向“民主主义和和平主义”的国家体制的转型,以及民众价值观念的变革。其核心是教育改革。

教育改革也是在美国强力推动下进行的。美国两次向日本派遣教育使节团,并提出改革日本教育的意见和构想。1947年,日本采取美国六三制为基本制度的单轨制学校教育体系(中国早在 1922 年引进了美国六三制为基础的新教育制度,即壬戌学制)。图 5 为日本战后教育改革后建构的学校教育体系。日本的学校体系,从多轨制学校体系(图 4)改革为单轨制学校体系(图 5),其初等基础教育和中等基础教育一以贯之,小学 6 年和初中 3 年并称为义务教育阶段,保障所有的学龄儿童接受基础教育的权利(经过战后教育改革,教育的定位从国民的义务改为国民的权利),高中 3 年和大学 4 年(医药系为 6 年)为自下而上的一贯制体系。

战后教育改革中,大学改革也是其核心议题之一。主要涉及如下议题:战前的教育过分地强调实用性,尤其大学将实用型专业人才的培养置于第一任务目标,其结果是虽然培养了较多的实用型高层次技术人才和管理人才,但是没能够培养出拥有大社会格局的指导国民的高层次人才。基于此教训,二战后日本大学教育改革将目标设定为,培养不仅具有科学知识,还具有科学视域和崇高精神的高层次人才。① 可以说,二战前的大学片面地吸收了西欧大学的实用主义,与此相反,二战后的大学被要求改革为美国式的以通识教育为骨干的通识型大学,以培养既有广泛知识、又有俯瞰社会观点的高层次专业人才。

二战后,日本教育改革的内容梗概如下:以六三制的义务教育为基础,之后建设承担高级普通教育的高中,再后面建设新制度的大学(新制大学)。新制大学是将二战前的旧制度高等学校和师范学校放在四年制新制大学(医药系为八年)的前两年,将战前的高等教育机构即旧制大学和专门学校放在后两年。四年制新制大学中,前两年是由旧制的中等教育和职业高等教育的一部分所承担的通识教育,创新为通识教育课程,并将其与旧制大学的专业教育进行有机衔接。图 6 即为从旧制学校到新制学校尤其是从旧制中等教育和职业高等教育到新制大学的转型示意图。

---

① 例如日本文部省:《新日本建設の教育方針》,1945 年 9 月 15 日。

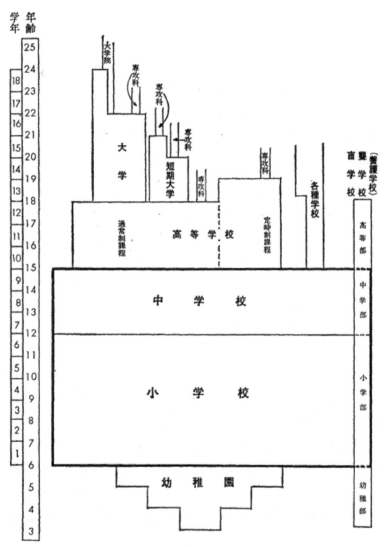

图 5　日本二战后经过教育体系改革后 1947 年的学校体系

(图片来源:https://www.mext.go.jp/b_menu/hakusho/html/others/detail/1318188.htm)

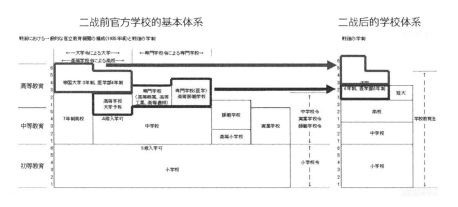

（图片来源：https：//ja. wikipedia. org/wiki/日本の学校制度の変遷）

图6　日本旧制学校到新制学校的变迁

改革的结果,是在新制大学里形成了与专业教育相对应的通识教育的概念,本科四年中的前两年是通识教育课程,后两年为专业教育课程,且在通识教育课程里形成了一般教育类、外语类及保健体育类课程群,以塑造人格和培养学生的科学精神等。

可以说,此次改革改造了二战前大学所持有的欧洲 19 世纪大学的实用主义性质,同时引进了美国式的通识教育大学的思想,增强了通用人才的培养力度。

（四）被专业教育束缚的通识教育

此次改革仍然存在严重问题。如,一方面保留了旧制大学重视实用性及专业性的组织体系和理念;另一方面引进了美国式通识教育大学的制度和教学,将旧制中等教育和职业教育机构中的通识教育改造为新制大学中的通识教育课程。即,在组织论上保留着根据旧制大学的专业学部（院系）创建的新制大学后两年的专业教育课程,同时在新制大学前两年的课程中也有以旧制学校的修养和通识教育为基础的通识教育课程。这造成了新制四年制大学组织内部前两年和后两年的课程衔接问题,即课程组织论上出现了结构断层。

结果,通识教育被"封闭"于大学前两年的通识教育课程中,后两年的专业教育课程完全没有通识教育的踪影,这种观念严重影响到大学组织论。也可以说,旧制通识教育(提高个人修养和陶冶情操的教育)和旧制专业教育之间的鸿沟,在新制大学内部组织论上重现,即新制大学从成立之初就被打上了这种烙印,使其无力构建能够真正体现通识教育的组织体系。

这种大学组织体系导致大学内部形成了以专业教育课程(学部)为主,以通识教育课程为辅的主次秩序。因为通识教育是旧制中学和职业学校等旧制学校中级别较低的学校里的教育,导致旧制大学成为在通识教育的基础上给学生讲授高度专业课程以及进行科学研究的机构。加上在新制大学里,学生是先学习通识教育课程,然后再学习专业教育课程。正因为这种历史原因和新制大学本身的组织论问题,通识教育被视为专业教育的准备教育。

此外,二战后日本的教育改革过程中所产生的重视培养具有科学精神的人才的议论也造成了新问题。如上所述,这种议论是因批判二战前单一的专业教育而产生的,着重强调高等教育培养具有能够俯瞰社会和世界的视点并具有科学精神的人才的必要性。这种重视科学精神的论述与重视专业教育的大学组织论相关论述的碰撞,衍生出"若强调科学精神的培养要强化专业教育"的论点,结果强化了通识教育的功利主义观点,即,因为将通识教育视为专业教育的准备教育这一观点占了上风,导致通识教育在大学教育实践和观念中的地位均低于专业教育。

(五)反复重演的后发国家型教育结构

总体来说,日本的教育结构经过二战后的教育改革,并没有改变二战前的功利主义性质,反而保留了重视实用型专业的教育观念,将通识教育放在这种教育结构中,就出现了诸如为了专业教育的通识教育、作为专业教育的基础或准备教育的通识教育、培养专业人才的基础教育的通识教育等教育观点,以及专业教育高于通识教育的秩序关系等观点。"通识教育是为了专业教育的存在"这种旧制教育中的观点和后发国家型的结构即便到了新制教育中也没有改变。

我认为,在没有改善这种通识教育的历史遗留问题之前,就强制改造通识教育和专业教育之间的秩序关系,会造成围绕通识教育的二分法,即或是为了社会经济发展而存在,或是为了提高个人修养和陶冶情操而存在,甚至还会导致国家社会的利益为先与个人的利益为先的博弈等,而无法探寻出路。

换言之,日本大学通识教育经过二战后教育改革,在新制大学中地位一直低于专业教育,大学本身在组织论上或作为教育机构一直保留着后发国家型的结构,并反复重演。

战后日本社会需要改革因战争破坏的社会制度,重建国民经济基础,并为了赶超欧美先进国家,着力推进经济发展和社会产业化进程。在这一过程中,后发国家追赶欧美模式发挥了积极作用,达成了预期目的,并且国民重视实用主义的观念也同时被强化。

事实上,日本大学基本上一直保留着明治维新以来的教学结构(通识教育和专业教育的关系),直到1991年大学设置基准弹性化之后,大学通识教育课程或被纳入专业教育课程中,或被改革,或被取消。也就是说,大学教学结构经过这次改革也未能改变通识教育与专业教育之间的主次秩序。而在没有改变以往大学组织结构和对通识教育认知的状况下,就将通识教育纳入专业教育课程中,意味着强化了"通识教育是专业教育的准备教育"这种旧观念,结果反而强化了通识教育的从属地位以及两者的二元对立关系。

二、近期围绕大学通识教育的议论:还是无法改造大学内部结构

(一)制度和民众:功利性的通识教育观念

如前所述,为了赶超欧美先进国家,包括大学在内的日本学校教育制度作为国家的制度,很大程度上推进了国家经济发展。但是,二战后,日本依然保持后发型国家的性质,学校教育经过民主化改革后采取单轨制,以保障全体学龄儿童受教育的机会,结果促使他们参加激烈的升学竞争,

进而培养推动经济发展的各种优秀人才。也可以说,在以往的社会里,国家的经济发展和赶超欧美先进国家的目标与民众改善家庭经济的个人目的形成了互为表里的关系。这种关系在大学教育中表现为,通识教育地位低于专业教育以及将通识教育视为专业教育的准备教育的观念。

这就意味着,民众通过学校教育成为专业人才后,将通识教育功利性地看作自己专业发展的基础,特别是在大学毕业后职业生涯中的专业领域发展的基础。

这种功利性的通识教育理念,直接影响着战后单轨制学校教育体系中保障全体学龄儿童接受均质教育机会的逻辑起点,学校教育演变为将从家庭选拔出的人才输送到社会经济界的渠道,进而加剧了升学通道的激烈竞争。民众为了保障自己子女在社会上获得一定的经济利益,利用学校教育乃至大学教育提升自身的经济阶层。在这种结构中,大学通识教育课程就成为民众的功利主义教育观念和学校观念的衍生工具,意味着国家制度就是被民众功利驱使形成实际效能的制度。

二战前,部分民众很关心升学竞争,学校和国家只是他们功利性利用的制度,即为了提高自身生活水平而利用的制度。此种观点,在二战前的日本出现的社会发展与个人修养二元对立的论争中,以及在为了国家社会发展提升个人修养这种民众生活逻辑中,均可略见一斑。可以说,在民众的功利主义生活观念和以利益为核心的社会生活逻辑中,国家和个人或专业和修养之间的矛盾并不存在。这种民众对学校教育制度的观念在二战后单轨制学校制度改革中更为普遍,为所有家庭提供学校教育和就业机会并提升家庭经济状况逐渐成为时代脉搏,这就更加助长了人们将学校教育这一国家制度视为实现个人欲望工具的观念。学校制度本身即是由国家提供给民众的利用国家的工具性制度。

在民众的"为了专业教育的通识教育"的观念中,通识教育和专业教育不会自然形成对立关系。无论是国家社会的未来发展,还是个人的未来发展,这种二元对立也逐渐发展为国家社会发展的目标和个人家庭经济改善的目标之间的关系,反而形成了"为了发展专业教育的通识教育"推动国家发展的观点。在此,我们应该注意到的是,"国家目标或利益"与"个人修养或人格陶冶"正以个人家庭经济的改善这种功利性欲望作为媒介相融合。可见，只要专业教育和通识教育不存在对立关系，则国家利益与个人利益也不会形成对立关系。也就是说，只要"通识教育成为专业教育的基础"，就会培养出为了国家利益做出贡献的个人，且出现个人只有为了国家利益做出贡献才能确保自己的利益这种观念。在此，专业教育和通识教育的对立关系被功利性的生活欲望掩盖，导致人们无法清晰认识到这种对立关系。

这就是所谓后发国家的通识教育尤其是大学通识教育的面貌。如此，大学通识教育本身就不得不凸显个人利益的满足促进国家经济发展的状况，具体来说，不得不反映国家经济界的功利性需求。的确，从二战后到今天，日本的大学通识教育一直因经济界的需求变化而变化着。

（二）功利主义的通识教育观念和大学通识教育：二战后到20世纪90年代

1952 年，联合国占领期结束，日本恢复了国家主权。到了 1955 年日本开始迈入经济高速发展时期。之后的经济高速发展时期可以分两个阶段：1955 年至 1964 年的第一期和 1965 年至 1973 年的第二期。第一期是以轻工业为主要推动力，主要能源是煤炭。第二期是以重化学工业为主要推动力，主要能源从煤炭转换为石油。20 世纪 80 年代初，日本结束了赶超欧美先进国家的时期，成为世界第二大经济强国，经济慢慢从高速发展转入稳定发展。在这一过程中，日本社会结构从工业化社会逐渐转型为消费主导的大众消费社会，20 世纪 80 年代末，日本一度出现进入泡沫经济的"繁荣"局面，此时期也是信息化社会发展的初期。20 世纪 90 年代初，泡沫经济破裂后，在经济全球化的进展中，日本社会陷入了长期经济萧条期。

根据二战后日本经济界对大学教育的需求，可将大学教育的发展划分为以下四个阶段①：

第一阶段：20 世纪 50 年代至 60 年代末，培养推动工业化的大量骨干

---

① 飯吉弘子：《戦後日本産業界の人材・教育要求変化と大学教養教育》，《日本労働研究雑誌》2012 年第 22 期，第 7 页。

人才,重视专业教育的时期;第二阶段:20世纪60年代末至70年代,从大量均质人才培养需求转变为质的多样化即不同专业人才培养的需求,重视企业内教育和培训的时期;第三阶段:20世纪80年代初至90年代,随着经济的全球化,重视创造性和质的多样化,对大学提出多样化和自由化发展要求的时期;第四阶段:20世纪90年代至21世纪初,随着全球化的持续进展,重视通识教育,也重视开发人才的创造性、主动性、交际对话能力以及协调性等社会性能力的时期。

如上所述,日本文部省(国家教育部)在1945年颁布的《新日本建设的教育方针》①中曾批判二战前教育过分重视专业性的倾向,并提倡培养学生具有科学视角和科学精神的重要性。20世纪50年代,大学基准协会在其报告书《在大学的通识教育:一般教育研究委员会报告》(1951年)里,再次批判偏重专业教育的危害,并指出为了培养建设民主主义社会的国民,尤其是作为具有广泛知识的专业技术人员的国民,大学教育的任务应是:目前社会要求大学"培养学生具有广泛知识,并能综合利用这些知识,通过不同视角分析事物的能力,并推行科学的合理的实践机会,使学生获得正确认知"②。这一观点与文部省《新日本建设的教育方针》所提倡的科学视角和科学精神的培养方向一致。

20世纪50年代,学界的争论聚焦为:是应该将通识教育作为专业教育的基础和前提,还是应该探索可以实现不同专业知识的融合,并探究社会上实现"善"的手段。这些论争中的主流观点是,将通识教育打造为综合不同专业领域并能塑造人格、陶冶情操的教学实践。③ 很明显,这些观点仍然是将通识教育视为专业教育的基础,认为基于通识教育的专业教育会促进人格陶冶,以及专业教育可丰富通识教育的内容。在此可发现,通识教育的地位依旧低于专业教育。

这反映了二战前的后发国家型实用主义通识教育的观念。这一观念很容易与民众的功利主义人生观相结合。之后的30余年中,再也没有出

---

① 日本文部省:《新日本建设の教育方针》,1945年9月15日。
② 大学基準协会:《大学に於ける一般教育:一般教育研究委员会报告》,大学基準协会资料:第10号,1951年,第11页。
③ 例如麻生磯次等编:《学問と教養:何をいかに読むべきか》,勁草书房1953年版等。

现大学通识教育内容的相关具体讨论。直到 1988 年国立大学协会通识教育课程部会发布的《通识教育课程的改革》(1988 年)报告书[①],其中提出通识教育是非专业的、没有固有任务和内容的教育。从此,认为所有的专业教育会成为通识教育,否定通识教育的特质等观点频繁出现,一直持续到 1991 年的大学设置基准弹性化观点的提出和大学通识教育课程的解体,将通识教育纳入专业教育之中进行整体性改革。

否定大学通识教育特质的讨论过程与经济界对大学教育的要求是互相交错的。对战前军国主义和帝国主义的反省,产生了重视科学和科学精神的态度和视角,这与战后经济高速发展对专业人才的需求互为因果,强化了通识教育"提高专业教育水准"的功能论。之后,经济高速发展接近尾声,日本社会进入稳定发展时期,经济界开始提倡高层次人才的多样化,要求专业教育多元发展,于是产生了"在学习专业教育课程中学习通识教育"的观点。泡沫经济破裂后的全球化时代里,经济界又开始要求培养创造型人才,学界大多认为只有专业教育才能够培养具有逻辑性思考能力和独立性创造能力的人才。在这种重视专业教育的观点中,以往后发国家型的教学模式,即轻通识教育重专业教育、通识教育的功能是为了发展专业教育这种功利主义的观点依然未有改变。

结果是,学界在没有细致探讨通识教育的内涵、通识教育的核心是什么等关键问题的前提下,就否定了通识教育的特质,而认为"通过专业教育才能够培养出具有修养的'通用型'人才"。

上述日本大学通识教育的结构正是这些议论结果的呈现。可以说,日本作为后发国家在追求经济赶超欧美先进国家的过程中,重视专业教育的教育体系和教育政策,影响该政策和体系的经济界的需求,以及利用这些体系、制度、政策的民众的功利主义人生观,这三者相结合而铸成了日本大学通识教育的样态。在日本经济赶上并超越了欧美后,后发国家型教育观念和思考方式仍然根深蒂固地影响和束缚着日本社会尤其是其大学教育的思想。

[①] 国立大学協会教養課程委員会:《教養課程の改革》,国立大学協会教養課程に関する特別委員会,1988 年。

(三)重视通识教育和对通识教育的要求

上述第四阶段以后的经济界对大学的要求有以下特征:1)对人才培训和教育的需求明显激增;2)随着经济全球化的进展,加强通识教育;3)需求趋于多样化和多层次化。第四阶段与日本经济低迷期重叠,日本面临社会全球化及经济新自由主义化扩大等新状况,经济界对大学的要求也开始更加多元,并从不同社会层面对大学人才培养提出要求。其中最为典型的是对大学通识教育各种要求的激增。

面对这种时代需求,日本中央教育审议会于2002年提出《关于新时代的大学通识教育(报告)》[①],其中明确了今后大学通识教育在教育行政上的方向。这份报告书指出,改革大学通识教育的背景为:1)二战后日本社会实现了丰富的物质生活,但是尚未实现丰富的精神生活。2)少子高龄化等人口结构的变化、经济结构的转变、信息化社会的到来及全球化的进展等社会的结构性转变在急剧展开。3)面临这种新时代,人们原有的价值观念开始动摇,陷入难于把握未来的迷思等。可以说,这份报告书指出了人们面临新时代的到来,自身的价值观念及生活行为都开始发生动摇和改变。

该报告书将"修养"(liberal arts)视为个人在通过与社会的接触和经验积累获得系统的知识和智慧的过程中所体会的观点、思考方式以及价值观念的总体,并提出新时代通识教育的五个因素:1)在与社会的关系中,找到自己的位置,创造社会秩序,站在他人的立场,新时代生活中与人共处的能力。2)全球化社会里,多文化共生共存的能力。3)除了具备科学认知以外,对科学伦理即环境问题等持有正确的理解力和判断力。4)探讨人类普遍的"修养"及基础性的语言能力。5)拥有植根于传统文化修养、礼仪及行为方式等的能力。

另外,该报告书还将人生分为三个时期:幼儿少年期、青年期、成年期;指出人在各个人生阶段所需的通识教育。报告书指出:1)幼儿少年

---

① 中央教育審議会:《新しい時代における教養教育の在り方について(答申)》,2002年2月21日。

期需要培养接受"修养"的"接受器",为此需要重视基础性的修养教育。2)青年期要重视以培养论理思考能力和人生设计能力为基础的学校基础教育,与此同时,需要强调学校外的社会体验的重要性。3)在成年期,将"修养"视为个人通过学习活动而获得的,需要提供培养"教养"的社会氛围等。

关于本文章探讨的青年期"修养",报告书中指出,扩充通识教育并为学生提供高质量的教育的迫切性,以及淘汰无法提供高质量教育的大学等,凸显高质量教学的重要性。同时还指出,大学通识教育必须给学生提供应对新时代科学技术需求和社会需求的"综合性知识基础",提倡通过以往的文理融合及跨学科课程建设来推进大学通识教育的改革。

报告书还要求大学改革通识教育的课程及其指导方式。但是,其建议囿于加强大学的指导性及激励学生努力学习。

对通识教育的关注意味着随着社会经济结构的变化,以往的人才培训方式已经无法适应新时代的需求,要对以往的专业教育即根据社会经济的需要构建的教育方式进行改造,培养新时代需求的创造性和通用性较强的人才。但是,报告书中并没有对通识教育本身进行具体描述,只提出通识教育是培养新时代人才的基础。由此可见,新时代将通识教育作为专业教育基础的观念,与以往的专业教育和通识教育的二分法和认为通识教育的重要性不及专业教育的逻辑如出一辙。

关于新时代中社会和个人的关系,报告书提出社会是由个人与他人所组成的有机整体这一社会观,也有以个人为主的观点的出现,报告书仍然认为将个人培养成为专业人才的基础教育就是通识教育。可见,该报告书还被过去的社会观和个人观束缚,这点在2000年以后经济界对人才培养需求中也有体现。

(四)无法预测时代对通用型人才的需求:21世纪10年代的通识教育论

21世纪以来,尤其是进入了全球化时代之后,社会开始重视通用型人才的培养,提出需要培养具有广泛知识、崇高修养、逻辑思考能力、问题解决能力及与他人交流共生能力的人才,于是要求大学通识教育培养此类人才①。

在此背景下,日本学术界的中心——日本学术会议,在其日本展望委员会"知"的创新分组会的《展望日本:学术界的提案——21 世纪的"修养"和通识教育》报告书(2010 年)里,提出了大学通识教育的方向。该报告书将新时代的"修养"视为"关于人本身、自然、社会等的所有人类需要共享的 21 世纪的'知识'",以及"将'知识'进而划分为专业知识和能够了解人类发展基础的普遍的'知识'",并提出了创新"知识"的必要性。②

基于这一观点,该报告书指出,21 世纪的"修养"是由"学问知""技法知"以及"实践知"组成的富有市民性的修养,并将"学问知"定义为学问研究成果的"知"和利用此"知"反省自我的"知";将"技法知"定义为探索"知"的技法和技巧;将"实践知"定义为由灵活运用"学问知"和"技法知"而创造的"知",是以沟通交流为基础的"知"。这些观点可以说是与上述中央教育审议会的观点相通的。报告书针对大学通识教育改革提议如下:大学通识教育必须成为学生必修的共同基础学科,并将它放在专业教育和修养教育之间,且为了提高学生的交流和对话能力,需要加强语言教育,重视社会实践,以培养学生的跨专业学科的通用能力。③

中央教育审议会大学分组会大学教育小组在 2012 年发表了报告书《在充满挑战的时代里,大学要改革为培养学生终身学习能力和主动思考能力的机构(议论总结)》,其中提出对大学学士课程(本科)改革的意见。其观点如下:1)面对经济变革、经济全球化、少子高龄化以及信息化等社会结构的急剧转变,产业结构和就业结构的变化影响着人们日常生活,人们为了在充满挑战的未来时代里生存,需要不同于以往大学的新型大学教育。2)为此,人们要求大学给他们开发并培育终身学习和在未知中探

---

① 飯吉弘子:《戦後日本産業界の人材・教育要求変化と大学教養教育》,《日本労働研究雑誌》2012 年第 22 期,第 13 页;日本経済団体連合会:《産業界の求める人材像と大学教育への期待に関するアンケート結果》,2011 年 1 月 18 日。

② 日本学術会議日本の展望委員会知の創造分科会:《提言 日本の展望:21 世紀の教養と教養教育》,2010 年,第 2 页。

③ 日本学術会議日本の展望委員会知の創造分科会:《提言 日本の展望:21 世紀の教養と教養教育》,2010 年,第 4—7 页。

索最佳解答方案的能力。3)社会要求大学学士课程注重培养学生解决问题能力和主动思考能力①。

为了回应以上要求,该小组认为,培养探索最佳解答方案的专业知识和通用能力是非常必要的,并提出加强社会实践活动和体验活动的重要性,以培养终身学习的能力。该小组又指出了改革方向:提高大学学士课程教育的质量并增加学生学习的时间,在大学组织中加强大学领导部门的权限,继续完善课程教学大纲和规范学生成绩评估方法等。②

如上议论的结果,在本文第一部分所述的日本大学通识教育和专业教育的结构性改造中有所反映,但是在这些议论里,我们依然可以看到"通识教育是专门教育的基础"这一观点。虽然新的报告书中提出了创造跨学科的通用型知识和培养以沟通交流能力为基础的创造能力等新时代大学的新型知识观和人才观,但是专业教育和通识教育这种二分法以及专业教育高于通识教育的秩序观念和学习顺序依旧存在。

这种观点的内涵为,被培养成新时代人才的学生和市民是单独的个体,而社会是单独的个体所组成的集体,在这种人的存在观和社会观的基础上,探讨根据社会的需求培养新型人才的知识观,这种大学教育的思考方式没有改变。

(五)围绕大学通识教育议论的特征

如前第二部分所述,在日本,围绕大学教育尤其是大学通识教育的议论,可以说,形成共识的观点是:明治维新以后的近代国家建设所需要的人才培养,即是以为了赶超欧美先进国家的后发国家型人才的培养的需要为基本框架展开。这种议论的框架在日本社会结束赶超欧美并进入全球化和质的多样化发展的今天,仍然束缚着人们的思考方式。

换言之,虽然议论的观点从以往培养大批赶超欧美先进国家的人才,

---

① 中央教育審議会大学分科会大学教育部会:《予測困難な時代において生涯学び続け、主体的に考える力を育成する大学へ(審議まとめ)》,2012 年 3 月 26 日,第 1 页。
② 中央教育審議会大学分科会大学教育部会:《予測困難な時代において生涯学び続け、主体的に考える力を育成する大学へ(審議まとめ)》,2012 年 3 月 26 日,第 1 页。

转变为培养在未来充满挑战的时代中具有创新性、问题解决能力以及通用能力的人才。这种观点,虽然表面上有了转移,但实际上,大学通识教育相关讨论一直被某种固定的框架束缚。其固定的框架就是,随着社会经济需求的转变,培养能够适应社会经济变化的能力、问题解决能力以及通用能力,也就是回应社会经济变化需求的人才培养需求。

这种观点将"修养"视为培养学生成为专业人才的手段或基础。换言之,通识教育就被要求作为专业教育的基础,进而培养通用型人才和问题解决型人才。这就意味着,虽然通识教育的人才观和社会观在表面上趋于多样化和多元化,但实际上通识教育仍以满足经济界需求为目标而培养人才,通识教育的地位低于培养创造型和通用型人才的专业教育,这与以往的框架基本上没有变化。

至今为止,日本大学教育一直被国内经济状况约束,根据经济界的需求制定人才培养目标,依然没有摆脱以往的后发国家建设的思考框架。大学教育的目的仍是培养实用型的专业人才,其性质也一直没有改变。因此,虽然针对大学教育尤其是大学通识教育的讨论此起彼伏,但是大学组织仍然保持原有体系,即根据专业领域分门别类编制学部(院系),而通识教育仍然被学部系统排斥。尤其是 1991 年的大学设置基准弹性化后,几乎所有的大学都将通识教育纳入专业教育中,并采取相关融合措施,结果强化了通识教育地位低于专业教育的性质。可以说,日本国内大学的后发国家型思考方式基本上没有发生任何本质变化。在此种框架里,通识教育无法摆脱地位低于专业教育的观念,也无法摆脱作为专业教育的基础这种功利性定位。

这一通识教育的功利性定位在笔者所任职的东京大学通识教育课程里可以看到。东京大学在 1991 年的大学设置基准弹性化后,为了加强学生们的修养和人格陶冶并使他们掌握广泛知识,没有采取与其他大学同样的措施,而是高举 late specialization(晚期专业分化)的旗帜,仍然保持以往的做法,将学士课程前二年作为通识教育课程,并根据这种想法编制了教学课程。其概要如表 1 所示。

表1　东京大学通识教育课程的结构

通识教育课程类别(1—2年级)	专业教育课程学部类别(3—4年级)
文科一类	法学部 教养学部
文科二类	经济学部 教养学部
文科三类	文学部 教育学部 教养学部
理科一类	工学部 理学部 药学部 农学部 医学部 教养学部
理科二类	农学部 药学部 理学部 工学部 医学部 教养学部
理科三类	医学部

（表格来源：https://www.c.utokyo.ac.jp/info/academics/zenki/intro3/indcx.html）

但是，实际上，学生们将通识教育课程功利地视为专业课程前的准备工作，或认为是为了进入理想专业、要获得通识教育的高分数。因此他们上学后，为了能进入自己理想的专业课程，为取得高分值，在通识教育课程里展开激烈竞争。这导致学生集中选择容易获得高分数的通识教育科目。对学生们来说，通识教育只是进入理想专业教育课程的手段或途径，变成了与人格陶冶等理念无关的课程。在东京大学，学部是根据专业领域分类组成的教学和研究单位，在保留这种组织体系及学术分类观念的前提下，通识教育无法从"专业教育地位高于通识教育"的大学组织逻辑中解放出来，只能屈从于功利主义的人才观和教育观。

在此还要补充的是，这种"修养"和专业，或者通识教育和专业教育的二分造成了日本大学教育中知识结构的二分(即每个人知识结构的二分),也影响到日本国内企业的组织原理。这种二分法在追求量的经济发展时期,即社会市场的价值观念较为单一并且人们的价值观念也较为单一的社会里,对整个社会的经济发展起到了有效推动作用。但是,进入价值观念多样化的追求质的经济发展时期,这种组织原理就开始阻碍市场经济的发展,甚至成为桎梏。也可以说,日本国内通识教育的地位和结构难以改变的状况,与日本经济发展不景气的状况和其功利主义的人才观和社会观是互为因果的。

三、教学方法的改造和通识教育的展望

(一)"修养"和通识教育

liberal arts 在日本被翻译成"修养",被认为与人本身的人格有关,也被解释为具有广泛知识和崇高人格的行为。在学校里将 liberal arts 翻译成"自由学艺",解释为学习人文、社会科学以及自然科学的知识和涵养等多方面的能力的行为,在大学再加上语言尤其是外语和保健体育,将它组成通识教育课程,即认为培养作为人的基础的教学课程。

这种"修养"观点与认为"修养"是构成人的基础部分的观点相一致。在这种观点下,修养教育与培养专业人才的专业教育相结合,就会使"修养"成为专业人才的基础部分,从而形成通识教育是专业教育的准备教育或基础部分的看法。综上所述,在日本,这种看法与赶超欧美先进国家为目标的教育相结合,就将通识教育视为低于根据专业领域组成的学部中专业教育的课程。这些观点持续至今。

在此,为了讨论通识教育,首先要对翻译成"修养"的 liberal arts 加以探讨。一般翻译成"自由"的 liberal,其第一个含义是"慷慨"或"大方"。比如说 he is very liberal,这就意味着"他是很慷慨的人"或"他是很大方的人"。可以说,liberal 的意思是不拘泥于眼前的事宜,大方而慷慨。从这一意思逐渐转化出"自由"之意。liberal 就意味着不囿于眼前的利害,具有大局观,能自由地观察世界。

那么,arts 是什么? 一般被翻译成"艺术"或"美术",但其本意是"人

工的行为以及事宜"。因此，artificial 就有"人工"的意思。艺术、美术以及音乐等全都是由人所发明和产生并实践的事宜。arts 的广义是包含人工物和制度、社会、艺术及研究等人所产生并实践的所有事宜。因此，liberal arts 就意味着促使人们将人所发明和产生以及实践的学问，发展成为具有大局观和世界观、以把握人本身和人所组成的社会原理的学问，这便是"人工物"（学问成果）本身及其行为。因此，也可以说，有"修养"的人就不是意指只有广泛知识的人，而是指人格成熟且具有崇高精神的人，也就是拥有大格局、大世界观、历史观，对人们的生活能够深刻观察的人。日本将 liberal arts 翻译成"修养"并不是错误的。

但是将 liberal arts 的观念纳入以社会经济和国家发展需求为前提的人才培养逻辑中，会导致前面所提到的"专业教育发展的基础"的教育形态。换言之，把本来促使人们能够拥有俯瞰社会和国家以及世界的能力，并对生活加以深刻洞察的人的"修养"教育置于以社会或国家框架为前提，而致力于为达成某种目的培养专业人才的专业教育的逻辑中去，liberal arts 或通识教育就会变成功利主义的"手段"。

日本大学通识教育的困境就在于此。如，OECD（经济合作与发展组织）关于通识教育的界定为①：通识教育是培养具备价值观的主体以及肩负社会责任的市民的教育。也可以说，培养建设社会并承担社会责任以创造美好社会的个人，培养具有创新社会的价值观的人。这种教育被称为通识教育。可见，日本大学的通识教育观和 OECD 所倡导的通识教育观，就其个人和国家（或社会）之间的关系而言，正好相反。日本大学通识教育观中，个人是在国家或社会框架内学习广泛知识并被陶冶人格的客体或手段；与此相反，OECD 的通识教育观中，个人是俯瞰社会或国家并具备崇高价值观，创造出更美好社会或国家的主体。因此，日本大学通识教育从过去到现在一直囿于经济界需求，一直保持后发国家型的教育体系，无法描绘和创造新社会。加上，日本的大学将"修养"灌输给学生，实施知识填鸭式的教学法，强迫学生广泛学习知识，构建以必修课为主的强化管理型的教育体系，结果是通识教育愈来愈服从于专业教育。

---

① OECD, The Future of Education and Skills, *Education* 2030, Position Paper, 2018.

以上就是日本实施大学设置基准弹性化后的大学通识教育学界争论和政策规定中的基本性质。可以说,日本大学仍未摆脱后发国家型的框架。

(二)重新构建个人观和社会观

根据 liberal arts 原意,"修养"并不只是为了培养具有通用能力和解决问题能力的人才而存在的,也不是作为专业教育的基础、从属于专业教育的教学内容而存在的,而是应贯穿专业教育所有课程并作为人格教育的基本原理而存在。这就意味着需要改造日本大学通识教育所依据的基础,即重新构建个人观和社会观。因为,在日本,大学的通识教育一直囿于日本自身的定位,即后发国家以赶超欧美先进国家为目标的框架。加上,大学通识教育的意义、内涵及实践等都被社会经济需求规定并限制,导致后发国家催生出以满足经济发展需求为目标的个人观和社会观,这种个人观和社会观决定了大学通识教育的外延和内涵。

这种日本社会的重视经济发展的后发国家型的个人观和社会观,与近代资本主义社会即均质和划一的集体社会的观念相同。在这种社会里,所有人都被视为普遍存在的个体,通过教育被培养成富有劳动力和购买力的并满足于资本主义经济发展的抽象型人才,这些人才集体构成社会并形成国内的庞大市场。在这种市场社会里,进行人才培育、筛选及分配的机构和组织就是近代国民教育制度即学校教育制度。加上,家庭与社会将这种学校制度作为媒介,通过与学校分配人才相结合,就造成了升学竞争激烈的学历社会。

可以说,这种个人观和社会观通过人才的培养和分配机构即学校教育被进一步强化,学生在学校里被培养为具有利于国内市场发展的国民道德和专业知识技术的人才。即,人们在国民教育的制度和国家价值观的框架内被培养成专业人才。

在这种社会里作为个体的个人就是与其他个体所组成的集体中的一员,即社会是以个体为基础的"人为制造",且这一个体作为一般国民均质划一而存在,导致学校里展开适应国家价值需要的竞争。竞争越激烈,人们的价值观念越整齐划一,学习专业知识和技术的竞争也越激烈,周而复始,就使国家市场框架越发稳固。可以说,学校教育框架内的竞争就是适应和吸收由国家提供的价值观和知识的竞争。

在过去赶超欧美先进国家时期,这种灌输式的(或强迫适应式的)教育发挥了有效的推进作用,尤其是学校的人才培养很大程度上推动了二战后日本的经济高速发展,使日本实现了"日本第一"的经济发展态势,被全世界称为战后奇迹。① 这一时代属于追求量的经济发展模式,即以量的扩大为基础的经济时代。所谓"工厂空间"的这种均质划一且价值单一的空间和时间构建覆盖了国家市场。在"工厂空间",均质的劳动力生产高质量的、廉价的、大规模的产品,且均质的购买力呈现出市场上旺盛的购买力,形成了大量生产和大量消费的追求量的经济发展的社会结构。在这种大规模的经济发展时代,人才培养方式也根据社会需求,在灌输基本的知识和国家价值观之后,基于经济发展需求,过早地将知识分化为不同专业并加以专业教育,堪为有效的方法。

这就是日本的学校教育所沿用的束缚型教育框架。在这种框架中,人们随着自身接受教育程度的增加,愈发自动地适应框架规定及市场需求。然而,在此框架下无法培养出俯瞰国家并能创新发展社会的人才,培养出来的人才只能是在国家既有的框架里优于从事改革的实用型人才。在这种教育制度的框架中,教育的对象是均质的个人,个人被培养成富有劳动力和购买力的国民,促进国家的经济发展,从而使国家的框架愈来愈巩固。在这种框架中,国家的经济发展和个人的经济地位上升是互为表里的,因为个人的目的和国家的目的是一致的。也可以说,量的经济的时代,在"人为制造"的框架内推进经济发展的人才培养模式是很有效地起了作用的。

但是,现在的日本已经结束了追求量的经济发展时期,日本社会已经进入追求质的经济发展时代,即以质的多样化和价值观的多元化为基础的市场经济时代。追求质的经济发展时代的主要特征表现在价值观念的多元化及价值的持续产生和转变。这一时代需要取代支持大规模生产的

---

① エズラ F. ヴォーゲル:《ジャパン アズ ナンバーワン:アメリカへの教訓》,広中和歌子、木本彰子訳,TBSブリタニカ,1979 年(Ezra F. Vogel, *Japan as Number One*: *Lessons for America*, Harvard University Press, 1979)。

均质划一的人才培育模式,致力于促进质和价值的不断多样化的人才培养模式。这种新型人才并不追求适应外在框架,而是将外在框架内化并进行相对化改造,创造出产生新价值的框架,同时使自身不断转变为进行自我改革的主体。

在日本有"社会我"①这一词语,意思是在社会中看到自身的存在,并在自身存在中意识到社会的存在,是通过不断地自我改造来改造社会和创造社会新价值的主体。社会本身就是自我和无数的他者所构成的"关系"。在这种"关系"中,自我不是作为个体、集体构成社会的存在,而是常在自己的内部感到"社会即他者",并在与他者的"关系"中产生新的自我的个人,是具有异质性、个性、变革社会等品质的社会主体。

这种个人观中,个人并不是作为个体分散的存在,社会也并不是由这种孤立的个体集体所组织的空间。个人在社会里存在,这意味着自己在自我内部感到他者存在。这种个人与他者的"关系"就是社会。个人也是在此社会中包含着自我"关系"及"互相在内"的"关系"。有了无数的这种个人,个人的变化就会推动社会的变化,整个社会发展就会成为经常产生质的转变并不断创造出新价值的"过程"。

(三) architecture、affordance 和 modified-affordance

若研究人的存在和行为,可以说上述的个人观和社会观与 architecture、affordance 和 modified-affordance 是相关的。

architecture 意味着以某种框架为前提,为使人适应这一框架而控制人的意识和行为,设计围绕个人的空间和时间的思考方式和方法。为了将人的思考方式"融入"框架,通过构建制度环境,使所有人具有同一价值观和行动原理。其最典型的就是学校制度。在学校制度中,将同一年龄的儿童都放在均质划一的空间和时间中,根据全国统一的设施、教学内容及教学方法,灌输同质化的知识,以培养儿童均质划一的劳动力和购买力,培育具有统一国民意识的国民。这种国民是集体的存在,也是个体代

---

① 寺中作雄:《公民教育の振興と公民館の構想》,《大日本教育》,1946 年 1 月,第 3 页。

表全体的均质存在。

目前,这种 architecture 的时代已经结束,重视价值多样化的时代已经来临。在这种社会里,人们的存在被视为 affordance 的人和环境之间的互相作用。affordance 是由美国生态心理学者吉布森(Gibson)所提出的,指主体和其生态环境间相互作用的关系。① 此观点主张作为主体的生命体被视为能够经常根据自己的生存方式选择并接受其生态环境,并能将其改造为最适合自己的生存环境。即,环境对生命体生存起作用,其作用被生命体能动地选择并改造,来决定自身的存在方式。从生命体生存角度来看,生命体经常受到环境的作用和影响,在改造环境并灵活运用其作用的过程中不断产生新的自我,这种新的自我还会不断受环境的作用,在这一循环往复的过程中,环境也时常被选择、被更新为新的环境。可以说,环境中的生命体之所以能够成为主动的存在,是因为其是被动的,因此可以说,这是一个"关系态"。

我认为,所谓的主体将这一 affordance 表现出的"关系"意识化并将此"关系"自我化,即认识到自己为"关系态",这就是我所提倡的 modified-affordance。这就意味着,作为主体的自己因为受环境影响而主动改造自己,从而不断创造新的自我和新的环境。随着这一"关系"意识化,会将社会改革与自我改造一体化,进而达到"关系"中的自我化,形成自己的"关系态"。例如,我们看某物时,因为该物在社会上已经被赋予了一定的含义和功能,所以我们使用该物虽然实际上是根据社会的需求被迫使用该物,但是由于认为自己使用该物是很自然的行为,加上使用的行为与他人一致,就产生了自己的存在有"社会一体感"的感觉。这与海德格尔所说的作为"世界—内—存在"的"现存在"(自我)使用"工具"的表象是相同的。②

---

① ギブソン:《生態学的視角論:ヒトの知覚世界を探る》,古崎敬、古崎愛子、辻敬一郎、村瀬旻訳,サイエンス社 1985 年版(James J. Gibson, *The Ecological Approach to Visual Perception*, Houghton Mifflin Company, 1979)。J. J. ギブソン:《生態学的知覚システム:感性をとらえなおす》,佐々木正人、古山宣洋、三嶋博之監訳,東京大学出版会 2011 年版(J. J. Gibson, *The Senses Considered As Perceptual Systems*, Houghton Mifflin Company, 1966)。佐々木正人:《アフォーダンス入門:知性はどこに生まれるか》,講談社学術文庫 2008 年版。
② ハイデガー:《存在と時間》,熊野純彦訳,岩波文庫 2013 年版(Martin Heidegger, *Sein und Zeit* 1. Aufl. , 1927)。

那么,将这种"关系"意识化,就表现为促使主体了解自己是被社会强迫使用物的方式及价值。通过这种意识化可改造社会的束缚和压迫,即获得使自己从被动变为主动的行为契机。例如,将某物用于其他用途,给它重新命名,并赋予新的含义和价值等。如此,我们一边将环境放置于自己的内部,一边有意识地改造环境和自己的"关系"(世界)。这就意味着主体会变成将海德格尔所说的"世界—内—存在",即将对他者无意识的考虑意识化。由此,主体变成有意识地改造世界的存在。

这种"意识化"行为促使我们意识到,人在这个世界上并不是单独或孤立的存在。虽然会感到孤独,但是作为环境中存在的人,在其存在的最"底部",具有自己本身无法意识到的某种"共动"的关系。这就是海德格尔所说的"存在者"的"存在"。[①]"存在者"促使作为"世界—内—存在"的"现存在"的人们(自我)在互相不认识的关系中互相链接,并将其存在方式规范化,通过改造"现存在"促进环境改造,进而形成新的环境即新的自我和世界的"关系"。在此,存在本身是不断"运动"的,是动态发展的。

根据 modified-affordance 的观点,我们可以认为,人们本身时常意识到自我存在和对环境的改造,以自己与他者之间的关系把握对世界的认知,并与他者一同去改造环境,呈现出与他者的共同"关系"的世界存在。在此,我们可以建立自己在与他者"关系"中出现在这一世界的自我,并将自我打造成主动改造世界的主体。

(四)unlearn 和 AAR 循环

上述的 modified-affordance 所表明的自我认识方式与以下三个"un"所呈现出的自我改造方式密切相关。这三个"un"是指 unmute、unlearn 和 unlocked。

以往的追求量的经济发展时期,基本上是通过学校制度及均质化的"工厂空间"培养人才和分配人才,培养出的人才的存在方式取决于灌输的知识量和价值观念。在这种制度中强迫人们采取的做法是 mute。mute

---

① ハイデガー:《存在と時間》,熊野純彦訳,岩波文庫 2013 年版(Martin Heidegger, *Sein und Zeit* 1. Aufl. , 1927)。

就是消音,不允许交流,要求默默地接受、积累知识并从事工作,反复做同一动作以制造大量的高质量的且廉价的商品,以促进经济发展。这就是以反复性为基本原理的人才培训方式。在这一 mute 的基本做法的教学中,mute-learn-locked 构成教学活动,具体是指学生默默地学习他们所被提供的知识和价值观念,被塑造为某种制定形象,被迫适应某种框架的行为的过程。这就是以往学校的教学活动。

但是要求这种教学活动的社会结构尤其是经济结构已经成为过去时。在新的社会里,异质化、多样化及多元化成为前提,在异质价值互相冲突和交流中创造出新的价值,进而促进社会革新,现在需要的是这种动态的社会存在方式。为此,社会所要求的不是 mute,而是任何人都可自由发言并进行"对话",不断促进新的价值产生。换言之,需要的是以 unmute 为基础的充满激情的对话交流空间。

从 unmute 角度考虑,学习的方式也要变成 unlearn。unlearn 并非不学习的意思,而是解构过去学习后形成的较为封闭的思考框架和成见,在此基础上进行新的学习,即 relearn。这是将自己内化的思考方式和知识的体系改造为新的思考和知识体系的过程。换言之,这不是传统意义上的知识的积累,而是以新的知识取代旧的知识,不断改造自己的价值观念,打破束缚自己的框架和成见,重新创造新的思考框架和价值观念,即 unlocked。unlocked 的目的与上述 liberal arts 一致,为了认识人的能动性并创新价值观念,即俯瞰国家或社会的这种人为制造,不断将其改造为更理想的国家和社会,将自己从陈旧知识的束缚中摆脱出来。这种改造自身和环境的过程可以说是人的自我形成的过程,是真正"学习"的方式。

这个"学习"的方式并非为达成某种特定目的,而是不断解构并改造束缚自己的框架,创造新的框架。由解体到改造,在这个过程中不断革新自我,不断创造世界。这不是设定可预测和可预定的目的或目标的做法,也就是说,"学习"是不可预测的、偶然尝试的一种行为的继发过程。

在这一过程中,不可预期的状况的发生就会触动、激发下一个状况发生。可以说,这是 AAR 循环的过程。AAR 是 OECD 所提倡的 21 世纪新教育活动的概念,由 anticipation-action-reflection 所组成的能力发展循环圈。[1] OECD 建议取代以往学校教育中以知识传递为基础的、强迫学生mute 的、积累型和灌输式教学,提倡积极乐观地开展实践,重视过程和预期不到的状况发生式的 unmute 教学,即尝试型的教育方式。这在教学和学习的过程中表现为,经过继续尝试后创造出预期之外的新价值,并将此价值进行互相交换,从而不断创造出新的社会价值。笔者参考这一概念,提出作为人和组织的存在方式的 AAR 循环。

如图 7 所示,人和组织面临问题时,陷入无法产生变化的状况,错过分歧点后,就导致濒临临界点,会出现精神病患或陷入功能不全的状况。临界点上会产生"放弃"的念头,"放弃"的断念会让人和组织的功能急剧下降。但是,如果在到达临界点以前的分歧点就形成第三者陪同该人或组织保持彼此信任的关系,就会让人和组织转向积极的方向。这就是反临界点的产生。仔细观察从分歧点到反临界点的过程,可以看到人或组织将第三者作为媒介产生与自己或他者"对话"的关系,并开始连续尝试改善,以此不断推进良性循环。

在这一尝试循环中,人或组织以第三者作为媒介与自己"对话",就会发现目前的状况是以往自己受周围环境影响而导致,在环境的压力下,陷入恶性循环。但其实这一状况是自己受环境的影响并反作用于环境,即自己给自己压力并将自己的压力强加于环境的结果。可以说,人或组织意识到自己在与环境互相影响的关系中,自己给自己压力并强迫自己适应既有的框架,从而陷入无法挣脱的状况,即陷入自作自受的状况。同时,可以认识到他者也陷入同样的恶性循环,也知道他们都想要扭转这种状况。在此,可进而将自己视为包含他者的自他"关系"中的存在,即"关系态",就可以通过自我改造产生改善的途径。

这一过程可以说是人以第三者为杠杆进入 modified-affordance 的自我认识"关系"的过程,就是 AAR 的循环。如上所述,AAR 是anticipation—action—reflection 所形成的循环关系:预想愉快事情的到来(anticipation),与此同时就开始行动(action),在行动的过程中进行反省

---

[1] OECD, The Future of Education and Skills, *Education* 2030, Position Paper, 2018.

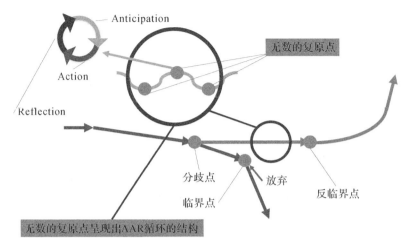

图7 人和组织开始 AAR 循环示意图(笔者制图)
(参考小田切德美的农山村再牛论)

(reflection),反省的过程中继续预想下一件愉快的事情。这是一种开放型的一直循环的尝试性过程,且这种开放型循环的动向是不可预测的。

可以说,在 AAR 循环中,不会有失败,尝试让自己和他者或第三者形成一个世界关系,其内部存在的自己通过世界形成自己与他者之间的"关系"存在(即"关系态"),在此通过自己的存在方式可以改造与他者的"关系"。这种 AAR 循环如图 8 所示。

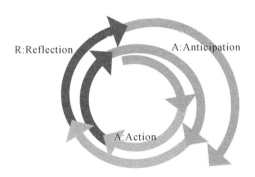

图8 AAR 的开放式尝试循环示意图(笔者制图)

(五)从验证假说(达成目的)到不断产生假说(永在过程)

这个以 modified-affordance 为基础的 AAR 循环不是验证假说所采取

的客观而且可反复性的模式(达成目的的模式),而是反连续每一次"关系"的产生和其改造的一次性尝试,并因陆续产生假说进行不断变化、没有终止的开放性过程,是由一次性假说形成的连续所形成的开放性尝试过程(永在过程的模式)。

之所以这种由一次性假说产生的连续过程,在自己和世界的内在"关系"(世界—内—存在,存在—内—世界)中可以展开,是因为在自己和他者的生活的最深刻的"底部"存在着主观的普遍性,这就是上面所说的"共动"。比如说,任何人都想要过"幸福"的生活,这种主观的"价值"在所有人之间都存在着。每一个人对"幸福"的理解不同,无法将它统一定义,也正因为如此,这种主观就具有普遍性,只是在"幸福"生活这种形式上是普遍的而已。任何人都希望"幸福"生活,在"生活"这一层面不得不与他者共存,因此他或她不得不考虑如何才能不侵犯他者的"幸福",也不得不先考虑他者的"幸福"再考虑自己的"幸福"。这就是海德格尔所说的"世界—内—存在"的"现存在"(自我),也是我所说的"社会我"的形象。

在这种"社会我"的存在中,他或她时常会在世界中认识自我的存在并在自我存在中感知世界。因此在产生假说的过程中,假说本身就是改造自己和世界的"关系",这一过程是变化不息的且永不完成的持续过程。假说的产生在这一过程中,在与他人的关系里获得全面性并不断发展下去。这种假说产生的过程与在教育和学习过程中的"知"的变化过程相同。在教育和学习的过程中,人才培养是人们在与他者的关系之间或在世界中认识自己,在自我认识中意识到他者和世界,为了"幸福"而产生"社会我"的存在方式。

专业或修养的分化以及专业教育为上位和通识教育为下位的秩序将无法存在于这一过程中。专业教育与通识教育被割裂或通识教育地位低于专业教育等问题也将不复存在。即,专业教育和通识教育的二分法将失去其存在空间。

但是,在现实的大学组织体系中,专业性突出地存在着。破解大学通识教育问题的方法是不是就要打破这种以专业性为基础的大学组织体系? 我并不这样认为。在日本,大学组织方式一直囿于以后发国家学问体系为基础的速成式专业人才培养框架,但是我不认为打破这种体系或将专业教育和通识教育相融合就会解决问题。因为，讨论打破组织体系或融合专业教育和通识教育，说到底还是以后发国家近代教育体系与近代科学的学科分类为依据的，仍然没有挣脱以往的框架。

目前我们需要探讨的是，将专业和修养的二分搁置，培育在社会中真正能把握"社会我"的多元存在，并通过自我变革改造社会本身的"运动"方式的人才。基于这一立场，大学组织应该考虑的不是专业教育的内容，而是专业教育的方法。如上所述，我们将改造专业和修养的二分这种束缚日本大学的框架的基本原理，即将个人观和社会观视为"社会我"，并在要培养具备"社会我"的学生时，把握每个人存在的最"底部"所具有的自己和他者存在的普遍"根基"。虽然，这"根基"不是客观的，而是主观且模糊的，但是我们所有的人都可以认识到自己所具备的"根基"。我在上面将此"根基"描写为"幸福"的主观的存在方式。

从"社会我"产生的观点来说，专业教育的内容根据科学学科分类转化为高层次专业性内容，这种性质转化并不阻碍"社会我"的产生。在此需要挖掘专业教育的"根基"，在每一个学生的存在"底部"发现学习该专业而产生的人的"根基"，并将此"根基"与其他专业的学生和社会上的民众相沟通，将其改造为普遍的"根基"。

结语：大学通识教育和大学组织的将来

经过上述讨论可知，大学通识教育的应然状态是非常简单的。这就是，通过沉潜到专业教育的"底部"，促使每一个学生进行自我内省，并与他者沟通，发现彼此都存在"底部"的同时，还存在着可以互相主观认识的"根基"，并在互相认可的"根基"的"关系"中，不断探讨学习专业的意义，从而增强自己的专业能力以及与社会继续接触的意愿，并持续不断地反复展开这 过程。这一过程，作为教育实践的方式，必须要求学生在学习专业的过程中，与不同的人互相交流，不断追问自己学习专业和与他人交流间的关系所在。

在将这一观点运用于大学通识教育时，可进行以下思考。目前，日本大学教育重视客观性和反复性，这不只反映在自然科学领域，也反映在社会科学领域和人文学科领域。这就是一种方法论,以分析为基本思考方式,观察者或实验者站在对象的外围并从外围将对象分门别类,之后再将分化的短片综合。这个方法论不只是自然科学所采取的试验方法,还包括社会科学中社会学常用的社会分析法及人文学科中文学采取的文章结构分析法,某种意义上与元素还原主义的手法相通。这被命名为"实验室科学"。① 因为实验室属于均质划一的空间设计(好像是"工厂空间"),所以也可以说这是一种普遍的方法。这也与根据实验室的条件进行分类并被细分专业的方法相同,是反复性的科学的方法。

与此相反,一次性科学在难以控制条件之下,使用上述的在人们生活的"底部"埋入"根基"的方法论。在这一方法论中,"根基"本身无法被客观化和对象化,但是可以通过每个人生活的不同侧面尝试透视"根基"的样态,以把握人们生活的普遍方式。这种方法常与人类学的实地考察相结合,不需要分析和细致分类,而是需要从人们生活的各种场面、不同侧面及现象折叠来探寻人们生活的原理。这被命名为"野外科学"。② 这种方法论是通过把握每个人不同的生活场景中所产生的具体现象与整体现象的关系,将人们生活的方式视为整体现象中所构成的关系结构。在这一方法论中,每个人的具体生活在表面上都不尽相同,但在其"根基"的

---

① 川喜田二郎:《発想法 改版—創造性開発のために》,中央公論新社 2017 年版。川喜田二郎:《統·発想法—KJ 法の展開と応用》,中央公論新社 1970 年版。川喜田二郎:《野外科学の方法—思考と探検》,中央公論新社 1973 年版。
② 川喜田二郎:《発想法 改版—創造性開発のために》,中央公論新社 2017 年版。川喜田二郎:《統·発想法—KJ 法の展開と応用》,中央公論新社 1970 年版。川喜田二郎:《野外科学の方法—思考と探検》,中央公論新社 1973 年版。

其他文献:
饭吉弘子:《産学連携に関する経済団体の提言—研究と人材育成の両面に注目して》,《国立教育政策研究所紀要》2006 年第 135 集,第 25—35 页。
羽田貴史:《大学における教養教育の過去·現在·未来》,《東北大学高度教養教育·学生支援機構紀要》2016 年第 2 巻,第 47—60 页。
奥正廣:《日本の教養教育の過去·現在·未来:21 世紀型の創造性教育·研究の視点から》,《日本創造学会論文誌》2020 年第 23 巻,第 1—35 页。
赤坂真人:《大学における教養教育の意義》,《吉備国際大学研究紀要(人文·社会科学系)》2021 年第 31 号,第 77—90 页。
福留東士、戸村理、蝶慎一編:《教養教育の日米比較研究》,《高等教育研究叢書》第 158 巻,広島大学高等教育研究開発センター 2021 年版。

存在方式上具有相通性和普遍性。

实验室科学的分析、分类及综合化的方式与野外科学中互相关联结构的存在方式好像是不同甚至相矛盾的。但实际上，在野外科学的互相关联结构中，观察者或实验者被卷入并组成为其关系的部分，有了这种结构，可以说其互相关联结构的"根基"与观察者和实验者存在的"根基"即他者存在的"根基"相折叠，便可分析和综合阐述实验室科学的对象。就是说，实验室科学的反复性的"底部"存在着实验者或分析者本身与他者沟通的"存在根基"，其"根基"的存在方式制约着实验者或分析者的研究视角和研究立场。

换言之，一次性科学的方法决定着反复性科学的方法论上的视角和立场并提示其分析和综合的结果。即，实验者或分析者在反复验证科学的"底部"，即他们本身生活的"底部"，意识到自己的"根基"，形成自己的"社会找"，并掌握反复性科学所具有的社会性和文化性等一次性存在方式，并将与他者存在的"根基"链接，即通过反复性科学来实践为了实现人们的"幸福"这种主观价值的一次性的科学实践并将它连续下去，以促进社会变革。在"根基"的普遍性上，可以实现这种反复性科学和一次性科学的以一次性科学为基础的互相渗透。

这样探讨下来，我们可能会认为我们要追问的不再是大学教育中专业教育和通识教育间的矛盾关系，而是让学生学习专业本身就使他们俯瞰自己和社会，并将自我改变和社会变革相结合，能够为了人们的"幸福"做出贡献，这种关于路径和组织方式的教学方法论的问题。对此举例说明如下：

学生首先自学课本化（一般化）的专业知识，之后，在与异质的他者之间的关系中，探讨他者一直在生活上所存在的问题等，再根据探讨内容意识到自己的专业和异质他者生活之间的关系，通过这种学习的过程，使学生把握自己学习专业的意义、与社会之间的关系以及自身对社会的意义，站在俯瞰社会和自己的高度，检讨专业的实践方式，具备将社会和专业一体化改造的视角。

为了学生能进行这种学习，需要开发新的教学法并促使学生进入如下循环过程，即传授专业知识后，自己通过与社会的交流将自己的专业相对化,从专业的角度把握社会状况,与不同专业的同学展开深刻讨论,再次探讨自己存在和专业之间的关系,以及有意识地产生革新社会和专业间的关系,这是循环往复、持续进行的过程。为此,大学组织以专业领域产生的学部结构为基础,综合多种教学方法,例如利用对外交流部门并要求该部门除了从事对外联络和对外交流外,还要在学生学习课程中实施与社会组织小型研讨会、考察及讨论相关实践等,此外,增加与不同专业学生之间交流和讨论的机会,促进学生之间的沟通、互相反省和探索自己"根基"的活动。

概言之,要将专业教育从做什么(what)和如何做(how)的专业教育改造为永远不断地问为何做(why)的专业教育。这就意味着不断追问为何该专业在社会上可存在并为何自己需要学习该专业,这样,大学教育就会从是专业还是修养、是专业教育还是通识教育的二分法中解放出来,成为将个体培养成创造更美好社会主体的探索性学习和研究的场所。

The Current Situation, Challenges and Future of Liberal Arts Education in Japan's Universities: As Seen from the Perspective of a University Teacher

Makino Atsushi

Abstract: In Japan, university education has already fallen behind socioeconomic demands. The main reason for this is the dichotomy between liberal arts education and professional education. Behind this dichotomy lies a "latecomer-state" conception of education (or catch-up type education conception) that emphasizes "practicality". However, through examination, the author believes that the problem does not lie in the content dichotomy between professional and liberal arts, but in the methods used. In this paper, the author proposes a way to make liberal arts education effective in professional education, and points out the need to liberate professional education from the way of "what to do" and "how to do it", and to reconfigure it into professional education that keeps asking "why to do" and "for what purpose".

Keywords: liberal arts education (general education); professional education, latecomer-state concept of education; culture or liberal arts; "social-ego" (self-recognition as the social); AAR circulation

书　评

博雅教育的当代价值

——读札卡瑞亚的《为博雅教育辩护》

熊庆年[*]

2015 年 3 月,美国诺顿出版公司(W. W. Norton)出版了法理德·札卡瑞亚(Fareed Zakaria)的《为博雅教育辩护》(*In Defense of a Liberal Education*)一书。该书不久就登上了《纽约时报》畅销书排行榜,并在亚马逊教育类书中销售量排第一名。当年 12 月,中国台湾地区的大写出版(Briefing Press)就将其翻译出版。

这本书之所以受到市场欢迎,大概跟作者的身份有很大关系。法理德·札卡瑞亚是美国有线电视新闻网(CNN)的著名主持人,也是《华盛顿邮报》的专栏作家,《时代》杂志的特约编辑。当然,更主要的原因可能在于,作者抓住了社会上人们对大学教育的焦虑问题。在这个知识急剧膨胀、数字化生存极速发展、高等教育普及化的互联网时代,大学究竟应当教什么,大学生究竟应当学习什么,社会一直在拷问。

法理德·札卡瑞亚并不是教育研究圈子中的人,他的书也不是专门的教育研究学术著作,难怪豆瓣上有读者吐槽它:"几篇漫谈式的散文,结构松散地集结在一起。这不是一本完整全面、结构严谨的论述作品。与其说是辩护,不如说是抒情""这本书的整体结构比较松散,没有什么有效的有力度的论证"[①]。就是这样一本松散的书,却受到教育研究圈子里

＊　熊庆年,复旦大学高等教育研究所原所长,博士研究生导师,《复旦教育论坛》副主编。

①　豆瓣短评,https://book.douban.com/subject/26361090/,2022 年 9 月 14 日。

的人的赞赏,得到社会知名人士的喝彩,可能是因为人文教育的继续式微在学界投下了阴影,引起了学术界的普遍担忧。更有可能的是,作者以亲身体验、感悟来表达,能够说出理论著作、学术论文所不易传达的真切和朴素。不假修饰,直指人心,故动人心魄。

法理德·札卡瑞亚是印度裔美国人,他出生在一个印度的知识分子家庭,父亲当过律师,创办过几所大学,母亲是位名记者。上大学之前,法理德·札卡瑞亚都是在印度接受的教育。在当时的印度,一般中学毕业生最向往的高等学府便是印度理工学院(Indian Institute of Technology)。然而,法理德·札卡瑞亚的学霸哥哥阿夏德没有去考印度理工学院,而是申请到了美国哈佛大学的奖学金。1982年,他的母亲送阿夏德赴美读书,带回来哈佛大学的课程介绍,这使法理德·札卡瑞亚大开眼界,"爱上了博雅教育的理念",于是他下决心追随哥哥的脚步,赴美留学。

法理德·札卡瑞亚之所以做起美国梦,是因为"当时印度民众认为技能训练是找到好工作的唯一途径,而且对科技的力量有着近乎神秘的信仰",政府领导人也"深深相信唯有拥抱科技才能摆脱经济落后"(《为博雅教育辩护》,第7页)"举国已充斥追求实用的心态"(第8页)。印度理工学院只看理化生三科考试的成绩。法理德·札卡瑞亚觉得,"印度的大学似乎给学生许多限制,而且学习内容狭隘"(第16页)。他决心摆脱这种束缚,谋求可以按兴趣去自由学习。他成功地考进了耶鲁大学,主修历史。法理德·札卡瑞亚对博雅教育的认知,正是从对比印美教育起步的,所以他花了整整一章来写自己的"美国梦",做了一个极好的铺垫。

紧接着,法理德·札卡瑞亚又花了一章来介绍博雅教育简史。从学术的角度来看,他的叙述非常粗糙,很难说有多大洞见。然而,他的有些看法却不乏颖异之处。他认为,对博雅教育从一开始就存在着不同的观点,"实际上博雅教育一直是实用与哲学两者的共同体"(第26页),在历史的长河中一次又一次地在实用与哲学知识的天平上"翻转"。从1828年的《耶鲁报告》,到1869年艾略特推出选修制;从19世纪上半叶的经典研讨运动,到20世纪中叶的倡导核心课程,都是在思想碰撞中的探索。而当代所面临的种种挑战,需要博雅教育去改革创新。然而,不管思想如何流变,都逃不了最基本的拷问:"博雅教育有哪些世俗用途?"(第49页)

　　法理德·扎卡瑞亚在第三章"学习思考"中的回答是："博雅教育最宝贵的一点是教导我们如何写作,而写作能促使我们思考。无论你从事什么工作,若能在合理的时间内,快速完成内容清晰简洁的文章,这将是一种价值不菲的技能"(第52页)"博雅教育的第二大优势是教导你如何说话"(第54页)"无论是在公开场合或私下的沟通,善于表达个人想法的能力都是一大利器"(第56页)"博雅教育的第三大优势:它教导你如何学习""学会自己主动取得知识",在一个快速变化的时代,"不变的是你学到的技能与解决问题的方法"(第57页)。针对当代社会科技与人文的疏离,法理德·扎卡瑞亚用了许多篇幅来讨论科技与人文结合的重要性,通过实例来阐释创意产业和各种产业与人文艺术的紧密关系,通过与他国的比较来申明美国教育改革的重要性。"博雅教育问题的解决之道应该是更多、更好的博雅教育。"(第80页)可以这么说,法理德·扎卡瑞亚非常巧妙地抓住了读者的心理,从世俗的视角回答了世俗对"博雅教育之用"的拷问。

　　如果说第三章回答的是世俗之问,那么第四章"自然贵族"回答的则是理性之问。所谓"自然贵族",指的是不靠出身背景、财富与特权,而是依靠个人德才兼备成为社会精英。那么成为社会精英的途径就是接受好的教育——博雅教育。从富兰克林和杰弗逊的教育理念,到美国大学的招生政策,到科技对当今社会和教育形态的改变,法理德·扎卡瑞亚抓住美国人最关心的教育促进社会流动、教育民主、教育公平等问题,来阐释博雅教育的社会价值。他要告诉人们的是:"博雅教育确实有其价值,能够启发心智、让我们准备好迎接快速变迁的世界、培养捍卫自由的能力。"(第106页)

　　世俗之问也好,理性之问也好,最终都不得不落到最基本的价值判断,即对知识之有用性的判断。第六章"知识与力量"可以说就是在回答博雅教育的终极之问。在法理德·扎卡瑞亚看来,西方对知识的认识从《圣经》以来就一直存在着"知识危险"的观念束缚,但在人类发展的历史长河中,"人之所以为人,最重要的就是擅于运用大脑"(第110页),原始人"他们运用原始脑力设法改善自身处境,而非像其他动物只是适应自然环境"(第111页)。哲学与科学是知识的两个向度,他借用罗素的说法来表达："科学,是我们的已知;哲学则是我们所未知。"(第 111 页)知识的力量在于,"人类的生命确实因为知识而有了持续的改善"(第 112 页)。他强调,"知识促进人类进步"(第 114 页),而"某些思想的崛起对这个世界发挥了强大的正面力量"(第 115 页)。并特别指出,"博雅教育的基石,即人文理念的熏陶"(第 115 页)。在提到社会科学的知识价值时,他指出,虽然"社会科学并非科学""然而一些社会科学学术研究已经在真实世界派上用场"(第 117 页)。法理德·札卡瑞亚提到"知识也可用于可怕的目的",要警惕"利用知识的片段编织出危险的意识形态"(第 117 页),但是他把法西斯主义、共产主义、伊斯兰原教旨主义都归入危险的意识形态,可以看出其思想也不免陷入了某种意识形态之中。因而,他用有色眼镜看中国的某些言论也就不足为奇了。

"现行的博雅教育体制,是不是真的将年轻人变得更好了?"(第 119 页)这是法埋德·札卡瑞亚在最后一章"为今日的年轻人辩护"中试图回答的问题。用学术话语来说,就是如何来评价博雅教育的成效,这是全书的题眼。这一章开头有下面一段话,姑且转录于下:

> 博雅教育让我们终身受用的益处之一,是增加了我们的广度。当我们浸淫于经典文学作品,亲炙其中的思想、经历与情感,也许是我们这辈子都无法从其他途径得到的。读历史,让我们邂逅不同时代的人,从他们的功成名就或艰苦奋斗中学习道理。研究物理学与生物学则让我们领悟到宇宙人类生命的奥秘。聆听美妙音乐的当下,我们所受的感动非理性可言诠。它或许无助于生计,却有助于圆满我们的生命。我们一生皆扮演着许多角色,无论在专业上或私人生活上。博雅教育增强了我们成为优秀员工的能力,也让我们更有能力善尽伴侣、朋友、父母亲和公民的角色。(第 122 页)

这段话对博雅教育的价值做了通俗而意蕴丰富的表达,值得回味。针对社会上对当代大学生尤其是世纪之交的所谓"千禧年世代"的大学生的种种质疑和批评,法理德·札卡瑞亚借一些调查报告来表达自己的观点:"千禧年世代并不懒惰、主观或反商。事实上他们主动积极、做事投入,态度包容、愿意容忍异己。而且他们相信道德良心可以'润滑'商业行为。除此之外,他们不若之前的世代,将父母视为对手;而是视之为朋友与帮手……但这样又有什么不好呢?"(第131页)他认为,当代大学生不像过去那样关心宏大的社会问题,说明他们更能"保持理性,甚至变得睿智精明"(第133页)。他指出,"如今年轻人变得更加务实,讲究循序渐进,愿以宁静致远的方式探寻真理,而不像过去力图做出崇高表现。他们在追随内心悸动的同时,也不忘记争取体面生活"(第139页)"他们能够投注更多心思于经营私生活领域,进而在其中找到意义、自我实现与快乐"(第139页)。"这只是随趋势变化的世代调整"(第140页),所以,不必反应过度。"现在年轻人所追求的目标,企图心不若号召人民集结到堡垒前,用辞藻华丽的话语慷慨陈词。然而他们的目标有其真实、可信、影响深远之处,值得为之辩护。"(第140页)他要表达的潜在意思应当是,当今大学生的变化并不能表明博雅教育没有起到应有的作用。他为年轻人辩护,实际就是为博雅教育辩护。他的结论是:"即使到现在,依旧是每个人都能多接受一点博雅教育。"(第140页)

《为博雅教育辩护》算不上学术著作,论理的逻辑也并非无懈可击,然而在人文学科和人文教育日渐式微的今天,在许多人甚至著名学者对博雅教育提出质疑的当今社会,这本著作还是有其独特的思想价值的。首先,这本书对博雅教育在人的发展意义上做了更为朴素的当代性诠释。什么知识最有价值,可以说是教育史上的经典命题。按法理德·札卡瑞亚的说法,历史上博雅教育的观念总是在实用和哲学之间摇摆,换中国人习用的话语来说,就是在有用和无用之间摇摆。总体而言,一般人还是倾向于有用,对那些无用之为用的形而上学知识,多数人还是敬而远之的。大概中外莫不如此。这本书并没有从学理上去进行思辨,而是从人们最易感知的世俗问题分析入手,再到一般教育问题的辨析,进而对知识本质追问,层层递进,把不同时空语境下知识之"用"的观念之变,理得还比较清楚,而不是简单地非此即彼地批判哪种观点。这样说理,读者比较容易接受。

其次,这本书对博雅教育的经验性阐释具有准比较教育学的价值。法理德·札卡瑞亚以自己的亲身经历和体验,来解读博雅教育的意义。作为一个移民美国并在那儿接受大学教育的社会名流,法理德·札卡瑞亚可以说是博雅教育的受益者,他的认知便自然有了某种特殊的说服力,容易为民众所接受。对中国的读者而言,更容易产生共鸣。因为亚洲的教育文化重视功能性用途,这一点上中国与印度是相近的。大学招生考试重理、化、生,专业选择重科技、重经济,大学教育重实用、重专业,两国在此方面如出一辙。而作为实践的个体,他的成功便具有了示范性。中国读者从他身上能读出博雅教育的社会意义。这本书的中文版当年就在我国台湾翻译并出版,可以说体现了现身说法的价值。

再次,对博雅教育的当下现实情境的分析具有很高的延展性价值。法理德·札卡瑞亚在书中每每论到博雅教育的变与不变,都能够紧扣重要的社会教育议题和矛盾去展开,着眼于民众的社会心理,这是他的高超之处。比如,他对教育促进社会流动的分析,并不是一套说教,而是把问题放到大学招生中具体地展开,分析博雅教育可能使学生脱颖而出。又比如,他对现代教育技术环境下的大学教育形态变化的论述,把读者带入在线教育、慕课等具体场域去展开问题讨论,而不是空谈博雅教育如何顺应时代之变。在这方面,不只是值得民众去思考,也值得教育的专业工作者和学术研究者去思考。

最后,该书内容的逻辑展开对博雅教育的学术传播也具有借鉴价值。这部著作能够抓住世俗痛点和社会关切,展开自己的论述,展现了睿智者的高明。成为一本公共议题的畅销书应当具有这样的内涵和特征。读罢此书,倒是觉得,中国的学者们特别是教育学者,是不是也可以写一些这样的博雅教育普及读物,让更多的民众和学生能够理解博雅教育的意义和价值。

当然,顺带在这儿说说,这本书正因为主要是为大众所写,可能太考虑雅俗共赏,以至于某些方面出现了矛盾之处。比如,最后为当代年轻人的辩护,看起来是融通之论,实则是圆通之论,说得不好听的话就是过于圆滑。只要仔细地分辨一下,他对当下年轻人自我、利己的理解和包容,某些方面是有违博雅教育主张的。有的中国读者就发现了其中的问题,评价说:"他自己的观点很不清晰,到最后甚至有前后矛盾的地方。"[①]而

---

① 豆瓣短评,https://book.douban.com/subject/26361090/,2022 年 9 月 14 日。

他对社会舆论中不满年轻人的观点的评论和批判,显得并不是那么有力。另外,由于把太多的教育问题一股脑儿地装进了书里,思想的清晰度和深刻性也打了折扣。有中国读者指出:"后面还讲了各种各样的教育相关的问题,比如非职业体育项目的泛滥,比如互联网对现在教育的冲击与改变前景等。比较散乱,而且缺乏主题""如果你想看到一些有力的论证,或者想要快速把握某个核心思想的话,这本书就不太实用了"①。但不管怎么说,瑕不掩瑜,这是一本值得一读的书。

---

① 豆瓣短评,https://book. douban. com/subject/26361090/,2022 年 9 月 14 日。

《通识教育评论》征稿启事

　　《通识教育评论》前身为《复旦通识教育》(内刊),2015 年以正式出版物的方式正式创刊。这本全新的刊物为半年期学术期刊,致力于呈现中国乃至世界范围内通识教育理论和实践的最新研究成果,彰显学术特色,积极关怀实践,鼓励围绕通识教育开展争论和交锋,为高教领域的管理者、教研人员、一线师生以及有志于了解和改进通识教育者提供专门进行通识教育交流的平台,为国内通识教育发展和高教改革贡献力量。

　　本刊主要栏目包括:专论、通识新视野、通识教与学、他山之石、书评、通识动态。内容包括通识教育理念、通识教育历史、课程设计、教学法改进、师资培训、组织变革、质量保障、学业评估、管理体制改革、书院制改革、院校实践、比较研究、通识感想和评论等多个主题。其他与通识教育相关的主题亦可来稿。欢迎国内外关注和研究通识教育的老师和同学踊跃来稿。

　　来稿以 6000 字以上为宜,并请遵守出版法律、法规,遵循学术规范,遵守学术道德。

　　来稿请以 word 文档格式发至:gereview@ fudan. edu. cn,并请注明个人简要信息,包括姓名、出生年月、工作单位、学历、职务、职称、研究方向、通讯地址、邮政编码、电子邮箱、联系电话、研究兴趣以及专长,以便联络。

　　稿件录用与否,概不退还。凡经选用的稿件,编辑有一定的文字修改权,不同意的请事先说明。如为外文译稿,请附上外文原文,并注明该译文的原文作者、译者出处和刊载日期。

　　稿件一经采用,本刊编辑部将发送电子邮件或致电告之,并奉上薄酬以及两册赠刊。

《通识教育评论》投稿须知

为提高编辑效率,为作者提供便捷的投稿形式,并考虑实际状况,本刊实行电子邮件投稿制度。所有稿件请一律发送 word 文档至 gereview@fudan. edu. cn,无须邮寄纸质稿件。

一、审稿制度

本刊实行三审制度。

二、审稿流程

1. 作者发送稿件成功后,会收到本刊编辑部回复,确认投稿成功;

2. 稿件经初审后,作者会收到初审编辑发的稿件续审或拒稿通知(格式不规范者,信息不全者,会被退回重修或补充信息。为节省作者时间,请作者投稿前确认格式规范和信息完整);

3. 专家外审;

4. 编辑部三审;

5. 作者按编辑部要求进行修改并提交定稿。

三、稿件规则

1. 稿件篇幅:全部版面字符(包括脚注、尾注和中外文字符)不少于6000 字。

2. 需提供中文摘要(不超过 200 字)、关键词(3—5 个)。多个关键词请用分号隔开。

3. 需提供英文题目、摘要、关键词(3—5 个)。多个关键词请用分号隔开。

4. 正文应符合现代汉语规范。层次建议不超过三级,层次序号采用一、(一)、1,不用[1]①,以与脚注和尾注号区别。

5. 文中所引用的资料必须以中括号标注,如[1]、[2]等,并须和文后的"参考文献""1、2……"等一一对应。所有图表必须注明资料来源。格式参照参考文献的格式。

6. 文中如有未尽之意或需进一步解释的,请在文中用脚注标出。格式为圆括号①②③等。

7. 参考文献格式,请严格遵循《注释与参考文献格式示例》。

8. 如作者所写为通识教育评论或感想类,可不受字数及格式要求。除此之外,所有学术类文章须严格按照规定字数和格式执行。

附录:注释与参考文献格式示例

中文类

1. 中文专著

李曼丽:《通识教育:一种大学教育观》,北京:清华大学出版社 1999 年版,第 10 页。

2. 引用编著某一章节、会议论文集等

周远清:《努力提高两个自觉:大学文化自觉和素质教育自觉》,载郭大成主编:《素质教育与大学使命:2011 年大学素质教育高层论坛论文集》,北京:北京理工大学出版社 2013 年版,第 9—15 页。

蔡元培:《就任北京大学校长之演说》,载姚中秋、闫恒编:《现代中国通识教育经典文集》,杭州:浙江大学出版社 2013 年版,第 29—31 页。

3. 引用期刊文章

甘阳:《大学人文教育的理念,目标和模式》,《北京大学教育评论》2006 年第 3 期,第 38—65 页。

4. 引用电子文献

北京大学(校发〔2000〕123 号):《关于设置本科生素质教育通选课的通知》,http://dean.pku.edu.cn/txkzl/wj/1.doc,2011 年 5 月 15 日(获取日期)。

英文类

1. 英文专著

John Dewey, Democracy and Education: An Introduction to Philosophy of Education, New York: Macmillan (1966 paperback edition), 1916, p. 25.

Harvard Committee, General Education in a Free Society, Cambridge, Mass. : Harvard University Press, 1945, p. 15.

2. 编著中某一章节

James Ratcliff, "Quality and Coherence in General Education", In Jerry Gaff, & James Ratcliff& Associate, Eds. Handbook of the Undergraduate Curriculum: A Comprehensive Guide to Purposes, Structures, Practices, and Change, San Francisco: Jossey-Bass Publishers, 1997, pp. 141—169.

3. 期刊文章

S. Kanter, Z. Gamson &H. London, "The Implementation of General Education: Some Early Findings", The Journal of General Education, 1991 (40), pp. 119—127.

4. 会议论文

C. Bair. Meta-synthesis: A New Research Methodology. Paper presented at the Annual Meeting of the Association for the Study of Higher Education, 1999, November 18—21, Santonio, Texas, 26p (ERIC document NO. ED473 866).

5. 电子文献

Faculty of Arts and Science at Harvard University, Report of the Task Force on General Education, http://www. fas. harvard. edu/ ~ secfas/General_ Education_Final_Report. pdf, June 10th , 2012 (retrieved).

图书在版编目 (CIP) 数据

通识教育评论 . 2022 年 : 总第十期 / 甘阳 , 孙向晨
主编 . — 北京 : 商务印书馆 , 2023
（复旦通识文库）
ISBN 978–7–100–21810–8

Ⅰ . ①通… Ⅱ . ①甘… ②孙… Ⅲ . ①通识教育－文
集 Ⅳ . ① G40–012

中国版本图书馆 CIP 数据核字（2022）第 210162 号

复旦通识文库

通识教育评论

2022 年 : 总第十期

甘 阳　孙向晨　主编

商 务 印 书 馆 出 版
（北京王府井大街 36 号　邮政编码 100710）
商 务 印 书 馆 发 行
江苏凤凰数码印务有限公司印刷
ISBN　978–7–100–21810–8

2023 年 1 月第 1 版　　　　开本 700×1000　1/16
2023 年 1 月第 1 次印刷　　印张 23

定价：98.00 元